1868   1er avril. Naissance à Marseille d'Edmond Rostand.
Il aura deux sœurs cadettes. Sa famille est originaire
d'Orgon, près d'Arles. Son père, Eugène, est écono-
miste et poète ; son oncle, Alexis, est banquier et
musicien. Sur la tombe des Rostand, cette devise
latine : *Egerunt et cecinerunt* (ils ont agi et ils ont
chanté). Mistral est reçu chez les Rostand.
Edmond Rostand sera élève pendant deux ans au
lycée de Marseille : des succès, notamment en histoire.
Goût précoce pour le théâtre (il est bon acteur).
Lecteur passionné des *Grotesques* de Th. Gautier et
des *Trois Mousquetaires.* Il aime la nature, notamment le pays de Luchon, où il passe ses vacances
d'été :

> « C'est qu'ici sans quitter la France
> J'entends mon Espagne chanter... »

1884   Octobre. Il entre en « rhétorique » au Collège Stanislas à Paris : élève de René Doumic, grand amateur
du XVIIe siècle (critique littéraire assez sévère pour les
nouveautés, il sera académicien et dirigera *La Revue
des Deux Mondes*). Rostand est touché par la révéla-
tion de Goethe, de Shakespeare, de Lope de Vega[1].
Et le souvenir d'un vieux « pion » humaniste et
bohème, surnommé « Pif-Luisant », restera associé
dans son esprit à celui de la culture grecque.

1886   Il entreprend des études de droit, avec l'intention
d'être poète : il écrit des vers dans sa chambre de la
rue de Bourgogne.

1887   L'Académie de Marseille ayant mis au concours le
sujet suivant : « Deux romanciers de Provence,
Honoré d'Urfé et Émile Zola », Rostand remporte le
prix du Maréchal de Villars. Citons cette phrase de
sa conclusion : « Il y eut de tout temps chez nous
deux tendances qui se combattent, et qui ne réus-
sissent à se concilier que dans les très grands écrivains. »

---

1. Dont une traduction française avait paru en 1869.

Rostand ne fréquente pas les cercles symbolistes ou « décadents »... Il est reçu chez Leconte de Lisle. Il ébauche des pièces de théâtre, notamment un *Alceste.*

1889   Il fait représenter, au Théâtre de Cluny, un vaudeville en quatre actes, *Le Gant rouge,* qu'il a écrit en collaboration avec son futur beau-frère, Henry Lee : échec, après quinze représentations. Il note : « Il faut que je n'abandonne pas le seul genre qui me convient, celui de la sensation profonde, de l'observation humaine, de la note légèrement moqueuse et attendrie. »

1890   *Les Musardises,* poèmes. La critique reste à peu près muette. Influence de Banville, Th. Gautier, Heredia. Ton libre et insouciant, à la Musset ; de l'inquiétude, aussi, qui l'accompagnera toute sa vie : sera-t-il ou non — lui, l'idéaliste — un raté ?
         Il épouse, en avril, Rosemonde Gérard, petite-fille du maréchal Gérard et filleule de Leconte de Lisle. Elle a publié en 1889 *Les Pipeaux*, un volume de poésies qui avait été couronné par l'Académie française. Ils auront deux fils : en 1891, Maurice, qui sera poète et dramaturge ; en 1894, Jean, le célèbre biologiste.

1891   Il présente à la Comédie-Française une comédie en musique en un acte, *Pierrot qui pleure et Pierrot qui rit ;* la pièce est refusée. Les deux Pierrots font la cour à Colombine : elle choisira finalement Pierrot qui rit... parce qu'elle le voit pleurer de n'être pas le préféré.

1894   *Les Romanesques,* comédie donnée, le 21 mai, à la Comédie-Française après deux années d'attente et très applaudie. Rostand fait preuve d'une grande aisance dans l'alexandrin : de la fantaisie, de l'émotion, du sens dramatique.

1895   Le 5 avril, au Théâtre de la Renaissance, c'est *La Princesse lointaine,* pièce en quatre actes en vers, avec Sarah Bernhardt, Lucien Guitry et de Max. Échec financier mais succès d'estime. La pièce chante la foi en un rêve qui magnétise l'âme et lui trace sa route.

1896   Le 10 décembre, fête en l'honneur de Sarah Bernhardt. Rostand dit un sonnet remarqué, dédié à la « Reine de l'attitude et Princesse des gestes »... C'est à la fin de cette journée qu'aura lieu la première d'*Ubu roi*.

1897 Le 14 avril, au Théâtre de la Renaissance, *La Samaritaine*, « évangile en trois tableaux » — musique de Gabriel Pierné. Marqué par *La Vie de Jésus* de Renan, sceptique sur le plan du dogme, Rostand est épris de la morale de l'Évangile. Sarah Bernhardt, qui a dirigé la mise en scène, joue le rôle de Photine, la Samaritaine.

C'est le 28 décembre, au Théâtre de la Porte Saint-Martin, que la pièce *Cyrano de Bergerac*, comédie héroïque, est représentée. C'est un des plus grands triomphes de notre théâtre : quarante rappels. Constant Coquelin (Cyrano), qui avait vivement encouragé Rostand à écrire et à monter la pièce, déclare le lendemain : « Cyrano a été la plus belle création de ma carrière et la plus grande joie de mon existence. »

1898 Le 1er janvier, Rostand est fait chevalier de la Légion d'honneur[1]. Cette même année, il sera élu à l'Académie des Sciences morales et politiques. Pour lui et pour sa pièce, c'est la gloire.

1900 Le 15 mars, au Théâtre Sarah-Bernhardt, *L'Aiglon*, drame en six actes. Sarah joue l'Aiglon, Lucien Guitry, Flambeau. Succès (30 rappels), moins grand toutefois que celui de *Cyrano*. Jules Renard note dans son *Journal* : « J'aime à me promener avec lui à l'Exposition, parce que les passants disent : "Voilà Guitry." Et ils ajoutent : "L'autre, c'est Rostand". »

1901 Le 30 mai, Rostand est élu à l'Académie française, au fauteuil d'Henri de Bornier. Paul Hervieu lui a épargné les démarches. Malade, il ne sera reçu que le 4 juin 1903. Il est, à l'époque, le plus jeune académicien. Célèbre et encensé, atteint par une pleurésie, il doit prendre du repos et s'installe à Cambo.

Le 20 septembre, Rostand prononce l'*Ode à l'Impératrice* qu'il a composée en l'honneur de la tsarine Alexandra Feodorovna, reçue officiellement à Compiègne.

---

1. Dès le soir de la première de *Cyrano*, il avait été décoré, au dernier entracte, dans la loge de Coquelin.

1902   Le 26 février, il compose, pour célébrer le centenaire de la naissance de Victor Hugo, le poème *Un soir à Hernani* : il évoque dans cet hommage une visite qu'il a faite au village espagnol que traversa Hugo enfant sur la route de Madrid.

Il donne aux *Lectures pour tous* un poème de six cents vers : *La Journée d'une Précieuse*. La fin rappelle *La Fête chez Thérèse* de Hugo et les *Fêtes galantes* de Verlaine.

1906   Rostand se fixe près de Cambo dans sa maison d'Arnaga, château luxueux et construit sur ses indications, où il travaillera jusqu'à sa mort. Dans le parc, trois bustes : Cervantès, Shakespeare, Victor Hugo. Il rêve d'une trilogie qui mettrait en scène les avatars de l'esprit de négation, à travers les aventures de Faust, de Don Juan et de Polichinelle. Mais surtout, il prépare *Chantecler*, pensant à Coquelin dans le rôle et à Simone dans celui de la Faisane.

1910   Le 7 février, au Théâtre de la Porte Saint-Martin, représentation de *Chantecler*. Coquelin étant décédé, frappé d'une embolie, c'est Lucien Guitry qui interprète — un peu lourdement — Chantecler. La pièce, attendue depuis plusieurs années, déçoit.

Officier de la Légion d'honneur après *L'Aiglon*, Rostand est fait commandeur. Il est plus fêté que jamais. Il rencontre Anna de Noailles.

1911   Il écrit *Le Cantique de l'Aile*, à la gloire des aviateurs français ; le poème ne sera publié qu'après sa mort, en 1922. Il compose *Fabre des insectes*, un recueil de sonnets à la gloire du grand entomologiste. Il travaille à *La Dernière Nuit de Don Juan*. La pièce sera représentée après sa mort à la Porte Saint-Martin. Il esquisse une traduction de *Faust*.

1913   Millième de *Cyrano*.

1914   La guerre. Ne pouvant servir sous les armes en raison de sa santé, Rostand manifeste sa solidarité avec les combattants. Il écrit des poèmes patriotiques, *Le Vol de la Marseillaise*.

Son père, malade depuis 1910, meurt en 1915 ; sa mère, en 1916. Fatigué par les répétitions d'une reprise de *L'Aiglon*, Rostand meurt, le 2 décembre 1918, des suites de l'épidémie de grippe espagnole qui venait d'emporter Guillaume Apollinaire.

L'ÉPOQUE DE ROSTAND

1865
J. Verne, *De la Terre à la Lune*.
1868
Zola, préface de la 2ᵉ éd. de
Thérèse Raquin : les principes du
naturalisme.
1869
Verlaine, *Fêtes galantes*.

1870
Guerre franco-allemande.
4 septembre. Proclamation de la
République.

1871
Mars/mai. La Commune.
10 mai. Traité de Francfort.

1872
Banville, *Petit Traité de poésie
française*.
1873
Banville, *Trente-Six Ballades
joyeuses*.

1873
24 mai. Mac-Mahon succède à
Thiers.
Préparatifs de restauration de la
monarchie.

1877
Les élections législatives donnent
la majorité aux Républicains.

1879
Reprise de *Ruy Blas* à la Comédie-Française.
1882
H. Becque, *Les Corbeaux*, comédie en 4 actes.

1882
Déroulède fonde la « Ligue des
patriotes ».

1882-1884
Lois accordant la liberté de réunion, de la presse, d'association
syndicale.
Crise économique.

1883
Verlaine, *Les Poètes maudits*.

1885
H. Becque, *La Parisienne*, comédie en 3 actes.
1886
J. Laforgue, *Imitation de N.-D.
la Lune*.

1886
Boulanger ministre de la Guerre.

1887
Antoine fonde le « Théâtre
Libre ».

1888
Mis à la retraite, il remporte toutes les élections partielles.

1889
M. Maeterlinck, *La Princesse Maleine*, drame symboliste en 5 actes.

1890
Claudel publie *Tête d'Or*, drame en 3 parties.
Paul Fort crée « Le Théâtre d'Art », et publie un manifeste pour un théâtre symboliste.

1889
27 janvier. Il refuse de marcher sur l'Elysée.

1890
1er mai. Première célébration de la fête du Travail.

1891
Moréas fonde « l'École romane ».
Georges de Porto-Riche, *Amoureuse,* comédie en 3 actes.
Antoine organise des spectacles réguliers aux « Menus-Plaisirs », bd de Strasbourg.

1892
Maeterlinck publie *Pelléas et Mélisande.*
Paul Claudel, 1re version de *La Jeune Fille Violaine.*

1893
Lugné-Poe fonde le Théâtre de l'OEuvre : pièces d'Ibsen, Strindberg, O. Wilde.
Au Théâtre Libre d'Antoine : *Les Tisserands,* drame en 5 actes de G. Hauptmann.
Aux Bouffes-Parisiens : *Pelléas et Mélisande.*

1894
J. Laforgue, *Poésies complètes.*

1891
Encyclique *Rerum novarum.*

1892-1894
Attentats anarchistes.

1892
Scandale de Panama : campagne antiparlementaire.

1893
Attentat de Vaillant à la Chambre.
Signature des accords franco-russes.

1894
Assassinat du président Carnot.
22 décembre. Condamnation de Dreyfus.

1895
Fondation de la C.G.T.

1896
Madagascar colonie française.

1896
10 décembre, A. Jarry, *Ubu roi.*
Première (!) de *Lorenzaccio*, avec Sarah Bernhardt.

1897
M. Barrès, *Les Déracinés.*
Ch. Péguy, publication de *Jeanne d'Arc*, drame.
Antoine prend la direction de la salle des Menus-Plaisirs, qui

1897
Premières actions en faveur de Dreyfus.

devient « Théâtre Antoine ».
En 1897, on jouait à Paris :
J. Renard, *Le Plaisir de rompre.*
P. Hervieu, *La Loi de l'Homme.*
M. Donnay, *La Douloureuse.*
F. de Curel, *Le Repas du lion.*
O. Mirbeau, *Les Mauvais Bergers.*
G. de Porto-Riche, *Le Passé.*

1899
G. Feydeau, *La Dame de chez Maxim's.*
F. de Curel, *La Nouvelle Idole* (c'est la science).

1900
Péguy fonde les *Cahiers de la Quinzaine.*
Maurras, *Enquête sur la monarchie* (doctrine du nationalisme).
Barrès, *L'Appel au soldat.*
P. Valéry, *Album de vers anciens.*

1901
A. de Noailles, *Le Cœur innombrable.*

1902
Mort de Zola.
A. Gide, *L'Immoraliste.*

1898
Zola, *J'accuse* (13 janvier).
20 février. Fondation de la « Ligue des droits de l'homme ».
29 octobre. La Cour de cassation accepte la demande en révision du jugement condamnant Dreyfus.
Novembre. Marchand évacue Fachoda.

1899
3 juin. Cassation du jugement de 1894.
9 septembre. Dreyfus condamné à 10 ans de prison.
11 novembre. Début de la guerre des Boers.

1901
Loi sur les associations.

1902
Fin de la guerre des Boers.

1903
Requête en révision de Dreyfus.

1904
Entente cordiale franco-anglaise.
Guerre russo-japonaise.

1905
Défaite des Russes et « révolution » de 1905.
Crise de Tanger : succès de Guillaume II.
Décembre. Loi de séparation de l'Église et de l'État.

1906
Antoine quitte son théâtre pour l'Odéon.

1906
Cassation du jugement condamnant Dreyfus à la prison.

1907
La Triple-Entente face à la Triple-Alliance.

1908
Fondation de la *Nouvelle Revue française*.

1908
L'Autriche annexe la Bosnie-Herzégovine.

1909
A. Gide, *La Porte étroite*.
Barrès, *Colette Baudoche*.

1910
Péguy, *Victor Marie, comte Hugo*.

1911
Crise d'Agadir : renforcement de l'alliance franco-anglaise.

1912
Paul Claudel, première de *L'Annonce faite à Marie*.

1912-1913
Crise balkanique.

1913
Stravinski, *Le Sacre du printemps*.
Apollinaire, *Alcools*.
Proust, *Du côté de chez Swann*.
Barrès, *La Colline inspirée*.
J. Copeau crée le Théâtre du Vieux-Colombier.

1914
Juin. Représentation de *L'Otage*, de P. Claudel.
Mort à la guerre de Péguy, Alain-Fournier, Psichari.

1914
28 juin. Assassinat du prince héritier François-Ferdinand.
3 août. Déclaration de guerre de l'Allemagne à la France.

1915
Romain Rolland, *Au-dessus de la mêlée*.

1916
H. Barbusse, *Le Feu*.

1916
Verdun.

1917
Apollinaire, *Les Mamelles de Tirésias*.
Valéry, *La Jeune Parque*.
Parade, « ballet réaliste » d'Erik Satie, sur un sujet de Cocteau.

1917
Révolution russe.

1918
Tristan Tzara, *Manifeste Dada*.

1918
11 novembre. Signature de l'Armistice.

SCHÉMA DE
CYRANO DE BERGERAC

ACTE I,

sc. 1

Le public - un public mêlé - attend la représentation de *La Clorise*, pastorale de Baro.

Création d'un climat détendu dans un lieu propice au mélange des classes sociales.

sc. 2

Christian, arrivé à Paris depuis peu, vient d'entrer aux Cadets ; il confie à son ami Lignière la timidité qu'il éprouve face à la femme qu'il aime, Roxane.
Ragueneau : poète et mécène des comédiens et des poètes ; il est inquiet, car il sait que Cyrano a interdit au comédien Montfleury (qui doit jouer ce soir même) « pour un mois, de reparaître en scène ».
Cyrano : esquisse de son portrait : il est cadet aux gardes, de petite noblesse ; son nez !... « Il le porte, — et pourfend quiconque le remarque. »
Roxane : « Libre. Orpheline. Cousine de Cyrano. »
De Guiche : homme influent. Marié, il poursuit Roxane de ses assiduités.

Présentation des protagonistes. Amorce d'une intrigue sentimentale : Christian, le cadet amoureux. Début d'un premier « suspens ».

Amorce d'une action : Christian a un rival puissant.

sc. 3

Un « tire-laine » apprend à Christian que « quelqu'un de grand » (de Guiche) a préparé pour le même soir un guet-apens contre Lignière. Christian va tenter de prévenir ce dernier...
La représentation commence : entrée en scène de Montfleury, interrompu par Cyrano, qu'on voit surgir du parterre.

Préparation d'un éventuel incident de caractère dramatique.

Cyrano entre en action.

sc. 4

Cyrano menace les marquis de sa canne et défie le public ; et il force Montfleury à quitter la scène. Puis il se justifie, et, dans un grand geste, rembourse la troupe avec un sac d'écus.
Un « fâcheux » ayant demandé

Seul contre tous, il fait taire ses adversaires.

	s'il avait un protecteur, Cyrano le provoque : le fâcheux s'enfuit, mais le vicomte de Valvert (protégé de de Guiche) provoque à son tour Cyrano, qui riposte par la tirade du (ou des) nez, puis par le duel qu'il accompagne d'une ballade improvisée.	Virtuose en vers et à l'épée : « il fait ce qu'il dit. »
	Courts dialogues avec le portier, avec Le Bret, et avec « la distributrice » : c'est un mois de la pension paternelle (il l'avoue) qu'il vient d'abandonner aux comédiens ; et il n'a pas dîné.	Le désintéressement de Cyrano.
sc. 5	A son ami Le Bret, Cyrano révèle son parti pris « d'être admirable en tout, pour tout » (v. 482) et surtout l'amour secret qu'il nourrit pour Roxane. Mais il se sent laid et a peur d'être ridicule.	Roxane est donc aimée de trois hommes. Premier approfondissement du caractère de Cyrano : idéalisme et dépréciation de soi.
sc. 6	Par l'intermédiaire de sa suivante, Roxane fixe un rendez-vous à Cyrano.	Un espoir pour Cyrano : serait-il aimé de Roxane ?...
sc. 7	Cette nouvelle l'ayant mis au comble de l'excitation, il décide d'affronter les cent hommes postés en embuscade qui, à la porte de Nesle, attendent son ami Lignière. Et il demande aux comédiens de lui faire cortège.	C'est toute une troupe, cette fois, qu'il va affronter...
ACTE II, sc. 1 et 2	Ragueneau au travail dans son officine, à l'aube...	Scènes de tonalité burlesque.
sc. 3 et 4	Cyrano écrit à Roxane une lettre d'amour en prévision de son rendez-vous. Les poètes, tout en célébrant la victoire de Cyrano à la porte de Nesle, s'empiffrent de pâtisseries. Ragueneau donne sa recette — en vers — des tartelettes amandines.	La courte méprise de Cyrano dure encore : il se croit aimé de Roxane.

sc. 5	Cyrano éloigne la duègne.	
sc. 6	Entrevue de Cyrano et de Roxane : c'est Christian qu'elle aime ; et elle fait promettre à Cyrano qu'il le protégera.	Il apprend que Roxane aime Christian.
sc. 7	Suivis d'une foule d'admirateurs, une trentaine de cadets viennent féliciter Cyrano : abattu par la déception, il refuse de les recevoir. Arrivée de de Guiche : à la demande de son capitaine, Cyrano lui présente ses camarades (« Ce sont les cadets de Gascogne... ») ; il rejette son offre de protection. Mais un cadet apporte des chapeaux ramassés sur le lieu du combat : de Guiche annonce que c'est lui qui avait posté l'embuscade ; Cyrano lui fait ironiquement hommage des feutres. De Guiche, mortifié, s'éloigne — après avoir rappelé à Cyrano qu'il a tort de suivre l'exemple de Don Quichotte.	Cyrano passe de l'abattement pour raisons sentimentales... ... à la bravade.
sc. 8	Aux reproches de Le Bret (« assassiner toujours la chance passagère/Devient exagéré...), Cyrano répond par la tirade des « non, merci » et il fait l'apologie de son agressivité... Et Le Bret : « Dis-moi tout simplement qu'elle ne t'aime pas ! »	
sc. 9	Cyrano est provoqué par Christian, qui interrompt son récit du combat d'allusions à son nez. Cyrano fait évacuer la salle...	
sc. 10	Il se fait reconnaître de Christian et il répond aux confidences de ce dernier (sur sa timidité) en lui proposant une alliance : « Je serai ton esprit, tu seras ma beauté. » (v. 534). Il lui donne la lettre qu'il vient d'écrire à Roxane, sans la signer.	Ce pacte noue l'action.
sc. 11	Stupéfaction des cadets qui voient, en rentrant, les deux nouveaux amis s'embrasser.	

ACTE III,

sc. 1	Roxane s'apprête à se rendre à une réunion de beaux esprits. A Cyrano qui passait sous son balcon, elle vante la qualité des lettres que lui adresse Christian. Mais de Guiche se montre : par précaution — en pensant à Christian — elle fait entrer Cyrano.	Première victoire de Cyrano dans l'ordre de l'amour idéal : Roxane reconnaît la valeur de son esprit.
sc. 2	De Guiche, qui doit rejoindre l'armée devant Arras, vient prendre congé de Roxane : il commande le régiment des gardes, « Où sert votre cousin, l'homme aux phrases vantardes. » Roxane feint d'ignorer Christian et conseille à de Guiche de priver Cyrano de la joie de combattre. De Guiche, abusé, se croit aimé de Roxane et lui propose pour la soirée un rendez-vous, qu'elle élude.	Roxane se joue de de Guiche, qui essuie son premier échec.
sc. 3	En se rendant à sa réunion, Roxane informe Cyrano du sujet sur lequel elle désire faire parler Christian.	Sc. 3 à 7 : Cyrano prend progressivement possession de son rôle d'amoureux inspiré : ce sera sa seconde victoire idéale.
sc. 4	Christian, par amour-propre, refuse l'assistance de Cyrano.	
sc. 5	Mais c'est l'échec : déçue par la pauvreté de l'inspiration de Christian, Roxane le quitte et rentre chez elle.	
sc. 6	Cyrano consent à aider Christian désespéré : caché sous le balcon, il lui soufflera ses réponses.	Après avoir joué les souffleurs...
sc. 7	Christian obtient ainsi de se faire écouter de Roxane : mais bientôt il laisse Cyrano tenir son rôle ; ce dernier, presque grisé, laisse parler son cœur et touche Roxane : Christian voudrait obtenir d'elle un baiser. Mais...	Cyrano joue carrément le rôle de Christian.
sc. 8	... arrive un capucin, qui cherche la maison de Roxane. Cyrano l'envoie à une fausse adresse.	

sc. 9	Christian insiste pour obtenir un baiser. Cyrano est moins pressé.	
sc. 10	Mais il joue le jeu — et Roxane invite finalement Christian à monter à son balcon. Cyrano, d'abord troublé, se ressaisit lorsqu'il entend revenir le capucin.	Première victoire de Christian.
sc. 11	Ce dernier apporte à Roxane un message : de Guiche, persistant dans son intention, lui donne un rendez-vous. Roxane invente les termes de la lettre qu'elle lit à haute voix : « Christian doit en secret devenir votre époux... » Et elle demande à Cyrano de retenir de Guiche un quart d'heure : le temps nécessaire à la bénédiction nuptiale.	Seconde victoire de Christian.
sc. 12 et 13	Cyrano, qui a son plan, grimpe sur le balcon et se perche sur la grande branche d'un arbre du jardin. Il aperçoit de Guiche, feint de tomber de la lune, et, reprenant son accent gascon, lui barre la route de Roxane tout en improvisant un récit de ses différentes tentatives de voyage vers notre satellite. Il ne se fait reconnaître qu'au moment où apparaissent, accompagnés du capucin, les deux nouveaux mariés.	
sc. 14	De Guiche se voit joué : il se venge en donnant à Christian son ordre de départ immédiat pour l'armée. Roxane fait promettre à Cyrano qu'il protégera Christian, et que celui-ci lui « écrira souvent ».	Défaite — et vengeance — de de Guiche.
ACTE IV, sc. 1	Devant Arras : les Français, qui assiègent la ville, sont assiégés par les troupes espagnoles. Au petit jour, Cyrano rentre au camp des cadets : comme chaque matin, il a traversé les lignes ennemies pour faire partir sa let-	Tableaux d'ambiance : la guerre de siège et la famine. Fidélité et héroïsme de Cyrano.

tre — signée Christian — qu'il envoie chaque jour à Roxane.	Son stoïcisme.
sc. 2 — La faim chez les cadets.	
sc. 3 — Cyrano emploie l'humour et les jeux de mots pour réconforter ses amis. Il fait l'apologie de la « pointe » et exprime le vœu de mourir au combat « pour une belle cause » et de « tomber la pointe au cœur en même temps qu'aux lèvres ». Puis il fait appel à Bertrandou, le fifre, qui joue « Ces airs dont la musique a l'air d'être en patois ». De Guiche apparaît.	Son rêve d'une mort de soldat et de poète.
sc. 4 — Il évoque devant les cadets son fait d'armes de la veille. Cyrano l'interrompt : « Et votre écharpe blanche ? » De Guiche reconnaît l'avoir habilement laissée couler à terre. Cyrano la lui tend. Sensation. De Guiche utilise immédiatement l'écharpe pour envoyer un message à un espion qui le sert : il a décidé que la position défendue par les cadets serait sacrifiée. Christian reçoit des mains de Cyrano la lettre que celui-ci vient d'écrire à Roxane : il y aperçoit la trace d'une larme et s'en émeut ! Mais — coup de théâtre —, descendant de carrosse, arrive Roxane.	Sa bravoure de soldat. De Guiche : « C'est mon roi que je sers en servant ma rancune. » Christian devine les sentiments que Cyrano voue à Roxane.
sc. 5 — Elle explique comment elle a traversé les lignes espagnoles. Puis elle apprend que la position tenue par les cadets est particulièrement menacée : elle restera !	Héroïsme de Roxane.
sc. 6 — Cependant que de Guiche va donner des ordres, Carbon présente à Roxane sa compagnie. Puis Ragueneau tire du carrosse des victuailles : tandis que les cadets commencent de festoyer, Cyrano cherche à parler à Christian, mais de Guiche est signalé : on range tout.	Tableau humoristique : les plaisirs de la table à l'armée. Cyrano veut que Christian sache qu'il a beaucoup écrit à Roxane.

sc. 7	Il s'étonne des changements survenus dans l'humeur des cadets. Il invite Roxane à repartir, elle refuse : il demande alors un mousquet et se trouve immédiatement mieux reçu des cadets, dont il fait passer la troupe en revue par Roxane. Cyrano, cependant, avertit Christian : « J'écrivais quelquefois sans te dire : j'écris » (375). Et Christian : « Et cela t'enivrait, et l'ivresse était telle/Que tu bravais la mort... » (381-382).	Sursaut d'orgueil de de Guiche. Christian voit ses doutes se confirmer : Cyrano aime Roxane...
sc. 8	Roxane avoue à Christian qu'elle est venue « à cause des lettres » : bien mieux — ou pire — : « Et ce n'est plus que pour ton âme que je t'aime ! »	... et Roxane, au fond, aime Cyrano sans le savoir.
sc. 9	Christian somme Cyrano de déclarer son amour à Roxane... Et il va « jusqu'au bout du poste » afin de permettre à Cyrano de parler à Roxane, qu'il interpelle (« Cyrano vous dira une chose importante »).	Insistance de Christian : Cyrano doit révéler la vérité à Roxane. Christian est tué.
sc. 10	Roxane confirme à Cyrano qu'elle aimerait Christian « même laid » : et c'est au moment même où Cyrano s'apprête à tout confesser à Roxane (« Mon Dieu, c'est vrai, peut-être, et le bonheur est là ») qu'on annonce la mort de Christian... A Christian — qu'on apporte en scène mourant — Cyrano : « J'ai tout dit. C'est toi qu'elle aime encor ! » (496). Tandis que le combat commence à faire rage, Roxane, devant le corps de Christian, rappelle à Cyrano toutes les qualités qui étaient, pense-t-elle, celles de son mari. Cyrano demande à de Guiche d'éloigner Roxane : quant à lui, il tiendra bon : « J'ai deux morts à venger : Christian et mon bonheur ! » (521). La fusillade devient générale : Cyrano semble être un des seuls survivants.	Cyrano était au bord de l'aveu : mais il se sent lié par la mort de Christian... L'héroïsme du renoncement : après avoir menti généreusement devant Christian, autre mensonge généreux devant Roxane...

ACTE V,

sc. 1	Quinze ans après... Le couvent où Roxane, il y a quatorze ans, s'est retirée. Les sœurs attendent la visite que Cyrano lui rend, chaque samedi, depuis dix ans. On annonce le duc de Gramont, ex-comte de Guiche.	L'automne au jardin du couvent.
sc. 2	Avec Roxane, il évoque le souvenir de Christian et rend hommage au caractère de Cyrano... et il avertit Le Bret — qui souligne la solitude et la misère de son ami — que Cyrano est menacé.	Éloge de Cyrano par de Guiche (devenu duc de Gramont) : s'y ajoutent les témoignages de ses proches.
sc. 3	Précisément, Ragueneau annonce qu'il vient de trouver Cyrano à demi mort.	Cyrano peut-être victime d'un guet-apens.
sc. 4	Roxane ignore encore cette nouvelle : elle attend Cyrano.	
sc. 5	Arrivée de Cyrano : il sent venir sa fin ; comme à l'accoutumée, il narre sa gazette, mais il s'évanouit, puis revient à lui. Il demande à Roxane de lui laisser lire la dernière lettre, signée de Christian, qu'elle porte pieusement sur elle (« Roxane, adieu, je vais mourir !... »). Roxane, en suivant sa lecture, comprend tout : « Les lettres, c'était vous... » Et Cyrano : « Ce sang était le sien... »	Son premier accès de faiblesse avant la mort. Roxane comprend « la généreuse imposture », mais elle ignore encore que Cyrano touche à son heure dernière.
sc. 6	Arrivent Le Bret et Ragueneau, qui le cherchaient. Cyrano, tirant son chapeau, se montre la tête enveloppée... Il tire la morale de sa vie vouée à l'échec. Sa tête paraît s'égarer, puis il revient à lui : il veut attendre la mort debout et lance un dernier défi à ses « vieux ennemis », qu'il nomme successivement : le Mensonge, les Compromis, les Préjugés, les Lâchetés, la Sottise : « J'emporte, malgré vous..., mon panache. »	Elle comprend que Cyrano est perdu. Second accès de faiblesse... L'ultime défi : il arrivera « chez Dieu » tel qu'en lui-même.

Coquelin aîné dans le rôle de Cyrano.
(Ph. © Harlingue - Viollet - Arch. Photeb.)

PERSONNAGES[1]

CYRANO DE BERGERAC
CHRISTIAN
   DE NEUVILLETTE
COMTE DE GUICHE
RAGUENEAU
LE BRET
CARBON
   DE CASTEL-JALOUX
Les Cadets
LIGNIÈRE
DE VALVERT
Un Marquis
Deuxième Marquis
Troisième Marquis
MONTFLEURY
BELLEROSE
JODELET
CUIGY
D'ARTAGNAN
BRISSAILLE
Un Fâcheux
Un Mousquetaire
Un autre
Un Officier espagnol
Un Chevau-léger
Le Portier

Un Bourgeois
Son Fils
Un Tire-laine
Un Spectateur
Un Garde
Bertrandou le Fifre
Le Capucin
Deux Musiciens
Les Poètes
Les Pâtissiers
ROXANE
Sœur MARTHE
LISE
La Distributrice
   des douces liqueurs
Mère MARGUERITE
   DE JÉSUS
La Duègne
Sœur CLAIRE
Une Comédienne
La Soubrette
La Bouquetière
Une Dame
Une Précieuse
Une Sœur

La foule, bourgeois, marquis, mousquetaires, tire-laine, pâtis-siers, poètes, cadets gascons, comédiens, violons, pages, enfants, soldats espagnols, spectateurs, spectatrices, précieuses, comédien-nes, bourgeoises, religieuses, etc.

(Les quatre premiers actes en 1640, le cinquième en 1655.)

---

1. Voir notre Introduction, les notes et, dans la Documentation, « Les Représen-tations ».

CYRANO DE BERGERAC

COMÉDIE HÉROÏQUE
EN CINQ ACTES EN VERS
REPRÉSENTÉE A PARIS
SUR LE THÉÂTRE DE LA PORTE SAINT-MARTIN
LE 28 DÉCEMBRE 1897

C'est à l'âme de CYRANO
que je voulais dédier ce poème.
Mais puisqu'elle a passé en vous,
COQUELIN, c'est à vous que je le dédie.
E. R.

PREMIER ACTE

UNE REPRÉSENTATION A L'HÔTEL DE BOURGOGNE

La salle de l'Hôtel de Bourgogne[1]*, en 1640. Sorte de hangar de jeu de paume aménagé et embelli pour des représentations.*

La salle est un carré long ; on la voit en biais, de sorte qu'un de ses côtés forme le fond qui part du premier plan, à droite, et va au dernier plan, à gauche, faire angle avec la scène qu'on aperçoit en pan coupé.

Cette scène est encombrée, des deux côtés, le long des coulisses, par des banquettes. Le rideau est formé par deux tapisseries qui peuvent s'écarter. Au-dessus du manteau d'Arlequin, les armes royales. On descend de l'estrade dans la salle par de larges marches. De chaque côté de ces marches, la place des violons. Rampe de chandelles.

Deux rangs superposés de galeries latérales : le rang supérieur est divisé en loges. Pas de sièges au parterre, qui est la scène même du théâtre ; au fond de ce parterre,

---

1. Sur le théâtre de l'Hôtel de Bourgogne, cf. Documents pédagogiques, n° I.

c'est-à-dire à droite, premier plan, quelques bancs formant gradins et, sous un escalier qui monte vers des places supérieures et dont on ne voit que le départ, une sorte de buffet orné de petits lustres, de vases fleuris, de verres de cristal, d'assiettes de gâteaux, de flacons, etc.

Au fond, au milieu, sous la galerie de loges, l'entrée du théâtre. Grande porte qui s'entrebâille pour laisser passer les spectateurs. Sur les battants de cette porte, ainsi que dans plusieurs coins et au-dessus du buffet, des affiches rouges sur lesquelles on lit : La Clorise[1].

Au lever du rideau, la salle est dans une demi-obscurité, vide encore. Les lustres sont baissés au milieu du parterre, attendant d'être allumés.

SCÈNE PREMIÈRE. — LE PUBLIC, qui arrive peu à peu, CAVALIERS, BOURGEOIS, LAQUAIS, PAGES, TIRE-LAINE, LE POR-TIER, etc., puis LES MARQUIS, CUIGY, BRISSAILLE, LA DISTRIBU-TRICE, LES VIOLONS, etc.

On entend derrière la porte un tumulte de voix, puis un cavalier entre brusquement.

LE PORTIER, le poursuivant.
            Holà ! vos quinze sols!

LE CAVALIER.   J'entre gratis[2] !

LE PORTIER.   Pourquoi ?

LE CAVALIER.
        Je suis chevau-léger de la maison du Roi !

LE PORTIER, à un autre cavalier qui vient d'entrer.
        Vous ?

DEUXIÈME CAVALIER.
            Je ne paie pas !

LE PORTIER.   Mais...

DEUXIÈME CAVALIER.   Je suis mousquetaire.

---

1. Cette pastorale de Balthazar Baro (1600-1650) fut créée sur cette scène en 1630 ou 1631. Sur le genre de la pastorale, cf. Documents pédagogiques, n° II. — 2. En 1685, une ordonnance royale interdit définitivement « à toutes personnes de quelque qualité et condition qu'elles soient d'entrer aux Comédies sans payer ».

PREMIER CAVALIER, *au deuxième.*

    On ne commence qu'à deux heures. Le parterre[1]

5   Est vide. Exerçons-nous au fleuret.

        Ils font des armes avec des fleurets qu'ils ont apportés.

UN LAQUAIS, *entrant.*   Pst... Flanquin... ?...

UN AUTRE, *déjà arrivé.*

    Champagne ?...

LE PREMIER, *lui montrant des jeux qu'il sort de son pourpoint.*

        Cartes. Dés.   *Il s'assied par terre.*

        Jouons.

LE DEUXIÈME, *même jeu.*   Oui, mon coquin.

PREMIER LAQUAIS, *tirant de sa poche un bout de chandelle qu'il allume et colle par terre.*

    J'ai soustrait à mon maître un peu de luminaire.

UN GARDE, *à une bouquetière qui s'avance.*

    C'est gentil de venir avant que l'on n'éclaire !...

           Il lui prend la taille.

UN DES BRETTEURS, *recevant un coup de fleuret.*

    Touche !

UN DES JOUEURS. Trèfle !

LE GARDE, *poursuivant la fille.*

         Un baiser !

LA BOUQUETIÈRE, *se dégageant.*   On voit !...

LE GARDE, *l'entraînant dans les coins sombres.*   Pas de danger !

UN HOMME, *s'asseyant par terre avec d'autres porteurs de provisions de bouche.*

10   Lorsqu'on vient en avance, on est bien pour manger.

UN BOURGEOIS, *conduisant son fils.*

    Plaçons-nous là, mon fils.

UN JOUEUR.   Brelan d'as !

UN HOMME, *tirant une bouteille de sous son manteau et s'asseyant aussi.*

            Un ivrogne

    Doit boire son bourgogne...   *Il boit.*

          à l'hôtel de Bourgogne[2] !

---

1. L'espace qui s'étend devant la scène. Jusqu'en 1782, on s'y tiendra debout. —
2. Rostand affectionne jeux de mots et traits d'esprit ; et le vrai Cyrano en émaillait déjà sa prose : cf. note 5 p. 155

LE BOURGEOIS, *à son fils.*

   Ne se croirait-on pas en quelque mauvais lieu ?
             Il montre l'ivrogne du bout de sa canne.

  Buveurs...   *En rompant, un des cavaliers le bouscule.*
      Bretteurs !   *Il tombe au milieu des joueurs.*
        Joueurs !

LE GARDE, *derrière lui, lutinant toujours la femme.*

               Un baiser !

LE BOURGEOIS, *éloignant vivement son fils.*   Jour de Dieu !

15   Et penser que c'est dans une salle pareille
     Qu'on joua du Rotrou[1], mon fils !

LE JEUNE HOMME.   Et du Corneille[2] !

UNE BANDE DE PAGES, *se tenant par la main, entre en farandole*[3] *et chante.*

   Tra la la la la la la la la la la lère...

LE PORTIER, *sévèrement aux pages.*

   Les pages, pas de farce !

PREMIER PAGE, *avec une dignité blessée.*

             Oh ! Monsieur ! ce soupçon !...
     Vivement au deuxième, dès que le portier a tourné le dos.
   As-tu de la ficelle ?

LE DEUXIÈME.   Avec un hameçon.

PREMIER PAGE.

20   On pourra de là-haut pêcher quelque perruque[4].

UN TIRE-LAINE, *groupant autour de lui plusieurs hommes de mauvaise mine.*

   Or çà, jeunes escrocs, venez qu'on vous éduque :
   Puis donc que vous volez pour la première fois...

DEUXIÈME PAGE, *criant à d'autres pages déjà placés aux galeries supérieures.*

   Hep ! Avez-vous des sarbacanes ?

---

1. Rotrou (1609-1650) : notre dramaturge le plus renommé avant les grands succès de Corneille. — 2. En réalité, c'est la troupe du Marais qui avait créé *Le Cid*. — 3. Danse avec accompagnement de tambourins. — 4. Sans doute un clin d'œil à la première d'*Hernani* (25 février 1830). Les perruques, recouvrant des crânes présumés chauves, étaient considérées, à l'époque des batailles du romantisme, comme l'apanage des « Classiques ». Cf. l'*Histoire du romantisme* de Théophile Gautier, où l'on peut lire dans le chapitre « La reprise d'*Hernani* » (1867) : « Autrefois (...) chaque soir, Hernani était obligé de sonner du cor pour rassembler ses éperviers de montagne, qui parfois emportaient dans leurs serres quelque bonne perruque classique en signe de triomphe. »

TROISIÈME PAGE, *d'en haut.*   Et des pois !
Il souffle et les crible de pois.

LE JEUNE HOMME, *à son père.*
Que va-t-on nous jouer ?

LE BOURGEOIS.   *Clorise.*

LE JEUNE HOMME.   De qui est-ce ?

LE BOURGEOIS.
25   De monsieur Balthazar Baro. C'est une pièce !...
Il remonte au bras de son fils.

LE TIRE-LAINE, *à ses acolytes.*
... La dentelle surtout des canons[1], coupez-la !

UN SPECTATEUR, *à un autre, lui montrant une encoignure élevée.*
Tenez, à la première du *Cid,* j'étais là !

LE TIRE-LAINE, *faisant avec ses doigts le geste de subtiliser.*
Les montres...

LE BOURGEOIS, *redescendant, à son fils.*
Vous verrez des acteurs très illustres...

LE TIRE-LAINE, *faisant le geste de tirer par petites secousses furtives.*
Les mouchoirs...

LE BOURGEOIS.   Montfleury...

QUELQU'UN, *criant de la galerie supérieure.*
Allumez donc les lustres !

LE BOURGEOIS.
30   ... Bellerose, l'Épy, la Beaupré, Jodelet[2] !

UN PAGE, *au parterre.*
Ah ! voici la distributrice !...

LA DISTRIBUTRICE, *paraissant derrière le buffet.*
Oranges, lait,
Eau de framboise, aigre de cèdre[3]...   *Brouhaha à la porte.*

UNE VOIX DE FAUSSET.   Place, brutes !

UN LAQUAIS, *s'étonnant.*
Les marquis !... au parterre ?...

UN AUTRE LAQUAIS.   Oh ! pour quelques minutes.

---

1. Pièces de dentelle qui se portaient à mi-jambe. — 2. Acteurs célèbres, qui firent partie plus ou moins durablement de la troupe de l'Hôtel de Bourgogne. Cf. Documents pédagogiques, n° I. — 3. Citronnade.

Entre une bande de petits marquis[1].

UN MARQUIS, *voyant la salle à moitié vide.*

35
Hé quoi ! Nous arrivons ainsi que les drapiers,
Sans déranger les gens ? sans marcher sur les pieds ?
Ah ! fi ! fi ! fi ! fi !

Il se trouve devant d'autres gentilshommes entrés peu avant.
Cuigy ! Brissaille !   *Grandes embrassades.*

CUIGY.   Des fidèles !

Mais oui, nous arrivons devant que les chandelles[2]...

LE MARQUIS.

Ah ! ne m'en parlez pas ! Je suis dans une humeur...

UN AUTRE.

Console-toi, marquis, car voici l'allumeur !

LA SALLE, *saluant l'entrée de l'allumeur.*

40
Ah !...

On se groupe autour des lustres[3] *qu'il allume. Quelques personnes ont pris place aux galeries. Lignière entre au parterre, donnant le bras à Christian de Neuvillette. Lignière, un peu débraillé, figure d'ivrogne distingué. Christian, vêtu élégamment mais d'une façon un peu démodée, paraît préoccupé et regarde les loges.*

SCÈNE II. — **LES MÊMES, CHRISTIAN, LIGNIÈRE,** *puis* **RAGUE-NEAU** *et* **LE BRET**

CUIGY[4].   Lignière[5] !

BRISSAILLE[6], *riant.*   Pas encor gris !...

LIGNIÈRE, *bas à Christian.*   Je vous présente ?
Signe d'assentiment de Christian.

Baron de Neuvillette.   *Saluts.*

LA SALLE, *acclamant l'ascension du premier lustre allumé.*
Ah !

---

1. Depuis Molière, surtout, un certain ridicule s'est trouvé attaché au titre de marquis. Cf. *L'Impromptu de Versailles* : « Le marquis, aujourd'hui, est le plaisant de la comédie. » — 2. Cf. *Les Précieuses ridicules*, sc. IX : « Je crie toujours : "Voilà qui est beau" devant que les chandelles soient allumées. » Cette locution conjonctive fut considérée comme vieillie dès le milieu du XVIIe siècle. — 3. On suspendait, devant la scène, deux lattes mises en croix, dont chacune portait quatre chandelles. — 4. Cuigy : ami de Cyrano. — 5. Lignières ou Linières (François Payot de ; 1626-1704) : poète satirique, ami de Scarron et de Cyrano. — 6. Hector de Brissaille : ami de Cyrano.

CUIGY, *à Brissaille, en regardant Christian.*
La tête est charmante.

PREMIER MARQUIS, *qui a entendu.*
Peuh !...

LIGNIÈRE, *présentant à Christian.*
Messieurs de Cuigy, de Brissaille...

CHRISTIAN, *s'inclinant.*
Enchanté !

PREMIER MARQUIS, *au deuxième.*
Il est assez joli, mais n'est pas ajusté
Au dernier goût.

LIGNIÈRE, *à Cuigy.*   Monsieur débarque de Touraine.

CHRISTIAN.
45   Oui, je suis à Paris depuis vingt jours à peine.
J'entre aux gardes demain, dans les Cadets.

PREMIER MARQUIS, *regardant les personnes qui entrent dans les loges.*
Voilà
La présidente Aubry !

LA DISTRIBUTRICE.   Oranges, lait...

LES VIOLONS, *s'accordant.*   La... la...

CUIGY, *à Christian, lui désignant la salle qui se garnit.*
Du monde !

CHRISTIAN.   Eh ! oui, beaucoup.

PREMIER MARQUIS.   Tout le bel air !
Ils nomment les femmes à mesure qu'elles entrent, très parées, dans les loges. Envois de saluts, réponses de sourires.

DEUXIÈME MARQUIS.   Mesdames
50   De Guéméné...

CUIGY.   De Bois-Dauphin...

PREMIER MARQUIS.   Que nous aimâmes !

BRISSAILLE.
De Chavigny[1]...

DEUXIÈME MARQUIS.   Qui de nos cœurs va se jouant !

LIGNIÈRE.
Tiens, monsieur de Corneille est arrivé de Rouen.

---

1. Quatre Précieuses qui défrayaient la chronique.

LE JEUNE HOMME, *à son père.*
>   L'Académie est là[1] ?

LE BOURGEOIS.   Mais... j'en vois plus d'un membre ;
>   Voici Boudu, Boissat, et Cureau de la Chambre ;
>   Porchères, Colomby, Bourzeys, Bourdon, Arbaud...
55 >   Tous ces noms dont pas un ne mourra, que c'est beau !

PREMIER MARQUIS.
>   Attention ! nos précieuses prennent place :
>   Barthénoïde, Urimédonte, Cassandace,
>   Félixérie[2]...

DEUXIÈME MARQUIS, *se pâmant.*
>   Ah ! Dieu ! leurs surnoms sont exquis !
>   Marquis, tu les sais tous ?

PREMIER MARQUIS.   Je les sais tous, marquis !

LIGNIÈRE, *prenant Christian à part.*
60 >   Mon cher, je suis entré pour vous rendre service :
>   La dame ne vient pas. Je retourne à mon vice[3] !

CHRISTIAN, *suppliant.*
>   Non !... Vous qui chansonnez et la ville et la cour,
>   Restez : vous me direz pour qui je meurs d'amour.

LE CHEF DES VIOLONS, *frappant sur son pupitre, avec son archet.*
>   Messieurs les violons !...   *Il lève son archet.*

LA DISTRIBUTRICE.   Macarons, citronnée...
>   *Les violons commencent à jouer.*

CHRISTIAN.
65 >   J'ai peur qu'elle ne soit coquette et raffinée,
>   Je n'ose lui parler car je n'ai pas d'esprit.
>   Le langage aujourd'hui qu'on parle et qu'on écrit,
>   Me trouble. Je ne suis qu'un bon soldat timide.
>   Elle est toujours, à droite, au fond : la loge vide.

LIGNIÈRE, *faisant mine de sortir.*
70 >   Je pars.

CHRISTIAN, *le retenant encore.*
>   Oh ! non, restez !

---

1. Les lettres patentes créant l'Académie française furent enregistrées par le Parlement le 10 juillet 1637. A partir de 1639, il y eut quarante académiciens. Rostand s'est amusé ici à citer quelques-uns des plus obscurs ; et, erreur ou malice, il a déformé Bautru en Boudu, et Bourbon en Bourdon. — 2. Quatre surnoms attestés par le *Dictionnaire des Précieuses* (1661), de Somaize. Sur cette mode, cf. *Les Précieuses ridicules*, sc. IV. — 3. La boisson.

LIGNIÈRE. Je ne peux. D'Assoucy[1]
M'attend au cabaret. On meurt de soif, ici.

LA DISTRIBUTRICE, *passant devant lui avec un plateau.*
Orangeade ?

LIGNIÈRE. Fi !

LA DISTRIBUTRICE. Lait ?

LIGNIÈRE. Pouah !

LA DISTRIBUTRICE. Rivesalte ?

LIGNIÈRE. Halte[2] !
A Christian.
Je reste encor un peu. — Voyons ce rivesalte ?
Il s'assied près du buffet. La distributrice lui verse du rivesalte.

CRIS, *dans le public à l'entrée d'un petit homme grassouillet et réjoui.*
Ah ! Ragueneau[3] !

LIGNIÈRE, *à Christian.* Le grand rôtisseur Ragueneau.

RAGUENEAU, *costume de pâtissier endimanché, s'avançant vivement vers Lignière.*
Monsieur, avez-vous vu monsieur de Cyrano ?

LIGNIÈRE, *présentant Ragueneau à Christian.*
Le pâtissier des comédiens et des poètes !

RAGUENEAU, *se confondant.*
Trop d'honneur...

LIGNIÈRE. Taisez-vous, Mécène que vous êtes !

RAGUENEAU.
Oui, ces messieurs chez moi se servent...

LIGNIÈRE. A crédit.
Poète de talent lui-même...

RAGUENEAU. Ils me l'ont dit.

LIGNIÈRE.
Fou de vers !

RAGUENEAU. Il est vrai que pour une odelette...

LIGNIÈRE.
Vous donnez une tarte...

---

1. Charles Couppeau d'Assouci (1605-1677) : poète burlesque, musicien et compositeur, il fut l'ami de Cyrano et de Molière. — 2. Pourquoi ? — 3. Après avoir fait faillite dans le métier de pâtissier, il sera poète et fera du théâtre. Sa fille sera actrice et épousera La Grange, comédien de la troupe de Molière.

RAGUENEAU.   Oh ! une tartelette !

LIGNIÈRE.
          Brave homme, il s'en excuse !... Et pour un triolet[1]
          Ne donnâtes-vous pas ?...

RAGUENEAU.   Des petits pains !

LIGNIÈRE, *sévèrement.*   Au lait.
          — Et le théâtre ! vous l'aimez ?

RAGUENEAU.   Je l'idolâtre.

LIGNIÈRE.
85   Vous payez en gâteaux vos billets de théâtre !
          Votre place, aujourd'hui, là, voyons, entre nous,
          Vous a coûté combien ?

RAGUENEAU.   Quatre flans. Quinze choux.
                              Il regarde de tous côtés.
          Monsieur de Cyrano n'est pas là ? Je m'étonne.

LIGNIÈRE.
          Pourquoi ?

RAGUENEAU.   Montfleury joue !

LIGNIÈRE.   En effet, cette tonne
90   Va nous jouer ce soir le rôle de Phédon.
          Qu'importe à Cyrano ?

RAGUENEAU.   Mais vous ignorez donc ?
          Il fit à Montfleury, messieurs, qu'il prit en haine,
          Défense, pour un mois, de reparaître en scène.

LIGNIÈRE, *qui en est à son quatrième petit verre.*
          Eh bien ?

RAGUENAU   Montfleury joue !

CUIGY, *qui s'est rapproché de son groupe.*
                              Il n'y peut rien.

RAGUENEAU.   Oh ! oh !
95   Moi, je suis venu voir !

PREMIER MARQUIS.   Quel est ce Cyrano ?

CUIGY.
          C'est un garçon versé dans les colichemardes[2].

---

1. Pièce de huit vers, généralement octosyllabiques, sur deux rimes. Le premier vers est repris par le quatrième et le septième. La disposition des rimes est en général ABAAABAB. Banville remit ce genre à l'honneur avec ses *Odes funambulesques* (1857). — 2. Rapières à large lame, particulièrement meurtrières.

DEUXIÈME MARQUIS.

Noble ?

CUIGY.   Suffisamment. Il est cadet aux gardes.

Montrant un gentilhomme qui va et vient dans la salle comme s'il cherchait quelqu'un.

Mais son ami Le Bret peut vous dire...

Il appelle.

Le Bret[1] !

Le Bret descend vers eux.

Vous cherchez Bergerac ?

LE BRET.   Oui, je suis inquiet !

CUIGY.

100   N'est-ce pas que cet homme est des moins ordinaires ?

LE BRET, *avec tendresse.*

Ah ! c'est le plus exquis des êtres sublunaires[2] !

RAGUENEAU.

Rimeur !

CUIGY.   Bretteur !

BRISSAILLE.   Physicien !

LE BRET.   Musicien !

LIGNIÈRE.

Et quel aspect hétéroclite[3] que le sien !

RAGUENEAU.

Certes, je ne crois pas que jamais nous le peigne
105   Le solennel monsieur Philippe de Champaigne[4] ;
Mais bizarre, excessif, extravagant, falot,
Il eût fourni, je pense, à feu Jacques Callot[5]
Le plus fol spadassin à mettre entre ses masques :
Feutre à panache triple et pourpoint à six basques,
110   Cape, que par derrière, avec pompe, l'estoc[6]
Lève, comme une queue insolente de coq,

---

1. L'ami de toujours de Cyrano. Cf. notre Étude littéraire : « Le vrai Cyrano ». —
2. Situés entre la Terre et la Lune. Allusion à l'ancienne théorie qui divisait l'univers en zones vouées à plus ou moins de dégradation. Mais c'est aussi une allusion à l'œuvre romanesque de Cyrano. — 3. Disparate jusqu'à la bizarrerie. — 4. Il se rendit célèbre par ses portraits de grands personnages, Richelieu, par exemple, et les Solitaires de Port-Royal (1602-1674). — 5. Célèbre graveur (1592-1635), très apprécié déjà de son temps pour ses scènes de mœurs ; ici, il s'agit plutôt de sa série des *Caprices*, 50 eaux-fortes représentant des personnages pittoresques. — 6. Grande épée avec laquelle on frappait de la pointe.

Plus fier que tous les Artabans[1] dont la Gascogne
Fut et sera toujours l'alme Mère Gigogne[2],
Il promène, en sa fraise à la Pulcinella[3],

115   Un nez !... Ah ! messeigneurs, quel nez que ce nez-là !
On ne peut voir passer un pareil nasigère[4]
Sans s'écrier : « Oh ! non, vraiment, il exagère ! »
Puis on sourit, on dit : « Il va l'enlever... » Mais
Monsieur de Bergerac ne l'enlève jamais.

LE BRET, *hochant la tête.*

120   Il le porte, — et pourfend quiconque le remarque !

RAGUENEAU, *fièrement.*

Son glaive est la moitié des ciseaux de la Parque[5] !

PREMIER MARQUIS, *haussant les épaules.*

Il ne viendra pas !

RAGUENEAU.   Si !... Je parie un poulet

A la Ragueneau !

LE MARQUIS, *riant.*   Soit !

Rumeurs d'admiration dans la salle. Roxane vient de paraître dans sa loge. Elle s'assied sur le devant, sa duègne prend place au fond. Christian, occupé à payer la distributrice, ne regarde pas.

DEUXIÈME MARQUIS, *avec des petits cris.*

Ah ! messieurs ! mais elle est

Épouvantablement[6] ravissante !

PREMIER MARQUIS.   Une pêche.

125   Qui sourirait avec une fraise !

DEUXIÈME MARQUIS.   Et si fraîche.

Qu'on pourrait, l'approchant, prendre un rhume de cœur !

CHRISTIAN, *lève la tête, aperçoit Roxane, et saisit vivement Lignière par le bras.*

C'est elle !

LIGNIÈRE, *regardant.* Ah ! c'est elle ?...

---

1. Cf. « Fier comme Artaban ». Héros du roman épique de La Calprenède, *Cléopâtre*, publié de 1647 à 1658, qui mêlait les exploits guerriers et les raffinements de galanterie. — 2. Alme : nourricière (cf. « alma mater »). La Mère Gigogne, mère géante d'une nombreuse progéniture, était un personnage de contes et de pièces bouffonnes du théâtre forain du XVIIe siècle. — 3. Nom italien de Polichinelle ; il a le nez crochu comme lui, mais n'est pas bossu. — 4. Porteur de nez. Création de Rostand. — 5. Les trois Parques, Clotho, Lachésis et Atropos, filaient la destinée des humains ; la dernière tranchait le fil de leur vie. — 6. Les Précieux usaient et abusaient de ces adverbes.

CHRISTIAN.   Oui. Dites vite. J'ai peur.

LIGNIÈRE, *dégustant son rivesalte à petits coups.*
          Magdeleine Robin[1], dite Roxane. — Fine.
          Précieuse.

CHRISTIAN.   Hélas !

LIGNIÈRE.   Libre. Orpheline. Cousine
130   De Cyrano , dont on parlait...
     A ce moment, un seigneur très élégant, le cordon bleu[2] en sautoir,
     entre dans la loge et, debout, cause un instant avec Roxane.

CHRISTIAN, *tressaillant.*   Cet homme ?...

LIGNIÈRE, *qui commence à être gris, clignant de l'œil.*
                                        Hé ! hé !...
          — Comte de Guiche. Épris d'elle. Mais marié
          A la nièce d'Armand de Richelieu. Désire
          Faire épouser Roxane à certain triste sire,
          Un monsieur de Valvert, vicomte... et complaisant.
135   Elle n'y souscrit pas. Mais de Guiche est puissant :
          Il peut persécuter une simple bourgeoise.
          D'ailleurs j'ai dévoilé sa manœuvre sournoise
          Dans une chanson qui... Ho ! il doit m'en vouloir !
          La fin était méchante... Écoutez...
                    Il se lève en titubant, le verre haut, prêt à chanter.

CHRISTIAN.   Non. Bonsoir.

LIGNIÈRE.
140   Vous allez ?

CHRISTIAN.   Chez monsieur de Valvert !...

LIGNIÈRE.   Prenez garde :
          C'est lui qui vous tuera !   *Lui désignant du coin*
     de l'œil Roxane.   Restez. On[3] vous regarde.

CHRISTIAN.
          C'est vrai !
     Il reste en contemplation. Le groupe de tire-laine, à partir de ce
     moment, le voyant la tête en l'air et bouche bée, se rapproche de lui.

LIGNIÈRE.   C'est moi qui pars. J'ai soif ! Et l'on m'attend
          Dans des tavernes !   *Il sort en zigzaguant.*

---

1. Cf. notre Étude littéraire : « Les autres personnages et la comédie ». — 2. Le
ruban — bleu ciel — de l'Ordre du Saint-Esprit, créé en 1578 par Henri III. —
3. Ce pronom se prête à des substitutions de personnes et peut exprimer des
nuances variées.

LE BRET, *qui a fait le tour de la salle, revenant vers Ragueneau, d'une voix rassurée.*   Pas de Cyrano.

RAGUENEAU, *incrédule.*   Pourtant...

LE BRET.

        Ah ! je veúx espérer qu'il n'a pas vu l'affiche !

LA SALLE.

145   Commencez ! Commencez !

SCÈNE III. — **LES MÊMES,** *moins* **LIGNIÈRE** ; **DE GUICHE, VAL-VERT,** *puis* **MONTFLEURY.**

UN MARQUIS, *voyant de Guiche, qui descend de la loge de Roxane, traverse le parterre, entouré de seigneurs obséquieux, parmi lesquels le vicomte de Valvert.*   Quelle cour, ce de Guiche !

UN AUTRE.

        Fi !... Encore un Gascon !

LE PREMIER.   Le Gascon souple et froid,
        Celui qui réussit !... Saluons-le, crois-moi.

                                    Ils vont vers de Guiche.

DEUXIÈME MARQUIS.

        Les beaux rubans[1] ! Quelle couleur, comte de Guiche ?
        Baise-moi-ma-mignonne ou bien *Ventre-de-biche ?*

150 **DE GUICHE.**

        C'est couleur *Espagnol malade.*

PREMIER MARQUIS.   La couleur
        Ne ment pas, car bientôt, grâce à votre valeur,
        L'Espagnol ira mal, dans les Flandres !

DE GUICHE.   Je monte
        Sur scène[2]. Venez-vous ?
        Il se dirige suivi de tous les marquis et gentilshommes vers le théâtre. Il se retourne et appelle.   Viens, Valvert !

CHRISTIAN, *qui les écoute et les observe, tressaille en entendant ce nom.*
                                    Le vicomte !
        Ah ! je vais lui jeter à la face mon...
        Il met la main dans sa poche, et y rencontre celle d'un tire-laine en train de le dévaliser. Il se retourne.   Hein ?

LE TIRE-LAINE.
155   Ay !...

CHRISTIAN, *sans le lâcher.*
                    Je cherchais un gant !

LE TIRE-LAINE, *avec un sourire piteux.* Vous trouvez une main.
                              Changeant de ton, bas et vite.
          Lâchez-moi. Je vous livre un secret.

CHRISTIAN, *le tenant toujours.*   Quel ?

LE TIRE-LAINE.   Lignière...
          Qui vous quitte...

CHRISTIAN, *de même.*   Eh bien ?

LE TIRE-LAINE.   ...touche à son heure
                                                    [dernière[1].
          Une chanson qu'il fit blessa quelqu'un de grand,
          Et cent hommes — j'en suis — ce soir sont postés !...

CHRISTIAN.   Cent !
160   Par qui ?

LE TIRE-LAINE.   Discrétion...

CHRISTIAN, *haussant les épaules.* Oh !

LE TIRE-LAINE, *avec beaucoup de dignité.*
                              Professionnelle !

CHRISTIAN.
          Où seront-ils postés ?

LE TIRE-LAINE.   A la porte de Nesle[2].
          Sur son chemin. Prévenez-le !

CHRISTIAN, *qui lui lâche enfin le poignet.* Mais où le voir !

LE TIRE-LAINE.
          Allez courir tous les cabarets[3] : *Le Pressoir*
          D'Or, La Pomme de Pin, La Ceinture qui craque,
165   *Les Deux Torches, Les Trois Entonnoirs,* — et dans
                                                    [chaque,
          Laissez un petit mot d'écrit l'avertissant.

---

1. Souvenir probable de Corneille, *Polyeucte,* IV, 5 : « Mon Polyeucte touche à son heure dernière. » — 2. Porte proche de la tour de Nesle, qui, sur la rive gauche de la Seine, faisait face à la tour du Louvre, située rive droite. *La Tour de Nesle* est un drame célèbre d'Alexandre Dumas (1832) : d'où la résonance mélodramatique de cette évocation. — 3. Parmi ces noms de cabarets, seul le troisième serait de l'invention de Rostand.

CHRISTIAN.

Oui, je cours ! Ah ! les gueux ! Contre un seul homme
[cent !

Regardant Roxane avec amour.

La quitter... elle !   *Regardant avec fureur Valvert.*

Et lui !... — Mais il faut que je sauve

Lignière !...

Il sort en courant. — De Guiche, le vicomte, les marquis, tous les gentilshommes ont disparu derrière le rideau pour prendre place sur les banquettes de la scène. Le parterre est complètement rempli. Plus une place vide aux galeries et aux loges.

LA SALLE.   Commencez !

UN BOURGEOIS, *dont la perruque s'envole au bout d'une ficelle, pêchée par un page de la galerie supérieure.*

Ma perruque !

CRIS DE JOIE.   Il est chauve !...

170   Bravo, les pages !... Ha ! ha ! ha !...

LE BOURGEOIS, *furieux, montrant le point.*   Petit gredin !

RIRES ET CRIS, *qui commencent très fort et vont décroissant.*

HA ! HA ! ah ! ah ! ah ! ah !   *Silence complet.*

LE BRET, *étonné.*   Ce silence soudain ?...

Un spectateur lui parle bas.

Ah ?...

LE SPECTATEUR. La chose me vient d'être certifiée.

MURMURES, *qui courent.*

Chut ! — Il paraît ?... — Non !... — Si ! — Dans la loge
[grillée.

— Le Cardinal ! — Le Cardinal ? — Le Cardinal[1] !

UN PAGE.

175   Ah ! diable, on ne va pas pouvoir se tenir mal !...

On frappe sur la scène. Tout le monde s'immobilise. Attente.

LA VOIX D'UN MARQUIS, *dans le silence, derrière le rideau.*

Mouchez cette chandelle !

UN AUTRE MARQUIS, *passant la tête par la fente du rideau.*

Une chaise !

---

1. Lui-même auteur dramatique. Cette présence invisible est symbolique du mythe de Richelieu qui avait été entretenu à l'époque romantique. Cf. *Cinq-Mars*, de Vigny (1826), *Marion Delorme*, drame de Victor Hugo (1831), *Les Trois Mousquetaires* (1844).

Une chaise est passée, de main en main, au-dessus des têtes. Le marquis
la prend et disparaît, non sans avoir envoyé quelques baisers aux loges.

UN SPECTATEUR.   Silence !

On refrappe les trois coups. Le rideau s'ouvre. Tableau. Les marquis
assis sur les côtés, dans des poses insolentes. Toile de fond représentant
un décor bleuâtre de pastorale[1]. *Quatre petits lustres de cristal éclairent*
la scène. Les violons jouent doucement.

LE BRET, *à Ragueneau, bas.*

    Montfleury entre en scène ?

RAGUENEAU, *bas aussi.*   Oui, c'est lui qui commence.

LE BRET.

    Cyrano n'est pas là.

RAGUENEAU.   J'ai perdu mon pari.

LE BRET.

    Tant mieux ! tant mieux !

On entend un air de musette, et Montfleury paraît en scène, énorme,
dans un costume de berger de pastorale, un chapeau garni de roses
penché sur l'oreille, et soufflant dans une cornemuse enrubannée.

LE PARTERRE, *applaudissant.*   Bravo, Montfleury ! Montfleury !

MONTFLEURY, *après avoir salué, jouant le rôle de Phédon.*

180   « Heureux qui loin des cours, dans un lieu solitaire,
        Se prescrit à soi-même un exil volontaire,
        Et qui, lorsque Zéphire a soufflé sur les bois[2]... »

UNE VOIX, *au milieu du parterre.*

    Coquin, ne t'ai-je pas interdit pour un mois ?

               Stupeur. Tout le monde se retourne. Murmures.

VOIX DIVERSES.

    Hein ? — Quoi ? — Qu'est-ce ?...

               On se lève dans les loges, pour voir.

CUIGY.   C'est lui !

LE BRET, *terrifié.*   Cyrano !

LA VOIX.   Roi
                               [des pitres,

185   Hors de scène à l'instant !

TOUTE LA SALLE, *indignée.*   Oh !

MONTFLEURY.   Mais...

---

1. Sur la pastorale, cf. Documents pédagogiques, n° II. — 2. Les deux premiers
vers sont de Baro, le troisième est de Rostand.

LA VOIX.   Tu récalcitres[1] ?

VOIX DIVERSES, *du parterre, des loges.*

Chut ! — Assez ! — Montfleury, jouez ! — Ne craignez
[rien !...

MONTFLEURY, *d'une voix mal assurée.*

« Heureux qui loin des cours dans un lieu sol... »

LA VOIX, *plus menaçante.*   Eh
[bien ?

Faudra-t-il que je fasse, ô Monarque des drôles[2],
Une plantation de bois sur vos épaules ?
          Une canne au bout d'un bras jaillit au-dessus des têtes.

MONTFLEURY, *d'une voix de plus en plus faible.*

190   « Heureux qui... »   *La canne s'agite.*

LA VOIX.   Sortez !

LE PARTERRE.   Oh !

MONTFLEURY, *s'étranglant.*   « Heureux qui loin des
[cours... »

CYRANO, *surgissant du parterre, debout sur une chaise, les bras croisés,
le feutre en bataille, la moustache hérissée, le nez terrible.*

Ah ! je vais me fâcher !...   *Sensation à sa vue.*

- **Scènes 1, 2, 3. Effet de « zoom » sur Cyrano**

   Scène 1

   Qu'est-ce qui fait l'intérêt de cette scène ? Y a-t-il une progression ?
   Qu'avons-nous appris ?

   Scène 2

   A. Les personnages

   1. Au XVIIe siècle, le portrait, avant d'être cultivé par les écrivains
   classiques, avait été un jeu littéraire de salon. Quel intérêt offre un
   portrait dans une scène d'exposition ? Quelles qualités doit-il avoir ?

   2. Faites le portrait de Christian.

   3. Quel ton Ragueneau donne-t-il ici à la pièce ?

   4. Le portrait de Cyrano (v. 101-121).
      a) Quelle est, dans ce portrait, la place de la description physique ?

---

1. Seul le participe présent est encore utilisé comme adjectif. Au XIXe siècle, le
verbe était encore employé, mais par plaisanterie. — 2. Rostand s'inspire d'une
Lettre satirique de Cyrano de Bergerac adressée — c'est son titre — « à un gros
homme », qui était Montfleury.

A quel art fait-elle appel ? Quel effet produit-elle ?

b) Précisez les parts respectives de burlesque et d'héroï-comique.

c) Quels éléments légendaires contient ce portrait ?

d) Comparez-le avec celui de Don César de Bazan, dans *Ruy Blas* (I, sc. 2, v. 102 à 110).

5. En quoi le portrait de Roxane peut-il être à la fois intéressant et inquiétant pour Christian ?

B. L'action

1. Quel intérêt peut offrir un personnage tel que de Guiche sur le plan dramatique ?

2. Dans quelle(s) direction(s) peut-on présumer que va s'engager l'action ?

C. L'exposition

1. Étudiez la variété des « styles » de présentation, et leur correspondance avec le profil de chaque présentateur.

2. a) Comparez le mode d'apparition des personnages de ces deux scènes avec la technique qu'emploie le cinéma moderne pour le générique et le début du film.

b) En quoi cette exposition s'écarte-t-elle, *grosso modo*, de l'exposition des pièces classiques, et même romantiques ?

c) Quel avantage offre cette présentation ?

D. Le vers

Étudiez les coupes des vers 51, 56, 76, 78.

Scène 3

1. a) Comment a été préparée l'apparition de Cyrano ? Ne peut-on pas parler d'un effet de suspens ? A partir de quel vers ? Relevez les étapes de sa progression.

2. Les différents niveaux de l'action :

a) Les amusements du public du parterre.

b) L'annonce faite à Christian du projet de guet-apens.

c) L'action immédiatement spectaculaire : Cyrano adversaire de Montfleury. Quel est l'effet produit par cette triple combinaison ?

• **Conclusion sur ces trois scènes**

1. Quel est le ton donné à la pièce par ces scènes d'exposition placées sur le parterre d'un théâtre ?

2. Comment le mélange des classes sociales permet-il à l'action de progresser ?

3. Quelles réflexions vous inspire le choix d'une salle de théâtre comme premier champ d'action offert au personnage de Cyrano ?

4. L'effet de « zoom » de la scène 1 à la scène 3.

SCÈNE IV. — **LES MÊMES, CYRANO,** *puis* **BELLEROSE, JODELET.**

MONTFLEURY, *aux marquis.*   Venez à mon secours,
  Messieurs !

UN MARQUIS, *nonchalamment.*
                      Mais jouez donc !

CYRANO.   Gros homme, si tu joues
  Je vais être obligé de te fesser les joues !

LE MARQUIS.
  Assez !

195 **CYRANO.**   Que les marquis se taisent sur leurs bancs,
  Ou bien je fais tâter ma canne à leurs rubans[1] !

TOUS LES MARQUIS, *debout.*
  C'en est trop ! Montfleury...

CYRANO.   Que Montfleury s'en aille,
  Ou bien je l'essorille[2] et le désentripaille[3] !

UNE VOIX.
  Mais...

CYRANO.   Qu'il sorte !

UNE AUTRE VOIX.   Pourtant...

CYRANO.   Ce n'est pas encor fait ?
                  Avec le geste de retrousser ses manches.
  Bon ! je vais sur la scène en guise de buffet,
200 Découper cette mortadelle d'Italie !

MONTFLEURY, *rassemblant toute sa dignité.*
  En m'insultant, Monsieur, vous insultez Thalie[4] !

CYRANO, *très poli.*
  Si cette Muse, à qui, Monsieur, vous n'êtes rien,
  Avait l'honneur de vous connaître, croyez bien
  Qu'en vous voyant si gros et bête comme une urne,
205 Elle vous flanquerait quelque part son cothurne.

LE PARTERRE.
  Montfleury ! Montfleury ! — La pièce de Baro !

---

1. Plus qu'une menace, c'est une insulte. Pourquoi ? — 2. Se dit à propos d'un chien. — 3. Cf. le passage de *L'Impromptu de Versailles* cité dans notre Document pédagogique concernant l'Hôtel de Bourgogne : l'emploi par Molière du participe « entripaillé » est visiblement à l'origine de ce mot. — 4. Muse de la Comédie et de l'Idylle.

CYRANO, *à ceux qui crient autour de lui.*

  Je vous en prie, ayez pitié de mon fourreau :
  Si vous continuez, il va rendre sa lame ! *Le cercle s'élargit.*

LA FOULE, *reculant.*

  Hé ! là !...

CYRANO, *à Montfleury.*

    Sortez de scène !

LA FOULE, *se rapprochant et grondant.*

        Oh ! oh !

CYRANO, *se retournant vivement.*   Quelqu'un réclame ?
             Nouveau recul.

UNE VOIX, *chantant au fond.*

210 Monsieur de Cyrano
  Vraiment nous tyrannise,
  Malgré ce tyranneau
  On jouera *La Clorise.*

TOUTE LA SALLE, *chantant.* *La Clorise, La Clorise !...*

CYRANO.

215 Si j'entends une fois encor cette chanson,
  Je vous assomme tous.

UN BOURGEOIS.   Vous n'êtes pas Samson[1] !

CYRANO.

  Voulez-vous me prêter, Monsieur, votre mâchoire ?

UNE DAME, *dans les loges.*

  C'est inouï !

UN SEIGNEUR. C'est scandaleux !

UN BOURGEOIS.   C'est vexatoire !

UN PAGE

  Ce qu'on s'amuse !

LE PARTERRE.   Kss ! — Montfleury ! — Cyrano !

CYRANO.

220 Silence !

LE PARTERRE, *en délire.*

    Hi han ! — Bêê ! — Ouah, ouah ! — Cocorico !

CYRANO.

  Je vous...

---

1. Samson assomma mille Philistins à l'aide d'une mâchoire d'âne (Ancien Testament, *Livre des Juges*, XVI, 3).

UN PAGE.   Miâou !

CYRANO.   Je vous ordonne de vous taire !
  Et j'adresse un défi collectif au parterre !
  J'inscris les noms ! Approchez-vous, jeunes héros !
  Chacun son tour ! Je vais donner des numéros !
225   Allons, quel est celui qui veut ouvrir la liste ?
  Vous, monsieur ? Non ! Vous ? Non ! Le premier duel-
                    [liste,
  Je l'expédie avec les honneurs qu'on lui doit !
  Que tous ceux qui veulent mourir lèvent le doigt.
                    Silence.

  La pudeur vous défend de voir ma lame nue ?
230   Pas un nom ? — Pas un doigt ? — C'est bien. Je continue.
  Se retournant vers la scène où Montfleury attend avec angoisse.
  Donc, je désire voir le théâtre guéri
  De cette fluxion. Sinon...   *La main à son épée.*
              le bistouri !

MONTFLEURY.
        Je...

CYRANO, *descend de sa chaise, s'assied au milieu du rond qui s'est formé, s'installe comme chez lui.*
        Mes mains vont frapper trois claques, pleine lune !
  Vous vous éclipserez à la troisième.

LE PARTERRE, *amusé.*   Ah ?...

CYRANO, *frappant dans ses mains.*   Une !

MONTFLEURY.
235   Je...

UNE VOIX, *des loges.*
        Restez !

LE PARTERRE.   Restera... restera pas...

MONTFLEURY.   Je crois,
  Messieurs...

CYRANO.   Deux !

MONTFLEURY.   Je suis sûr qu'il vaudrait mieux que...

CYRANO.
                    [Trois !
Montfleury disparaît comme dans une trappe. Tempête de rires, et sifflets de huées.

LA SALLE.
    Hu !... hu !... Lâche !... Reviens !...

CYRANO, *épanoui, se renverse sur sa chaise et croise ses jambes.*
Qu'il revienne, s'il l'ose !

UN BOURGEOIS.
L'orateur de la troupe !   *Bellerose s'avance et salue.*

LES LOGES.   Ah !... Voilà Bellerose[1] !

BELLEROSE, *avec élégance.*
Nobles seigneurs...

LE PARTERRE.   Non ! Non ! Jodelet[1] !

JODELET, *s'avance, et, nasillard.*   Tas de veaux !

LE PARTERRE.

40   Ah ! Ah ! Bravo ! très bien ! Bravo !

JODELET.   Pas de bravos !
Le gros tragédien dont vous aimez le ventre
S'est senti...

LE PARTERRE.   C'est un lâche !

JODELET.   Il dut sortir !

LE PARTERRE.   Qu'il rentre !

LES UNS.
Non !

LES AUTRES. Si !

UN JEUNE HOMME, *à Cyrano.*
Mais à la fin, monsieur, quelle raison
Avez-vous de haïr Montfleury ?

CYRANO, *gracieux, toujours assis.*   Jeune oison,
45   J'ai deux raisons, dont chaque est suffisante seule.
Primo : c'est un acteur déplorable, qui gueule,
Et qui soulève avec des « han ! » de porteur d'eau,
Le vers qu'il faut laisser s'envoler ! — *Secundo :*
Est mon secret...

LE VIEUX BOURGEOIS, *derrière lui.*
Mais vous nous privez sans scrupule
50   De *La Clorise* ! Je m'entête...

CYRANO, *tournant sa chaise vers le bourgeois, respectueusement.*
Vieille mule,
Les vers du vieux Baro valant moins que zéro,
J'interromps sans remords !

---

1. Bellerose et Jodelet : cf. Documents pédagogiques n° I (La troupe de l'Hôtel de Bourgogne).

LES PRÉCIEUSES, *dans les loges.*   Ha ! — Ho ! — Notre Baro !
Ma chère ! — Peut-on dire ?... Ah ! Dieu !...

CYRANO, *tournant sa chaise vers les loges, galant.*   Belles per-
[sonnes,
255   Rayonnez, fleurissez, soyez des échansonnes[1]
De rêve, d'un sourire enchantez un trépas,
Inspirez-nous des vers... mais ne les jugez pas !

BELLEROSE.
Et l'argent qu'il va falloir rendre !

CYRANO, *tournant sa chaise vers la scène.*   Bellerose,
Vous avez dit la seule intelligente chose !
Au manteau de Thespis[2] je ne fais pas de trous :
Il se lève, et lançant un sac sur la scène.
260   Attrapez cette bourse au vol, et taisez-vous !

LA SALLE, *éblouie.*
Ah !... Oh !...

JODELET, *ramassant prestement la bourse et la soupesant.*
A ce prix-là, monsieur, je t'autorise
A venir chaque jour empêcher *La Clorise* !...

LA SALLE.
Hu !... Hu !...

JODELET.   Dussions-nous   même   ensemble   être
[hués !...

BELLEROSE.
Il faut évacuer la salle !...

JODELET.   Évacuez !...
*On commence à sortir, pendant que Cyrano regarde d'un air satisfait.
Mais la foule s'arrête bientôt en entendant la scène suivante, et la sortie
cesse. Les femmes qui, dans les loges, étaient déjà debout, leur manteau
remis, s'arrêtent pour écouter, et finissent par se rasseoir.*

LE BRET, *à Cyrano.*
265   C'est fou !...

---

1. Ce féminin est une création de Rostand. Il se souvient peut-être de ces vers
d'Écouchard-Lebrun *(Ode aux belles qui veulent écrire)* : Rassurez les Grâces
confuses ! / Ne trahissez point vos appas ; / Voulez-vous ressembler aux Muses ? /
Inspirez, mais n'écrivez pas. — 2. Poète grec du VIᵉ siècle av. J.-C. : considéré
comme le père de la tragédie grecque, il incarne le Théâtre. On connaît surtout
« le chariot de Thespis » — la voiture des comédiens en voyage — qu'a rendu
célèbre *Le Capitaine Fracasse.*

UN FÂCHEUX, *qui s'est approché de Cyrano.*
                    Le comédien Montfleury ! quel scandale !
        Mais il est protégé par le duc de Candale[1] !
        Avez-vous un patron[2] ?

CYRANO.   Non !

LE FÂCHEUX.   Vous n'avez pas ?...

CYRANO.   Non !

LE FÂCHEUX.
        Quoi, pas un grand seigneur pour couvrir de son nom ?...

CYRANO, *agacé.*
        Non, ai-je dit deux fois. Faut-il donc que je trisse[3] ?
270   Non, pas de protecteur...
                                    La main à son épée.
                    mais une protectrice !

LE FÂCHEUX.
        Mais vous allez quitter la ville ?

CYRANO.   C'est selon.

LE FÂCHEUX.
        Mais le duc de Candale a le bras long !

CYRANO.   Moins long
        Que n'est le mien...   *Montrant son épée.*
                    quand je lui mets cette rallonge !

LE FÂCHEUX.
        Mais vous ne songez pas à prétendre...

CYRANO.   J'y songe.

LE FÂCHEUX.
275   Mais...

CYRANO.   Tournez les talons, maintenant.

LE FÂCHEUX.   Mais...

CYRANO.   Tournez !
        — Ou dites-moi pourquoi vous regardez mon nez.

LE FÂCHEUX, *ahuri.*
        Je...

CYRANO, *marchant sur lui.*
                Qu'a-t-il d'étonnant ?

---

1. Il protégea le poète Théophile de Viau. — 2. Un protecteur (lat. *patronus*, le défenseur). — 3. Faire dire trois fois. Rostand détourne quelque peu le sens de ce verbe.

LE FÂCHEUX, *reculant.*   Votre Grâce se trompe...

CYRANO.

Est-il mol et ballant, monsieur, comme une trompe ?...

LE FÂCHEUX, *même jeu.*

Je n'ai pas...

CYRANO.   Ou crochu comme un bec de hibou ?

LE FÂCHEUX.

280   Je...

CYRANO.   Y distingue-t-on une verrue au bout ?

LE FÂCHEUX.

Mais...

CYRANO.   Ou si quelque mouche, à pas lents, s'y promène ?
Qu'a-t-il d'hétéroclite[1] ?

LE FÂCHEUX.   Oh !...

CYRANO.   Est-ce un phénomène ?

LE FÂCHEUX.

Mais d'y porter les yeux j'avais su me garder !

CYRANO.

Et pourquoi, s'il vous plaît, ne pas le regarder ?

LE FÂCHEUX.

285   J'avais...

CYRANO.   Il vous dégoûte alors ?

LE FÂCHEUX.   Monsieur...

CYRANO.   Malsaine

Vous semble sa couleur ?

LE FÂCHEUX.   Monsieur !

CYRANO.   Sa forme, obscène ?

LE FÂCHEUX.

Mais du tout !...

CYRANO.   Pourquoi donc prendre un air déni-
                              [grant ?
— Peut-être que monsieur le trouve un peu trop grand ?

LE FÂCHEUX, *balbutiant.*

Je le trouve petit, tout petit, minuscule !

---

1. Bizarre.

CYRANO.

290   Hein ? comment ? m'accuser d'un pareil ridicule ?
       Petit, mon nez ? Holà !

LE FÂCHEUX.   Ciel !

CYRANO.   Énorme, mon nez !
       Vil camus[1], sot camard, tête plate, apprenez
       Que je m'enorgueillis d'un pareil appendice,
       Attendu qu'un grand nez est proprement l'indice
295   D'un homme affable, bon, courtois, spirituel,
       Libéral, courageux, tel que je suis, et tel
       Qu'il vous est interdit à jamais de vous croire,
       Déplorable maraud ! car la face sans gloire
       Que va chercher ma main en haut de votre col,
300   Est aussi dénuée...   *Il le soufflette.*

LE FÂCHEUX.   Ay !

CYRANO.   De fierté, d'envol,
       De lyrisme, de pittoresque, d'étincelle,
       De somptuosité, de Nez enfin, que celle...
            Il le retourne par les épaules, joignant le geste à la parole.
       Que va chercher ma botte au bas de votre dos !

LE FÂCHEUX, *se sauvant.*

       Au secours ! A la garde !

CYRANO.   Avis donc aux badauds
305   Qui trouveraient plaisant mon milieu de visage,
       Et si le plaisantin est noble, mon usage
       Est de lui mettre, avant de le laisser s'enfuir,
       Par-devant, et plus haut, du fer, et non du cuir !

DE GUICHE, *qui est descendu de la scène, avec les marquis.*
       Mais à la fin il nous ennuie !

LE VICOMTE DE VALVERT[2], *haussant les épaules.*
                                    Il fanfaronne !

DE GUICHE.

310   Personne ne va donc lui répondre ?

---

1. Camus, camard : qui a le nez plat. Rostand fait un emprunt à un passage des *États et Empires de la Lune* : pour les habitants de la Lune, « un grand nez est le signe d'un homme spirituel, courtois, affable, généreux, libéral et le petit est le signe du contraire ». — 2. C'est lui que de Guiche voudrait donner comme époux à Roxane.

LE VICOMTE.   Personne ?
> Attendez ! Je vais lui lancer un de ces traits !...
> *Il s'avance vers Cyrano qui l'observe, et se campant devant lui d'un*
> *air fat.*
>   Vous... vous avez un nez... heu... un nez... très grand.

CYRANO, *gravement.*   Très.

LE VICOMTE, *riant.*
>   Ha !

CYRANO, *imperturbable.*
>   C'est tout ?

LE VICOMTE.   Mais...

CYRANO.
>   Ah ! non ! c'est un peu court,
>   [jeune homme !
>   On pouvait dire... Oh ! Dieu !... bien des choses en
>   [somme...
315 En variant le ton, — par exemple, tenez :
>   Agressif : « Moi, monsieur, si j'avais un tel nez,
>   Il faudrait sur-le-champ que je me l'amputasse ! »
>   Amical : « Mais il doit tremper dans votre tasse :
>   Pour boire, faites-vous fabriquer un hanap[1] ! »
320 Descriptif : « C'est un roc !... c'est un pic !... c'est un
>   [cap !
>   Que dis-je?, c'est un cap ?... C'est une péninsule ! »
>   Curieux : « De quoi sert cette oblongue capsule ?
>   D'écritoire, monsieur, ou de boîte à ciseaux ? »
>   Gracieux : « Aimez-vous à ce point les oiseaux
325 Que paternellement vous vous préoccupâtes
>   De tendre ce perchoir à leurs petites pattes ? »
>   Truculent : « Ça, monsieur, lorsque vous pétunez[2],
>   La vapeur du tabac vous sort-elle du nez
>   Sans qu'un voisin ne crie au feu de cheminée ? »
330 Prévenant : « Gardez-vous, votre tête entraînée
>   Par ce poids, de tomber en avant sur le sol ! »
>   Tendre : « Faites-lui faire un petit parasol
>   De peur que sa couleur au soleil ne se fane ! »
>   Pédant : « L'animal seul, monsieur, qu'Aristophane[3]

---

1. Grand vase à boire, en métal et muni d'un couvercle, utilisé au Moyen Age. —
2. Verbe formé sur « pétun », terme archaïque, originaire du Brésil, pour « tabac ».
— 3. Le plus célèbre poète comique d'Athènes (v. 445 av. J.-C. - v. 386 av. J.-C.).

335   Appelle Hippocampelephantocamélos[1]
      Dut avoir sous le front tant de chair sur tant d'os ! »
      Cavalier : « Quoi, l'ami, ce croc est à la mode ?
      Pour pendre son chapeau, c'est vraiment très
                                              [commode ! »
      Emphatique : « Aucun vent ne peut, nez magistral,
340   T'enrhumer tout entier, excepté le mistral ! »
      Dramatique : « C'est la mer Rouge quand il saigne ! »
      Admiratif : « Pour un parfumeur, quelle enseigne ! »
      Lyrique : « Est-ce une conque, êtes-vous un triton[2] ? »
      Naïf : « Ce monument, quand le visite-t-on ? »
345   Respectueux : « Souffrez, monsieur, qu'on vous salue,
      C'est là ce qui s'appelle avoir pignon sur rue ! »
      Campagnard : « Hé, ardé ! C'est-y un nez ? Nanain !
      C'est queuqu'navet géant ou ben queuqu'melon nain ! »
      Militaire : « Pointez contre cavalerie ! »
350   Pratique : « Voulez-vous le mettre en loterie ?
      Assurément, monsieur, ce sera le gros lot ! »
      Enfin parodiant Pyrame en un sanglot :
      « Le voilà donc ce nez qui des traits de son maître
      A détruit l'harmonie ! Il en rougit, le traître[3] ! »
355   — Voilà ce qu'à peu près, mon cher, vous m'auriez dit
      Si vous aviez un peu de lettres et d'esprit :
      Mais d'esprit, ô le plus lamentable des êtres,
      Vous n'en eûtes jamais un atome, et de lettres
      Vous n'avez que les trois qui forment le mot : sot !
360   Eussiez-vous eu, d'ailleurs, l'invention qu'il faut
      Pour pouvoir là, devant ces nobles galeries,
      Me servir toutes ces folles plaisanteries,
      Que vous n'en eussiez pas articulé le quart
      De la moitié du commencement d'une, car

---

1. On n'a pas retrouvé trace de cet animal dans l'œuvre d'Aristophane ; mais il en est question dans les *Lettres diverses* de Le Bret. — 2. Dieu marin, fils de Poséidon et d'Amphitrite. Son attribut principal était une conque. — 3. Cyrano parodie deux vers célèbres de la tragédie de Théophile de Viau, *Les Amours tragiques de Pyrame et Thisbé* (1621). Thisbée a dû abandonner son voile à un lion dont la gueule est ensanglantée, et elle s'enfuit ; arrive Pyrame, qui, découvrant ce voile teint de sang, croit que Thisbée a été dévorée : de désespoir, il se frappe de son épée et se tue. Mais Thisbée, qui a entendu ses cris, accourt et se donne la mort près du corps de Pyrame en s'écriant : « Ah ! voici le poignard qui du sang de son maître / S'est souillé lâchement ; il en rougit, le traître. » Ces deux vers sont donc prononcés par Thisbée. On peut admettre que Pyrame est le nom raccourci de la tragédie.

365   Je me les sers moi-même avec assez de verve,
            Mais je ne permets pas qu'un autre me les serve.

DE GUICHE, *voulant emmener le vicomte pétrifié.*
            Vicomte, laissez donc !

LE VICOMTE, *suffoqué.*   Ces grands airs arrogants !
            Un hobereau[1] qui... qui... n'a même pas de gants !
            Et qui sort sans rubans, sans bouffettes, sans ganses[2] !

CYRANO.
370   Moi, c'est moralement que j'ai mes élégances.
            Je ne m'attife pas ainsi qu'un freluquet,
            Mais je suis plus soigné si je suis moins coquet ;
            Je ne sortirais pas avec, par négligence,
            Un affront pas très bien lavé, la conscience
375   Jaune encore de sommeil dans le coin de son œil,
            Un honneur chiffonné, des scrupules en deuil.
            Mais je marche sans rien sur moi qui ne reluise,
            Empanaché d'indépendance et de franchise[3] ;
            Ce n'est pas une taille avantageuse, c'est
380   Mon âme que je cambre ainsi qu'en un corset,
            Et tout couvert d'exploits qu'en rubans je m'attache,
            Retroussant mon esprit ainsi qu'une moustache,
            Je fais, en traversant les groupes et les ronds[4],
            Sonner les vérités comme des éperons.

LE VICOMTE.
385   Mais, monsieur...

CYRANO.   Je n'ai pas de gants ?... la belle affaire !
            Il m'en restait un seul... d'une très vieille paire,
            Lequel m'était d'ailleurs encor fort importun :
            Je l'ai laissé dans la figure de quelqu'un.

LE VICOMTE.
            Maraud, faquin, butor de pied plat ridicule !

CYRANO, *ôtant son chapeau et saluant comme si le vicomte venait de se présenter.*
390   Ah ?... Et moi, Cyrano-Savinien-Hercule[5]
            De Bergerac.   *Rires.*

LE VICOMTE, *exaspéré.* Bouffon !

---

1. Gentilhomme campagnard. — 2. Bouffette : nœud de rubans. Ganse : cordonnet de fil ou de soie ; le terme et la chose ont subsisté. — 3. L'amour de la liberté (et la liberté : cf. les franchises communales). — 4. Les cercles mondains. — 5. Hercule : addition de Rostand à l'état civil de Cyrano.

CYRANO, *poussant un cri comme lorsqu'on est saisi d'une crampe.*
                    Ay !...

LE VICOMTE, *qui remontait, se retournant.* Qu'est-ce encor qu'il dit ?

CYRANO, *avec des grimaces de douleur.*
          Il faut la remuer car elle s'engourdit[1]...
          — Ce que c'est que de la laisser inoccupée ! —
          Ay !...

LE VICOMTE. Qu'avez-vous ?

CYRANO.   J'ai des fourmis dans mon épée !

LE VICOMTE, *tirant la sienne.*
395   Soit !

CYRANO.   Je vais vous donner un petit coup charmant.

LE VICOMTE, *méprisant.*
          Poète !...

CYRANO.   Oui, monsieur, poète ! et tellement,
          Qu'en ferraillant je vais — hop ! — à l'improvisade[2],
          Vous composer une ballade.

LE VICOMTE.   Une ballade ?

CYRANO.
          Vous ne vous doutez pas de ce que c'est, je crois ?

LE VICOMTE.
400   Mais...

CYRANO, *récitant comme une leçon.*
                    La ballade, donc, se compose de trois
          Couplets de huit vers...

LE VICOMTE, *piétinant.*   Oh !

CYRANO, *continuant.*   Et d'un envoi de quatre...

LE VICOMTE.
          Vous...

CYRANO.   Je vais tout ensemble en faire une et me battre,
          Et vous toucher, monsieur, au dernier vers.

LE VICOMTE.   Non !

CYRANO.   Non ?
                                        Déclamant.

          « Ballade du duel qu'en l'hôtel bourguignon

---

1. Cf. Victor Hugo, *Hernani,* I, 1 (v. 196) : « Ma dague aussi n'est pas à l'aise /
Et veut sortir. » — 2. Expression vieillie pour : impromptu, en improvisant. L'impromptu fut à la mode, en poésie, aux XVIIᵉ et XVIIIᵉ siècles.

405   Monsieur de Bergerac eut avec un bélître[1] ! »
LE VICOMTE.

         Qu'est-ce que c'est que ça, s'il vous plaît ?

CYRANO.   C'est le titre.

LA SALLE, *surexcitée au plus haut point.*

         Place ! — Très amusant ! — Rangez-vous ! — Pas de
                                                    [bruits !

*Tableau. Cercle de curieux au parterre, les marquis et les officiers
mêlés aux bourgeois et aux gens du peuple ; les pages grimpés sur des
épaules pour mieux voir. Toutes les femmes debout dans les loges. A
droite, de Guiche et ses gentilshommes. A gauche, Le Bret, Ragueneau,
Cuigy, etc.*

CYRANO, *fermant une seconde les yeux.*

         Attendez !... je choisis mes rimes... Là, j'y suis.
                              Il fait ce qu'il dit, à mesure.

         « Je jette avec grâce mon feutre,
410   Je fais lentement l'abandon
         Du grand manteau qui me calfeutre[2],
         Et je tire mon espadon[3] ;
         Élégant comme Céladon[4],
         Agile comme Scaramouche[5],
415   Je vous préviens, cher Myrmidon[6],
         Qu'à la fin de l'envoi je touche !
                              Premiers engagements de fer.

         Vous auriez bien dû rester neutre ;
         Où vais-je vous larder, dindon ?
         Dans le flanc, sous votre maheutre[7] ?
420   Au cœur, sous votre bleu cordon ?
         — Les coquilles[8] tintent, ding-don !
         Ma pointe voltige : une mouche !
         Décidément... c'est au bedon,
         Qu'à la fin de l'envoi, je touche.

425   Il me manque une rime en eutre...

---

1. Injure vieillie : homme de rien, lourdaud. — 2. Boucher les fentes d'une porte,
d'une fenêtre. « Se calfeutrer », c'est se tenir enfermé. — 3. Grande épée large
qu'on maniait à deux mains. — 4. Le héros de *L'Astrée* . — 5. Surnom (Scaramuccio)
de l'auteur napolitain Fiorelli (1608-1694) : tout habillé de noir, il tenait de l'Arlequin
et du fanfaron. — 6. Les Myrmidons formaient une peuplade grecque de Thessalie,
dont Achille fut roi. Ils passaient pour être nés de fourmis, d'où l'emploi classique
de ce mot pour désigner un homme de petite taille. — 7. Le rembourrage placé en
haut d'une manche (et le haut de la manche lui-même). — 8. Expansion de la garde
d'une épée ; elle protège la main. Rostand a raconté que, d'une séance d'escrime
de Paul de Cassagnac, duelliste ami de son père, il avait retenu le souvenir du
tintement des coquilles.

CYRANO : *Je coupe, je feinte... Hé ! là, donc !*
      A la fin de l'envoi, je touche.
(Illustration de P.-A. Laurens, 1870-1934. Éditions Pierre Lafitte, Paris.
Bibliothèque Nationale, Paris. Ph. Jeanbor © Arch. Photeb © by SPA-
DEM 1988.)

Vous rompez, plus blanc qu'amidon ?
C'est pour me fournir le mot pleutre !
Tac ! je pare la pointe dont
Vous espériez me faire don ;

430   J'ouvre la ligne, je la bouche...
Tiens bien ta broche, Laridon[1] !
A la fin de l'envoi, je touche.

Il annonce solennellement :

Prince, demande à Dieu pardon !
Je quarte[2] du pied, j'escarmouche[3],

435   Je coupe[4], je feinte...   *Se fendant.*
              Hé ! là donc !

Le vicomte chancelle ; Cyrano salue.

A la fin de l'envoi, je touche. »

Acclamations. Applaudissements dans les loges. Des fleurs et des mouchoirs tombent. Les officiers entourent et félicitent Cyrano. Ragueneau danse d'enthousiasme. Le Bret est heureux et navré. Les amis du vicomte le soutiennent et l'emmènent.

LA FOULE, *en un long cri.*
    Ah !...

UN CHEVAU-LÉGER.
        Superbe !

UNE FEMME.   Joli !

RAGUENEAU.   Pharamineux !

UN MARQUIS.   Nouveau !...

LE BRET.
    Insensé !   *Bousculade autour de Cyrano. On entend.*
    ...Compliments... félicite... bravo...

VOIX DE FEMME.
    C'est un héros !...

UN MOUSQUETAIRE, *s'avançant vivement vers Cyrano, la main tendue.*
      Monsieur, voulez-vous me permet-
      [tre ?...

440   C'est tout à fait très bien, et je crois m'y connaître ;

---

1. Nom d'un des deux chiens dans la fable de La Fontaine *L'Éducation* (VIII, 24) : tous deux étaient chiens de race, mais l'un échut à un marmiton qui négligea son éducation, l'employa à la cuisine, et le nomma Laridon : le chien dégénéra. La broche est celle que faisait tourner le chien devant l'âtre. — 2. Parer un coup d'épée en tenant le poignet en dehors. La quarte est une des huit parades simples de l'escrime. — 3. Création de Rostand, à partir du substantif. — 4. Exécuter un dégagement, appelé « coupé », par-dessus la pointe de l'adversaire.

J'ai du reste exprimé ma joie en trépignant !...

Il s'éloigne.

CYRANO, *à Cuigy.*

Comment s'appelle donc ce monsieur ?

CUIGY.   D'Artagnan[1].

LE BRET, *à Cyrano, lui prenant le bras.*

Çà, causons !...

CYRANO.   Laisse un peu sortir cette cohue...

A Bellerose.

Je peux rester ?

BELLEROSE, *respectueusement.*

                    Mais oui !... *On entend des cris au dehors.*

JODELET, *qui a regardé.*   C'est Montfleury qu'on hue !

BELLEROSE, *solennellement.*

445   *Sic transit*[2] !...

            Changeant de ton, au portier et au moucheur de chandelles.

                    Balayez. Fermez. N'éteignez pas.

Nous allons revenir après notre repas,

Répéter pour demain une nouvelle farce[3].

            Jodelet et Bellerose sortent, après de grands saluts à Cyrano.

LE PORTIER, *à Cyrano.*

Vous ne dînez donc pas ?

CYRANO.   Moi ?... Non. *Le portier se retire.*

LE BRET, *à Cyrano.*   Parce que ?

CYRANO, *fièrement.*   Parce...

            Changeant de ton, en voyant que le portier est loin.

Que je n'ai pas d'argent !

LE BRET, *faisant le geste de lancer un sac.*

                    Comment ! le sac d'écus ?...

CYRANO.

450   Pension paternelle, en un jour, tu vécus !

LE BRET.

Pour vivre tout un mois, alors ?...

CYRANO.   Rien ne me reste.

---

1. Le héros d'Alexandre Dumas fut d'abord un personnage historique (1611-1673) : Charles de Batz ou de Montesquiou, comte d'Artagnan, capitaine lieutenant de la première compagnie des Mousquetaires du roi. — 2. Début d'une citation latine, *Sic transit gloria mundi* (« ainsi passe la gloire du monde »), tirée de l'*Imitation de Jésus-Christ* (I, chap. III, 6). — 3. Ce genre de comédie, né au Moyen Age, était encore en vogue à l'époque. On donnait souvent une farce après la tragédie.

LE BRET.

Jeter ce sac, quelle sottise !

CYRANO.   Mais quel geste !

LA DISTRIBUTRICE, *toussant derrière son petit comptoir.*

Hum !...

> *Cyrano et Le Bret se retournent. Elle s'avance intimidée.*
> Monsieur... Vous savoir jeûner... le cœur me
> [fend...
> > *Montrant le buffet.*

J'ai là tout ce qu'il faut...   *Avec élan.*

Prenez !

CYRANO, *se découvrant.*   Ma chère enfant,

455   Encor que mon orgueil de Gascon m'interdise
      D'accepter de vos doigts la moindre friandise,
      J'ai trop peur qu'un refus ne vous soit un chagrin,
      Et j'accepterai donc...   *Il va au buffet et choisit.*

Oh ! peu de chose !... un grain

De ce raisin...

> *Elle veut lui donner la grappe, il cueille un grain.*
> Un seul !... ce verre d'eau...
> > *Elle veut y verser du vin, il l'arrête.*
> > limpide !

460   Et la moitié d'un macaron !   *Il rend l'autre moitié.*

LE BRET.   Mais c'est stupide !

LA DISTRIBUTRICE.

Oh ! quelque chose encor !

CYRANO.   Oui. La main à baiser.

Il baise, comme la main d'une princesse, la main qu'elle lui tend.

LA DISTRIBUTRICE.

Merci, monsieur.   *Révérence.*

Bonsoir.   *Elle sort.*

SCÈNE V. — **CYRANO, LE BRET,** *puis* **LE PORTIER.**

CYRANO, *à Le Bret.*   Je t'écoute causer.

Il s'installe devant le buffet et rangeant devant lui le macaron.

Dîner !...   *...le verre d'eau.*

Boisson !...   *...le grain de raisin.*

Dessert !...   *Il s'assied.*

Là, je me mets à table !

Ah !... j'avais une faim, mon cher, épouvantable .

Mangeant.

- **Scène 4. Cyrano « rimeur et bretteur »** (cf. acte V, v. 298)

1. Étudiez le *mouvement ascendant de cette scène.*

2. a) Comment Rostand assure-t-il à Cyrano la complicité du spectateur dans chacune de ses provocations ?

   b) Comment Cyrano accentue-t-il certains effets par son invention verbale ?

   c) Relevez quelques exemples d'une heureuse combinaison de l'action et de l'humour.

3. *Le goût littéraire de Cyrano.*

Du vers 245 au vers 266, Cyrano esquisse en quelques traits son esthétique. Quel profil Rostand vous paraît-il vouloir donner à son personnage ?

4. *La tirade du (ou des) nez.*

   a) v. 276-303 : Cyrano provoque le fâcheux. Pourquoi et comment ?

   b) v. 313-366 : la tirade des nez.

   — Après le brouillon, n'est-ce pas le vrai morceau de bravoure ? Pourquoi est-il important que Cyrano soit un poète, ici et pour l'ensemble de son rôle ?

   — Vingt variations en 38 vers : soit deux vers en moyenne pour chacune.

   c) Étudiez le rapport entre les rimes et leur place.

   — Jusqu'au vers 336, la rime, le plus souvent, est à cheval sur deux distiques :
           ex. : 316/317 : nez/amputasse
                    318/319 : tasse/hanap.
           Sauf une exception : laquelle ?

   — Étudiez la place des rimes à partir du vers 337. Quelle remarque faites-vous sur les vers 341, 342, 343, 344 et 349 ?

   d) Étudiez la variété des attaques : l'impératif, l'exclamation, l'interrogation. Effet produit ?

   e) Rôle de la notation de départ (ex. : « agressif ») : dans quels cas précise-t-elle le ton ? Dans quels cas, le thème ? En conclusion : quel est le type de notation dominant ?

   f) Peut-on repérer une progression générale ? Vérifiez si l'on peut estimer qu'il y a deux mouvements : du v. 316 au v. 334 et du v. 335 au v. 355.

Conclusion : la variété ; l'équilibre entre le ton emphatique et une tonalité mineure ; l'imagination ; les changements de rythme ; l'humour, enfin, souligné par la richesse des rimes.

5. *Du vers 366 à la fin de la scène.*

a) Du v. 370 au v. 384 : la profession de foi de Cyrano. Vous étudierez :

— le style imagé ;

— le contenu : quelles qualités de l'âme et de l'esprit défend-il ici ?

— Quelle est, dans le vers 378, l'importance des trois mots « empanaché, indépendance, franchise » ? Et quelle nouveauté ce vers introduit-il dans cette tirade ?

— Étudiez le mouvement de la pensée.

b) La ballade.

a) Illustré au XVᵉ siècle par Villon, rejeté par la Pléiade et peu cultivé depuis, ce genre de poème à forme fixe avait été remis en honneur au XIXᵉ siècle par Banville, notamment dans ses *Trente-six ballades joyeuses* : Rostand rend donc hommage à l'un de ses maîtres préférés. Vérifiez qu'il respecte les lois du genre.

b) Appréciez la manière dont le rythme des vers se moule sur celui du combat.

c) Comment le ton évolue-t-il vers le burlesque ?

d) Comment est ménagé l'effet de suspens ?

e) C'est la première fois que Cyrano s'engage aussi nettement dans l'action : quel intérêt revêt la notation : « il fait ce qu'il dit » ? A-t-il amélioré, au cours de ce premier acte, l'image qu'il donne de lui-même ?

c) La fin de la scène (v. 437 à v. 462) :

— D'Artagnan étant un personnage historique, quel effet produit son intervention ?

— Comparez les deux personnages.

Conclusion :

1. Faites un premier portrait de Cyrano. Vous étudierez notamment comment Rostand s'est soucié d'équilibrer les qualités intellectuelles et les vertus de son héros. Comment ce dernier fait-il preuve de « panache » dans cette scène ?

2. Le vers de Rostand :

a) Quelle remarque faites-vous sur les vers 261 et 282 ?

b) Étudiez les rimes des vers 265/266, 269/270, 287/288, 293/294, 317/318, 325/326, 409/411.

c) Étudiez la variété des coupes.

65   Tu disais ?

LE BRET.   Que ces fats aux grands airs belliqueux
Te fausseront l'esprit si tu n'écoutes qu'eux !
Va consulter des gens de bon sens, et t'informe
De l'effet qu'a produit ton algarade.

CYRANO, *achevant son macaron.*   Énorme.

LE BRET.
        Le Cardinal[1]...

CYRANO, *s'épanouissant.*   Il était là, le Cardinal ?

LE BRET.
70   A dû trouver cela...

CYRANO.   Mais très original.

LE BRET.
        Pourtant...

CYRANO.   C'est un auteur. Il ne peut lui déplaire
Que l'on vienne troubler la pièce d'un confrère[2].

LE BRET.
        Tu te mets sur les bras, vraiment, trop d'ennemis !

CYRANO, *attaquant son grain de raisin.*
        Combien puis-je, à peu près, ce soir, m'en être mis ?

LE BRET.
75   Quarante-huit[3]. Sans compter les femmes.

CYRANO.   Voyons, compte !

LE BRET.
        Montfleury, le bourgeois, de Guiche, le vicomte,
Baro, l'Académie...

CYRANO.   Assez ! tu me ravis !

LE BRET.
        Mais où te mènera la façon dont tu vis ?
Quel système est le tien ?

CYRANO.   J'errais dans un méandre ;

---

1. Par l'édit de 1626, Richelieu avait interdit les duels. On tolérait les « rencontres » (duels improvisés), mais le duel préparé était puni, parfois de mort. — 2. Richelieu était grand amateur d'art dramatique. Il avait patronné la troupe du Marais ; il réunit « les cinq auteurs » (Rotrou, L'Estoille, Corneille, Boisrobert et Colletet) et leur commanda des pièces auxquelles il aurait parfois mis la main. Et il avait fait bâtir dans le Palais-Cardinal la plus belle salle de spectacle de Paris. — 3. Dont les quarante académiciens.

480   J'avais trop de partis, trop compliqués, à prendre ;
              J'ai pris...

LE BRET.   Lequel ?

CYRANO.   Mais le plus simple, de beaucoup.
              J'ai décidé d'être admirable, en tout, pour tout !

LE BRET, *haussant les épaules.*
              Soit ! Mais enfin, à moi, le motif de ta haine
              Pour Montfleury, le vrai, dis-le-moi !

CYRANO, *se levant.*   Ce Silène[1],
485   Si ventru que son doigt n'atteint pas son nombril,
              Pour les femmes encor se croit un doux péril,
              Et leur fait, cependant qu'en jouant il bredouille,
              Des yeux de carpe avec ses gros yeux de grenouille !
              Et je le hais depuis qu'il se permit, un soir,
490   De poser son regard, sur celle... Oh ! j'ai cru voir
              Glisser sur une fleur une longue limace !

LE BRET, *stupéfait.*
              Hein ? Comment ? Serait-il possible ?...

CYRANO, *avec un rire amer.*   Que j'aimasse ?...
                      Changeant de ton et gravement.
              J'aime.

LE BRET.   Et peut-on savoir ? tu ne m'as jamais dit ?...

CYRANO.
              Qui j'aime ?... Réfléchis, voyons. Il m'interdit
495   Le rêve d'être aimé même par une laide,
              Ce nez qui d'un quart d'heure en tous lieux me précède[2] ;
              Alors moi, j'aime qui ?... Mais cela va de soi !
              J'aime... mais c'est forcé !... la plus belle qui soit !

LE BRET.
              La plus belle ?...

CYRANO.   Tout simplement, qui soit au monde !
500   La plus brillante, la plus fine,
                      Avec accablement.
              la plus blonde !

LE BRET.
              Eh ! mon Dieu, quelle est donc cette femme ?

---

1. Ce génie des sources et des fleuves, père des Satyres, avait une réputation de grosseur et de laideur. — 2. Rostand s'est souvenu d'une phrase de la comédie de Cyrano, *Le Pédant joué :* « Cet authentique nez arrive partout un quart d'heure devant son maître. »

CYRANO.   Un danger

   Mortel sans le vouloir, exquis sans y songer,
   Un piège de nature, une rose muscade[1]
   Dans laquelle l'amour se tient en embuscade !
05   Qui connaît son sourire a connu le parfait.
   Elle fait de la grâce avec rien, elle fait
   Tenir tout le divin dans un geste quelconque,
   Et tu ne saurais pas, Vénus, monter en conque[2],
   Ni toi, Diane, marcher dans les grands bois fleuris,
10   Comme elle monte en chaise et marche dans Paris !

LE BRET.

   Sapristi ! je comprends. C'est clair !

CYRANO.   C'est diaphane.

LE BRET.

   Magdeleine Robin, ta cousine ?

CYRANO.   Oui, — Roxane.

LE BRET.

   Eh bien ! mais c'est au mieux ! Tu l'aimes ? Dis-le-lui !
   Tu t'es couvert de gloire à ses yeux aujourd'hui !

CYRANO.

15   Regarde-moi, mon cher, et dis quelle espérance
   Pourrait bien me laisser cette protubérance !
   Oh ! je ne me fais pas d'illusion ! Parbleu,
   Oui, quelquefois, je m'attendris, dans le soir bleu ;
   J'entre en quelque jardin où l'heure se parfume ;
20   Avec mon pauvre grand diable de nez je hume
   L'avril ; je suis des yeux, sous un rayon d'argent,
   Au bras d'un cavalier, quelque femme, en songeant
   Que pour marcher, à petits pas, dans de la lune,
   Aussi moi j'aimerais au bras en avoir une,
25   Je m'exalte, j'oublie... et j'aperçois soudain
   L'ombre de mon profil sur le mur du jardin !

LE BRET, *ému*.

   Mon ami !...

---

1. Variété de rose rouge. — 2. Cette construction renvoie aux expressions « monter en chaise, en carrosse ». L'image fait songer au tableau de Botticelli, *La Naissance de Vénus*, où la déesse est debout sur un vaste coquillage. Et Rostand, fervent hugolien, connaissait ces vers de *La Fête chez Thérèse* (v. 34-36) : « Colombine dormait dans un gros coquillage / Et, quand elle montrait son sein et ses bras nus, / On eût cru voir la conque, et l'on eût dit Vénus. »

CYRANO.   Mon ami, j'ai de mauvaises heures !
            De me sentir si laid, parfois, tout seul...

LE BRET, *vivement, lui prenant la main.*   Tu pleures ?

CYRANO.
            Ah ! non, cela, jamais ! Non, ce serait trop laid,
530   Si le long de ce nez une larme coulait !
            Je ne laisserai pas, tant que j'en serai maître,
            La divine beauté des larmes se commettre
            Avec tant de laideur grossière ! Vois-tu bien,
            Les larmes, il n'est rien de plus sublime, rien,
535   Et je ne voudrais pas qu'excitant la risée,
            Une seule, par moi, fût ridiculisée !

LE BRET.
            Va, ne t'attriste pas ! L'amour n'est que hasard !

CYRANO, *secouant la tête.*
            Non ! J'aime Cléopâtre : ai-je l'air d'un César ?
            J'adore Bérénice : ai-je l'aspect d'un Tite[1] ?

• Scène 5. Le secret de Cyrano

1. Étudiez le mouvement de la scène : se termine-t-elle d'une manière attendue ?

2. Étudiez les trois reparties : v. 484-491 ; 501-510 ; 515-526. Comment Rostand varie-t-il son style (langage, procédés poétiques, rythme) en fonction des états d'âme de son héros ?

3. Quel intérêt présente le v. 482 pour notre compréhension de Cyrano ? Rapport entre ce vers et le v. 498 ? En quoi s'esquisse, en ces deux vers, un thème d'« amour impossible » ?

4. a) Relevez les expressions qui expriment le « complexe » de Cyrano.
   b) En quoi cet aveu de Cyrano est-il nécessaire à la vraisemblance de l'action dans les deuxième et troisième actes ?

5. Sur le thème de l'homme qui n'ose même pas pleurer, indigne qu'il serait de la pureté des larmes, on pourra réfléchir au lien qui unit cette idée au thème du « portrait de l'artiste en saltimbanque » : l'artiste s'accorde-t-il le droit de pleurer ?

Conclusion : comment le contenu des confidences de Cyrano s'harmonise-t-il avec le portrait qui ressortait des scènes précédentes ?

---

1. Ces exemples sont-ils très heureux ?... Chacun de ces deux couples évoque un amour inachevé : c'est Antoine — et non César — qui épousa Cléopâtre ; et Titus renonça à Bérénice pour respecter la raison d'État.

LE BRET.

540   Mais ton courage ! ton esprit ! Cette petite
           Qui t'offrait là, tantôt, ce modeste repas,
           Ses yeux, tu l'as bien vu, ne te détestaient pas !

CYRANO, *saisi.*

           C'est vrai !

LE BRET.   Eh bien ! alors ?... Mais, Roxane, elle-même,
           Toute blême a suivi ton duel !

CYRANO.   Toute blême ?

LE BRET.

545   Son cœur et son esprit déjà sont étonnés[1] !
           Ose, et lui parle, afin...

CYRANO.   Qu'elle me rie au nez[2] ?
           Non ! C'est la seule chose au monde que je craigne[3] !

LE PORTIER, *introduisant quelqu'un, à Cyrano.*
           Monsieur, on vous demande...

CYRANO, *voyant la duègne.*   Ah ! mon Dieu ! Sa duègne !

SCÈNE VI. — CYRANO, LE BRET, LA DUÈGNE.

LA DUÈGNE, *avec un grand salut.*
           De son vaillant cousin on[4] désire savoir

550   Où l'on peut, en secret, le voir.

CYRANO, *bouleversé.*   Me voir ?

LA DUÈGNE, *avec une révérence.*   Vous voir.
           On a des choses à vous dire.

CYRANO.   Des ?...

LA DUÈGNE, *nouvelle révérence.*   Des choses !

CYRANO, *chancelant.*
           Ah ! mon Dieu !

LA DUÈGNE.   L'on ira, demain, aux primes roses[5]
           D'aurore, ouïr la messe à Saint-Roch[6].

CYRANO, *se soutenant sur Le Bret.*   Ah ! mon Dieu !

LA DUÈGNE.
           En sortant, où peut-on entrer, causer un peu ?

---

1. Au sens classique : comme frappés par le tonnerre. — 2. On appréciera la
pertinence du jeu de mots. — 3. Quelle est l'importance de ce vers ? — 4. On : un
des emplois secondaires les plus fréquents de ce pronom. — 5. Peut-être un souvenir
de « l'aurore aux doigts de roses » d'Homère. — 6. Église située rue Saint-Honoré.

CYRANO, *affolé.*

555   Où ?... Je... Mais... Ah ! mon Dieu !...

LA DUÈGNE.   Dites vite.

CYRANO.   Je cherche !...

LA DUÈGNE.
     Où ?...

CYRANO.   Chez... chez... Ragueneau... le pâtissier...

LA DUÈGNE.   Il perche ?

CYRANO.
     Dans la rue... Ah ! mon Dieu, mon Dieu !... Saint-
                                                    [Honoré !

LA DUÈGNE, *remontant.*
     On ira. Soyez-y. Sept heures.

CYRANO.   J'y serai.   *La duègne sort.*

SCÈNE VII. — **CYRANO, LE BRET,** *puis* **LES COMÉDIENS, LES
COMÉDIENNES, CUIGY, BRISSAILLE, LIGNIÈRE, LE PORTIER, LES
VIOLONS.**

CYRANO, *tombant dans les bras de Le Bret.*
     Moi !... D'elle !... Un rendez-vous !...

LE BRET.   Eh bien ! tu n'es
                                        [plus triste ?

CYRANO.

560   Ah ! pour quoi que ce soit, elle sait que j'existe !

LE BRET.
     Maintenant, tu vas être calme ?

CYRANO, *hors de lui.*   Maintenant...
     Mais je vais être frénétique et fulminant !
     Il me faut une armée entière à déconfire[1] !
     J'ai dix cœurs ; j'ai vingt bras ; il ne peut me suffire
565   De pourfendre des nains...   *Il crie à tue-tête.*
                           Il me faut des géants !
*Depuis un moment, sur la scène, au fond, des ombres de comédiens et
de comédiennes s'agitent, chuchotent : on commence à répéter. Les
violons ont repris leur place.*

---

1. Cf. les vers que prononce Rodrigue (*Le Cid*, V, 1) après avoir appris de Chimène
qu'elle souhaite sa victoire : « Est-il quelque ennemi qu'à présent je ne dompte ? /
Paraissez, Navarrais, Maures et Castillans / Et tout ce que l'Espagne a nourri de
vaillants. »

UNE VOIX, *de la scène.*

> Hé ! pst ! là-bas ! Silence ! on répète céans !

CYRANO, *riant.*

> Nous partons !

Il remonte ; par la grande porte du fond entrent Cuigy, Brissaille, plusieurs officiers, qui soutiennent Lignière complètement ivre.

CUIGY.   Cyrano !

CYRANO.   Qu'est-ce ?

CUIGY.   Une énorme grive[1]

> Qu'on t'apporte !

CYRANO, *le reconnaissant.* Lignière !... Hé, qu'est-ce qui t'arrive ?

CUIGY.

> Il te cherche !

BRISSAILLE.   Il ne peut rentrer chez lui !

CYRANO.   Pourquoi ?

LIGNIÈRE, *d'une voix pâteuse, lui montrant un billet tout chiffonné.*

570 Ce billet m'avertit... cent hommes contre moi...
     A cause de... chanson... grand danger me menace...
     Porte de Nesle... Il faut, pour rentrer, que j'y passe...
     Permets-moi donc d'aller coucher sous... sous ton toit !

CYRANO.

> Cent hommes, m'as-tu dit ? Tu coucheras chez toi !

LIGNIÈRE, *épouvanté.*

575 Mais...

CYRANO, *d'une voix terrible, lui montrant la lanterne allumée que le portier balance en écoutant curieusement cette scène.*

> Prends cette lanterne !...

> > *Lignière saisit précipitamment la lanterne.*

> > Et marche ! Je te jure

> Que c'est moi qui ferai ce soir ta couverture[2] !

> > *Aux officiers.*

> Vous, suivez à distance, et vous serez témoins !

CUIGY.

> Mais cent hommes !...

CYRANO.   Ce soir, il ne m'en faut pas moins !

Les comédiens et les comédiennes, descendus de scène, se sont rapprochés dans leurs divers costumes.

---

1. Lignière est ivre comme la grive qui s'enivre de raisin. — 2. Allusion à un mot placé dans la bouche de Cyrano de Bergerac par ses biographes. L'expression fait jeu de mots.

LE BRET.

    Mais pourquoi protéger...

CYRANO.   Voilà Le Bret qui grogne !

LE BRET.

580   Cet ivrogne banal ?

CYRANO, *frappant sur l'épaule de Lignière.*

                Parce que cet ivrogne,
Ce tonneau de muscat, ce fût de rossoli[1],
Fit quelque chose un jour de tout à fait joli :
Au sortir d'une messe ayant, selon le rite,
Vu celle qu'il aimait prendre de l'eau bénite,
585   Lui que l'eau fait sauver, courut au bénitier,
Se pencha sur sa conque et le but tout entier[2] !

UNE COMÉDIENNE, *en costume de soubrette.*

    Tiens, c'est gentil, cela !

CYRANO.   N'est-ce pas, la soubrette ?

LA COMÉDIENNE, *aux autres.*

    Mais pourquoi sont-ils cent contre un pauvre poète ?

CYRANO.

    Marchons !   *Aux officiers.*
          Et vous, messieurs, en me voyant charger,
590   Ne me secondez pas, quel que soit le danger !

UNE AUTRE COMÉDIENNE, *sautant de la scène.*

    Oh ! mais moi je vais voir !

CYRANO.   Venez !

UNE AUTRE, *sautant aussi, à un vieux comédien.*

                 Viens-tu, Cassandre[3] ?

CYRANO.

    Venez tous, le Docteur, Isabelle, Léandre[4],
Tous ! Car vous allez joindre, essaim charmant et fol,
La farce italienne à ce drame espagnol[5],

---

1. De l'italien *rosolio* : liqueur d'Italie préparée à partir d'une macération, dans l'alcool, de pétales de roses, de fleurs d'oranger, de cannelle, de girofle, de jasmin. — 2. L'anecdote a été rapportée par Boileau, mais pour dénigrer Lignière. — 3. Personnage de la comédie italienne : type de vieillard crédule et borné. — 4. Le Docteur, Isabelle, Léandre : sur ces personnages de la comédie italienne, cf. Documents pédagogiques, n° II. — 5. Le théâtre espagnol sera à la mode en France entre 1640 et 1655. Cf. Documents pédagogiques, n° II.

95   Et sur son ronflement tintant[1] un bruit fantasque,
    L'entourer de grelots comme un tambour de basque[2] !

TOUTES LES FEMMES, *sautant de joie.*
    Bravo ! — Vite, une mante ! — Un capuchon !

JODELET.   Allons !

CYRANO, *aux violons.*
    Vous nous jouerez un air, messieurs les violons !

Les violons se joignent au cortège qui se forme. On s'empare des chandelles allumées de la rampe et on se les distribue. Cela devient une retraite aux flambeaux.

    Bravo ! des officiers, des femmes en costume,
00   Et vingt pas en avant...   *Il se place comme il dit.*
                        Moi, tout seul, sous la plume
    Que la gloire elle-même à ce feutre piqua,
    Fier comme un Scipion triplement Nasica[3] !
    C'est compris ? Défendu de me prêter main-forte !
    On y est ?... Un, deux, trois ! Portier, ouvre la porte !

Le portier ouvre à deux battants. Un coin du vieux Paris pittoresque et lunaire paraît.

05   Ah !... Paris fuit, nocturne et quasi nébuleux ;
    Le clair de lune coule aux pentes des toits bleus ;

• Scènes 6 et 7. Une sortie théâtrale

1. Comment Rostand réussit-il à créer une rupture avec les scènes antérieures ?

2. Comment se crée le contraste entre l'attitude de la duègne et l'émotion de Cyrano ?

3. Comment est relancée l'action ?

4. Sur les personnages de la comédie italienne et sur le théâtre espagnol, cf. Documents pédagogiques. En avançant dans l'étude de la pièce, vous pourrez vous demander si Rostand, dans *Cyrano*, a marié la comédie italienne et le drame espagnol.

5. Du v. 600 au v. 604 : quelle confirmation avons-nous d'un trait important du caractère de Cyrano ?

6. Du v. 605 au v. 610 : appréciez les qualités poétiques de ces vers.

---

1. Le sens transitif de ce verbe est classique : tinter, c'est faire sonner lentement. — 2. Cerceau de bois muni d'une peau tendue et entouré de grelots. — 3. La « gens » Cornelia était une des plus grandes familles de la Rome antique. *Nasica* (« au nez pointu ») était le surnom de certains de ses membres.

Un cadre se prépare, exquis, pour cette scène ;
Là-bas, sous des vapeurs en écharpe, la Seine,
Comme un mystérieux et magique miroir,
610   Tremble... Et vous allez voir ce que vous allez voir !

TOUS.

A la porte de Nesle[1] !

CYRANO, *debout sur le seuil.*   A la porte de Nesle !

Se retournant avant de sortir, à la soubrette.

Ne demandiez-vous pas pourquoi, mademoiselle,
Contre ce seul rimeur cent hommes furent mis ?

Il tire l'épée et, tranquillement.

C'est parce qu'on savait qu'il est de mes amis !

Il sort. Le cortège — Lignière zigzaguant en tête, puis les comédiennes aux bras des officiers, puis les comédiens gambadant — se met en marche dans la nuit au son des violons et à la lueur falote des chandelles.

RIDEAU

• Conclusion sur le premier acte

1. L'action.

a) Qu'est-ce qui fait l'unité du premier acte ?

b) Étudiez comment se succèdent, dans l'action, la tension et la détente.

2. Le personnage de Cyrano.

a) Quels traits de la personnalité de Cyrano vous paraissent particulièrement mis en lumière dans cet acte ?

b) Étudiez comment nous entrons progressivement dans la connaissance de sa psychologie.

---

1. Sur l'emplacement de cette porte, cf. note 2, p. 35. L'épisode de la porte de Nesle est attesté par les biographes de Cyrano, notamment par Le Bret : « De cent hommes attroupés pour insulter en plein jour un de ses amis sur le fossé de la porte de Nesle, deux, par leur mort, et sept autres, par de grandes blessures, payèrent la peine de leur mauvais dessein. »

DEUXIÈME ACTE

LA RÔTISSERIE DES POÈTES

La boutique de Ragueneau, rôtisseur-pâtissier, vaste ouvroir au coin de la rue Saint-Honoré et de la rue de l'Arbre-Sec qu'on aperçoit largement au fond, par le vitrage de la porte, grises dans les premières lueurs de l'aube.

A gauche, premier plan, comptoir surmonté d'un dais en fer forgé, auquel sont accrochés des oies, des canards, des paons blancs. Dans de grands vases de faïence, de hauts bouquets de fleurs naïves, principalement des tournesols jaunes. Du même côté, second plan, immense cheminée devant laquelle, entre de monstrueux chenets, dont chacun supporte une petite marmite, les rôtis pleurent dans les lèchefrites.

A droite, premier plan avec porte. Deuxième plan, un escalier montant à une petite salle en soupente, dont on aperçoit l'intérieur par des volets ouverts ; une table y est dressée, un menu lustre flamand y luit : c'est un réduit où l'on va manger et boire. Une galerie de bois, faisant suite à l'escalier, semble mener à d'autres petites salles analogues.

Au milieu de la rôtisserie, un cercle en fer que l'on peut faire descendre avec une corde, et auquel de grosses pièces sont accrochées, fait un lustre de gibier.

Les fours, dans l'ombre, sous l'escalier, rougeoient. Des cuivres étincellent. Des broches tournent. Des pièces montées pyramident, des jambons pendent. C'est le coup de feu matinal. Bousculade de marmitons effarés, d'énormes cuisiniers et de minuscules gâte-sauces. Foisonnement de bonnets à plume de poulet ou à aile de pintade. On apporte, sur des plaques de tôle et des clayons d'osier, des quinconces de brioches, des villages de petits-fours.

Des tables sont couvertes de gâteaux et de plats. D'autres, entourées de chaises, attendent les mangeurs et les buveurs. Une plus petite, dans un coin, disparaît sous les papiers. Ragueneau y est assis au lever du rideau ; il écrit.

SCÈNE PREMIÈRE. — **RAGUENEAU, PÂTISSIERS,** *puis* **LISE.**

Ragueneau, à la petite table, écrivant d'un air inspiré, et comptant sur ses doigts.

PREMIER PÂTISSIER, *apportant une pièce montée.*

Fruits en nougat !

DEUXIÈME PÂTISSIER, *apportant un plat.*

Flan !

TROISIÈME PÂTISSIER, *apportant un rôti paré de plumes.*

Paon !

QUATRIÈME PÂTISSIER, *apportant une plaque de gâteaux.*

Roinsoles[1] !

CINQUIÈME PÂTISSIER, *apportant une sorte de terrine.*

Bœuf en daube !

RAGUENEAU, *cessant d'écrire et levant la tête.*

Sur les cuivres, déjà, glisse l'argent[2] de l'aube !

Étouffe en toi le dieu qui chante, Ragueneau !

L'heure du luth viendra, c'est l'heure du fourneau !

Il se lève. A un cuisinier.

5   Vous, veuillez m'allonger cette sauce, elle est courte !

LE CUISINIER.

De combien ?

RAGUENEAU.   De trois pieds[3].   *Il passe.*

LE CUISINIER.   Hein ?

PREMIER PÂTISSIER.   La tarte !

DEUXIÈME PÂTISSIER.   La tourte !

RAGUENEAU, *devant la cheminée.*

Ma Muse, éloigne-toi, pour que tes yeux charmants

N'aillent pas se rougir au feu de ces sarments !

A un pâtissier, lui montrant des pains.

Vous avez mal placé la fente de ces miches :

10   Au milieu la césure, entre les hémistiches !

A un autre, lui montrant un pâté inachevé.

A ce palais de croûte, il faut, vous, mettre un toit.

A un jeune apprenti, qui, assis par terre, embroche des volailles.

Et toi, sur cette broche interminable, toi,

Le modeste poulet et la dinde superbe,

---

1. Forme ancienne pour « rissole » : pâte feuilletée frite. — 2. L'argent de l'aube : image parallèle à celle qu'emploie Victor Hugo dans *Demain dès l'aube* : « l'or du soir qui tombe... » — 3. On notera que la poésie française use de syllabes et non de pieds (groupements de syllabes formant une unité rythmique).

Alterne-les[1], mon fils, comme le vieux Malherbe
15   Alternait les grands vers avec les plus petits,
Et fais tourner au feu des strophes de rôtis !

UN AUTRE APPRENTI, *s'avançant avec un plateau recouvert d'une
assiette.* Maître, en pensant à vous, dans le four, j'ai fait cuire
Ceci, qui vous plaira, je l'espère.
          Il découvre le plateau, on voit une grande lyre de pâtisserie.

RAGUENEAU, *ébloui.*   Une lyre !

L'APPRENTI.
En pâte de brioche.

RAGUENEAU, *ému.*   Avec des fruits confits !

L'APPRENTI.
20   Et les cordes, voyez, en sucre je les fis.

RAGUENEAU, *lui donnant de l'argent.*
Va boire à ma santé !   *Apercevant Lise qui entre.*
                    Chut ! ma femme ! Circule,
Et cache cet argent !
                    A Lise, lui montrant la lyre d'un air gêné.
                    C'est beau ?

LISE.   C'est ridicule !
          Elle pose sur le comptoir une pile de sacs en papier.

RAGUENEAU.
Des sacs ? Bon. Merci.   *Il les regarde.*
                    Ciel ! Mes livres vénérés !
Les vers de mes amis ! déchirés ! démembrés !
25   Pour en faire des sacs[2] à mettre des croquantes[3] !
Ah ! vous renouvelez Orphée et les bacchantes[4] !

LISE, *sèchement.*
Et n'ai-je pas le droit d'utiliser vraiment
Ce que laissent ici, pour unique paiement[5],
Vos méchants écriveurs de lignes inégales !

---

1. Ce verbe ne s'emploie habituellement avec une valeur transitive que dans
l'expression « alterner les cultures ». — 2. Pratique courante à l'époque : d'où la
plaisanterie qui consistait à dire que les œuvres de tel ou tel poète servaient surtout
de papier d'emballage. — 3. Gâteaux d'amandes torréfiées. — 4. Selon certaines
légendes, le poète Orphée aurait été déchiré par les Bacchantes, femmes du cortège
de Bacchus. — 5. Pour unique paiement : Rostand paraît s'être inspiré d'un passage
de l'*Histoire comique* : « Comment, lui dis-je, les taverniers sont-ils ici curieux de
rimes ? — C'est, me dit-il, la monnaie du pays, et la dépense que nous venons de
faire s'est trouvée monter à un sixain. — Et plût à Dieu, lui dis-je, que cela fût de
même en notre monde ! J'y conçois beaucoup d'honnêtes poètes qui meurent de
faim et qui feraient bonne chère si on payait les traiteurs en cette monnaie. »

RAGUENEAU.

30   Fourmi !... n'insulte pas ces divines cigales !

LISE.

Avant de fréquenter ces gens-là, mon ami,
Vous ne m'appeliez pas bacchante, ni fourmi !

RAGUENEAU.

Avec des vers, faire cela !

LISE.   Pas autre chose.

RAGUENEAU.

Que faites-vous, alors, madame, avec la prose ?

SCÈNE II. — **LES MÊMES, DEUX ENFANTS,** *qui viennent d'entrer dans la pâtisserie.*

RAGUENEAU.

35   Vous désirez, petits ?

PREMIER ENFANT.   Trois pâtés.

RAGUENEAU, *les servant.*   Là, bien roux...
Et bien chauds.

DEUXIÈME ENFANT.   S'il vous plaît, enveloppez-les-nous ?

RAGUENEAU, *saisi, à part.*

Hélas ! un de mes sacs !   *Aux enfants.*
              Que je les enveloppe ?...
      Il prend un sac et au moment d'y mettre les pâtés, il lit.
« Tel Ulysse, le jour qu'il quitta Pénélope... »
Pas celui-ci !...
Il le met de côté et en prend un autre. Au moment d'y mettre les pâtés, il lit.   « Le blond Phœbus... » Pas celui-là !
                          Même jeu.

LISE, *impatientée.*

40   Eh bien ! qu'attendez-vous ?

• Scènes 1 et 2. Un pâtissier-poète

1. En quoi les vers 2, 3 et 4 ont-ils chacun une qualité poétique particulière ?

2. Du v. 6 au v. 18 : étudiez l'utilisation des termes empruntés au langage technique de la poésie.

3. Poésie et cuisine... : comment leur coexistence crée-t-elle un effet comique ? (Pour des effets différents, voir III, sc. 1.)

RAGUENEAU.   Voilà, voilà, voilà !
                    Il en prend un troisième et se résigne.
        Le sonnet à Philis[1] !... mais c'est dur tout de même !

LISE.

        C'est heureux qu'il se soit décidé !   *Haussant les épaules.*
                          Nicodème[2] !
Elle monte sur une chaise et se met à ranger des plats sur une crédence.

RAGUENEAU, *profitant de ce qu'elle tourne le dos, rappelle les enfants
déjà à la porte.*
        Pst !... Petits !... Rendez-moi le sonnet à Philis,
        Au lieu de trois pâtés je vous en donne six.
   *Les enfants lui rendent le sac, prennent vivement les gâteaux et sortent.
Ragueneau, défripant le papier, se met à lire en déclamant.*
        « Philis !... » Sur ce doux nom, une tache de beurre !...
        « Philis !... »   *Cyrano entre brusquement.*

SCÈNE III. — **RAGUENEAU, LISE, CYRANO,** *puis* **LE MOUSQUE-
TAIRE.**

CYRANO.
            Quelle heure est-il ?

RAGUENEAU, *le saluant avec empressement,*
                          Six heures.

CYRANO, *avec émotion.*   Dans une heure !
                    Il va et vient dans la boutique.

RAGUENEAU, *le suivant.*
        Bravo ! J'ai vu...

CYRANO.   Quoi donc !

RAGUENEAU.   Votre combat !

CYRANO.   Lequel ?

RAGUENEAU.
        Celui de l'hôtel de Bourgogne !

CYRANO, *avec dédain.*   Ah !... Le duel !...

RAGUENEAU, *admiratif.*
        Oui, le duel en vers !...

LISE.   Il en a plein la bouche !

---

1. Ce surnom précieux de femme aimée dut sa vogue à *L'Astrée* : c'était, dans ce
roman, le surnom d'une des deux compagnes d'Astrée. — 2. Dans la langue
familière, mais assez rare : niais. Ce sens est dû probablement au rôle attribué à
saint Nicodème dans un mystère médiéval.

CYRANO.

50   Allons ! tant mieux !

RAGUENEAU, *se fendant avec une broche qu'il a saisie.*
                              « A la fin de l'envoi, je touche !...
              A la fin de l'envoi, je touche !... » Que c'est beau !
                                   Avec un enthousiasme croissant.
              « A la fin de l'envoi... »

CYRANO.   Quelle heure, Ragueneau ?

RAGUENEAU, *restant fendu pour regarder l'horloge.*
              Six heures cinq !... « ... je touche ! »   *Il se relève.*
                                             Oh ! faire une
                                                      [ballade !

LISE, *à Cyrano, qui en passant devant son comptoir lui a serré distraitement la main.*
              Qu'avez-vous à la main ?

CYRANO.   Rien. Une estafilade.

RAGUENEAU.

55   Courûtes-vous quelque péril ?

CYRANO.   Aucun péril.

LISE, *le menaçant du doigt.*
              Je crois que vous mentez !

CYRANO.   Mon nez remuerait-il ?
              Il faudrait que ce fût pour un mensonge énorme !
                                             Changeant de ton.
              J'attends ici quelqu'un. Si ce n'est pas sous l'orme[1],
              Vous nous laisserez seuls.

RAGUENEAU.   C'est que je ne peux pas ;

60   Mes rimeurs vont venir...

LISE, *ironique.*   Pour leur premier repas.

CYRANO.
              Tu les éloigneras quand je te ferai signe.
              L'heure ?

RAGUENEAU.   Six heures dix.

CYRANO, *s'asseyant nerveusement à la table de Ragueneau et prenant
du papier.*   Une plume ?...

_____

1. Cf. l'expression : « Attendez-moi sous l'orme » (« mais je n'y serai pas »). C'est
souvent au pied de cet arbre que siégeait le juge devant qui comparaissaient les
deux parties.

RAGUENEAU, *lui offrant celle qu'il a à son oreille.* De cygne.

UN MOUSQUETAIRE, *superbement moustachu, entre et d'une voix de stentor.*

        Salut !   *Lise remonte vivement vers lui.*

CYRANO, *se retournant.*

        Qu'est-ce ?

RAGUENEAU.   Un ami de ma femme. Un guerrier
Terrible, à ce qu'il dit !...

CYRANO, *reprenant la plume et éloignant du geste Ragueneau.*

                Chut !...   *A lui-même.*
                  Écrire, — plier, —

65 Lui donner, — me sauver...   *Jetant la plume.*
                Lâche !... Mais que je meure,
Si j'ose lui parler, lui dire un seul mot...   *A Ragueneau.*
                    L'heure ?

RAGUENEAU.

        Six et quart !...

CYRANO, *frappant sa poitrine.*

            ... un seul mot de tous ceux que j'ai là !
Tandis qu'en écrivant...   *Il reprend la plume.*
                Eh bien ! écrivons-la,
Cette lettre d'amour qu'en moi-même j'ai faite
70 Et refaite cent fois, de sorte qu'elle est prête
Et que mettant mon âme à côté du papier,
Je n'ai tout simplement qu'à la recopier.

Il écrit. — Derrière le vitrage de la porte on voit s'agiter des silhouettes maigres et hésitantes.

SCÈNE IV. — **RAGUENEAU, LISE, LE MOUSQUETAIRE, CYRANO**, *à la petite table, écrivant,* **LES POÈTES**, *vêtus de noir, les bas tombants, couverts de boue.*

LISE, *entrant, à Ragueneau.*

        Les voici, vos crottés !

PREMIER POÈTE, *entrant, à Ragueneau.*

                Confrère !...

DEUXIÈME POÈTE, *de même, lui secouant les mains.*

                    Cher confrère !

TROISIÈME POÈTE.

        Aigle des pâtissiers !   *Il renifle.*
                Ça sent bon dans votre aire.

QUATRIÈME POÈTE.

75   Ô Phœbus-Rôtisseur[1] !

CINQUIÈME POÈTE.   Apollon maître-queux !

RAGUENEAU, *entouré, embrassé, secoué.*

     Comme on est tout de suite à son aise avec eux !

PREMIER POÈTE.

     Nous fûmes retardés par la foule attroupée
     A la porte de Nesle !...

DEUXIÈME POÈTE.   Ouverts à coups d'épée,
     Huit malandrins sanglants illustraient les pavés !

CYRANO, *levant une seconde la tête.*

80   Huit ?... Tiens, je croyais sept.   *Il reprend sa lettre.*

RAGUENEAU, *à Cyrano.*   Est-ce que vous savez
     Le héros du combat ?

CYRANO, *négligemment.*   Moi ?... Non !

LISE, *au mousquetaire.*   Et vous ?

LE MOUSQUETAIRE, *se frisant la moustache.*   Peut-être !

CYRANO, *écrivant, à part,* — *on l'entend murmurer de temps en temps.*
     « Je vous aime... »

PREMIER POÈTE.   Un seul homme, assurait-on, sut
                                  [mettre
     Toute une bande en fuite !

DEUXIÈME POÈTE.   Oh ! c'était curieux !
     Des piques, des bâtons jonchaient le sol !

CYRANO, *écrivant.*   « ... vos yeux... »

TROISIÈME POÈTE.

85   On trouvait des chapeaux jusqu'au quai des Orfèvres[2] !

PREMIER POÈTE.

     Sapristi ! ce dut être un féroce...

CYRANO, *même jeu.*   « ... vos lèvres... »

PREMIER POÈTE.

     Un terrible géant, l'auteur de ces exploits !

CYRANO, *même jeu.*

     « ... Et je m'évanouis de peur quand je vous vois. »

1. Ou Apollon : chez les Grecs, dieu du Soleil, de la Connaissance, de la Poésie.
— 2. Situé dans l'île de la Cité, entre le Pont-Neuf et le pont Saint-Michel, il faisait
face au quai des Grands-Augustins, qui, sur la rive gauche, n'était pas très éloigné
de la porte de Nesle.

DEUXIÈME POÈTE, *happant un gâteau.*

    Qu'as-tu rimé de neuf, Ragueneau ?

CYRANO, *même jeu.*   « ... qui vous aime.. »

  Il s'arrête au moment de signer, et se lève, mettant sa lettre dans son pourpoint.

90   Pas besoin de signer. Je la donne moi-même.

RAGUENEAU, *au deuxième poète.*

    J'ai mis une recette en vers.

TROISIÈME POÈTE, *s'installant près d'un plateau de choux à la crème.*

          Oyons ces vers !

QUATRIÈME POÈTE, *regardant une brioche qu'il a prise.*

    Cette brioche a mis son bonnet de travers.

               Il la décoiffe d'un coup de dent.

PREMIER POÈTE.

    Ce pain d'épice suit le rimeur famélique

    De ses yeux en amande aux sourcils d'angélique !

         Il happe le morceau de pain d'épice.

DEUXIÈME POÈTE.

95   Nous écoutons.

TROISIÈME POÈTE, *serrant légèrement un chou entre ses doigts.*

          Ce chou bave sa crème. Il rit.

DEUXIÈME POÈTE, *mordant à même la grande lyre de pâtisserie.*

    Pour la première fois la Lyre me nourrit !

RAGUENEAU, *qui s'est préparé à réciter, qui a toussé, assuré son bonnet, pris une pose.*

    Une recette en vers...

DEUXIÈME POÈTE, *au premier, lui donnant un coup de coude.*

          Tu déjeunes ?

PREMIER POÈTE, *au deuxième.*   Tu dînes ?

RAGUENEAU.

    « Comment on fait les tartelettes amandines. »

    Battez, pour qu'ils soient mousseux,

        Quelques œufs ;

    Incorporez à leur mousse

    Un jus de cédrat[1] choisi ;

        Versez-y

    Un bon lait d'amande[2] douce ;

---

1. Le fruit du cédratier, semblable à un gros citron, est employé en confiserie et en pâtisserie. — 2. Émulsion à base d'amandes.

105   Mettez de la pâte à flan[1]
                           Dans le flanc
                 De moules à tartelette ;
                 D'un doigt preste, abricotez[1]
                           Les côtés ;
110   Versez goutte à gouttelette

                 Votre mousse en ces puits[2], puis
                           Que ces puits
                 Passent au four, et, blondines,
                 Sortant en gais troupelets,
115   Ce sont les
                 Tartelettes amandines !

LES POÈTES, *la bouche pleine.*
                 Exquis ! Délicieux !

UN POÈTE, *s'étouffant.*   Homph !
   *Ils remontent vers le fond, en mangeant. Cyrano qui a observé s'avance
vers Ragueneau.*

CYRANO.   Bercés par ta voix,
                 Ne vois-tu pas comme ils s'empiffrent ?

RAGUENEAU, *plus bas, avec un sourire.*   Je le vois...
                 Sans regarder, de peur que cela ne les trouble ;
120   Et dire ainsi mes vers me donne un plaisir double,
                 Puisque je satisfais un doux faible que j'ai
                 Tout en laissant manger ceux qui n'ont pas mangé !

CYRANO, *lui frappant sur l'épaule.*
                 Toi, tu me plais !...
   *Ragueneau va rejoindre ses amis. Cyrano le suit des yeux, puis, un
peu brusquement.*   Hé là, Lise ?
   *Lise, en conversation tendre avec le mousquetaire, tressaille et descend
vers Cyrano.*   Ce capitaine...
                 Vous assiège ?

LISE, *offensée.*   Oh ! mes yeux, d'une œillade hautaine,
125   Savent vaincre quiconque attaque mes vertus.

CYRANO.
                 Euh ! pour des yeux vainqueurs, je les trouve battus.

---

1. Cette pâte risque d'être trop inconsistante pour qu'on puisse en « abricoter » les
moules ! (Abricoter, c'est faire adhérer la pâte.) — 2. Trous creusés dans la farine
ou dans la pâte.

LISE, *suffoquée.*
    Mais...

CYRANO, *nettement.*
            Ragueneau me plaît. C'est pourquoi, dame Lise,
    Je défends que quelqu'un le ridiculise[1].

LISE.
        Mais...

CYRANO, *qui a élevé la voix assez pour être entendu du galant.*
            A bon entendeur...
*Il salue le mousquetaire, et va se mettre en observation, à la porte du
fond, après avoir regardé l'horloge.*

LISE, *au mousquetaire qui a simplement rendu son salut à Cyrano.*
                Vraiment, vous m'étonnez !
    Répondez... sur son nez...

• Scènes 3 et 4. Cyrano amoureux

Scène 3

1. Le temps dans la scène : temps « réel » et temps scénique. A quel
genre de théâtre s'oppose ici Rostand ?

2. Le premier vers du troisième acte nous donne la suite du vers 63.
En quoi Ragueneau est-il le double burlesque de Cyrano ?

3. Au v. 66 : « Si j'ose lui parler... » : comment ces mots nous aident-
ils à comprendre la psychologie de Cyrano ? Quelle est leur importance
sur le plan de l'intrigue ?

4. Timidité, parole, écriture : en quoi ces thèmes prennent-ils du
relief.
    a) du fait de la bravoure de Cyrano ?
    b) du fait qu'il est écrivain ?

Scène 4

1. Étudiez la construction de la scène.

2. Héroïsme, amour et pâtisserie : étudiez l'entrelacement de ces trois
éléments. Si l'on songe qu'ils correspondent, le premier à l'épopée, le
deuxième à la poésie lyrique, le troisième à la comédie, ne peut-on pas
dire que Rostand nous donne ici une sorte d'équivalent — côté comédie
— du drame romantique ?

3. De quelle manière les vers 117 à 128 nuancent-ils le rôle de
Cyrano ?

---

1. Mot-valise.

LE MOUSQUETAIRE.   Sur son nez... sur son nez...
Il s'éloigne vivement, Lise le suit.

CYRANO, *de la porte du fond, faisant signe à Rageneau d'emmener les poètes.*
        Pst !...

RAGUENEAU, *montrant aux poètes la porte de droite.*
            Nous serons bien mieux par là...

CYRANO, *s'impatientant.*   Pst ! pst !...

RAGUENEAU, *les entraînant.*   Pour
                                                    [lire
        Des vers...

PREMIER POÈTE, *désespéré, la bouche pleine.*
            Mais les gâteaux !...

DEUXIÈME POÈTE.   Emportons-les !
Ils sortent tous derrière Rageneau, processionnellement, et après avoir fait une rafle de plateaux.

SCÈNE V. — **CYRANO, ROXANE, LA DUÈGNE**[1].

CYRANO.   Je tire
        Ma lettre si je sens seulement qu'il y a
        Le moindre espoir !
Roxane, masquée, suivie de la duègne, paraît derrière le vitrage. Il ouvre vivement la porte.   Entrez !...   *Marchant sur la duègne.*
                            Vous, deux mots, duègna !

LA DUÈGNE.
        Quatre.

CYRANO.   Êtes-vous gourmande ?

LA DUÈGNE.   A m'en rendre malade.

CYRANO, *prenant vivement des sacs de papier sur le comptoir.*
        Bon. Voici deux sonnets de monsieur Benserade[2]...

LA DUÈGNE, *piteuse.*
        Heu !...

1. Scarron parle ainsi des duègnes dans *Le Roman comique* (1651-1657) : « Les dames en Espagne ont des duègnes auprès d'elles. Ces duegnas ou duègnes sont animaux rigides et fâcheux. » Dès le XVIIᵉ siècle le mot pouvait donc avoir une résonance humoristique. Il y a une duègne dans *Hernani* (I, sc. 1) et dans *Ruy Blas* (IV, 4). — 2. Ce poète lyrique précieux (1613-1691) connut une grande vogue. Il n'est passé à la postérité que pour son *Sonnet de Job* (1648), dont on compara les mérites avec le *Sonnet d'Uranie* de Voiture.

CYRANO.   ... que je vous remplis de darioles[1].

LA DUÈGNE, *changeant de figure.*   Hou !

CYRANO.
          Aimez-vous le gâteau qu'on nomme petit chou ?

LA DUÈGNE, *avec dignité.*
          Monsieur, j'en fais état, lorsqu'il est à la crème.

CYRANO.
140   J'en plonge six pour vous dans le sein d'un poème
          De Saint-Amant[2] ! Et dans ces vers de Chapelain[3]
          Je dépose un fragment, moins lourd, de poupelin[4].
          — Ah ! Vous aimez les gâteaux frais ?

LA DUÈGNE.   J'en suis fėrue !

CYRANO, *lui chargeant les bras de sacs remplis.*
          Veuillez aller manger tous ceux-ci dans la rue.

LA DUÈGNE.
145   Mais...

CYRANO, *la poussant dehors.*
                    Et ne revenez qu'après avoir fini !
          Il referme la porte, redescend vers Roxane, et s'arrête, découvert, à
          une distance respectueuse.

SCÈNE VI. — **CYRANO, ROXANE, LA DUÈGNE,** *un instant.*

CYRANO.
          Que l'instant entre tous les instants soit béni[5],
          Où, cessant d'oublier qu'humblement je respire
          Vous venez jusqu'ici pour me dire... me dire ?...

ROXANE, *qui s'est démasquée.*
          Mais tout d'abord merci, car ce drôle, ce fat
150   Qu'au brave jeu d'épée, hier, vous avez fait mat,
          C'est lui qu'un grand seigneur... épris de moi...

CYRANO.   De Guiche ?

_____

1. Pâtisseries faites d'un feuilletage rempli de crème cuite, sorte de « mille-feuille ».
— 2. Saint-Amant (1594-1662) : poète burlesque, esprit original et indépendant. —
3. Auteur de *La Pucelle*, il est surtout connu pour ses *Sentiments de l'Académie*
sur le Cid. — 4. Gâteau cuit au four et trempé dans du beurre fondu. — 5. Par-
delà les différences qui séparent les deux personnages, Rostand peut avoir emprunté
quelque chose au mouvement, au ton et au vocabulaire des vers par lesquels Tartuffe
salue Elmire (*Tartuffe*, III, 3) : « Que le Ciel à jamais, par sa toute bonté, / Et de
l'âme et du corps vous donne la santé, / Et bénisse vos jours autant que le désire /
Le plus humble de ceux que son amour inspire ! »

ROXANE, *baissant les yeux.*

Cherchait à m'imposer... comme mari...

CYRANO.   Postiche ?

Saluant.

Je me suis donc battu, madame, et c'est tant mieux,
Non pour mon vilain nez, mais bien pour vos beaux
[yeux.

ROXANE.

155   Puis... je voulais... Mais pour l'aveu que je viens faire,
Il faut que je revoie en vous le... presque frère,
Avec qui je jouais, dans le parc, près du lac !...

CYRANO.

Oui... Vous veniez tous les étés à Bergerac !...

ROXANE.

Les roseaux fournissaient le bois pour vos épées...

CYRANO.

160   Et les maïs, les cheveux blonds pour vos poupées !

ROXANE.

C'était le temps des jeux...

CYRANO.   Des mûrons aigrelets...

ROXANE.

Le temps où vous faisiez tout ce que je voulais !...

CYRANO.

Roxane, en jupons courts, s'appelait Madeleine...

ROXANE.

J'étais jolie, alors ?

CYRANO.   Vous n'étiez pas vilaine.

ROXANE.

165   Parfois, la main en sang de quelque grimpement,
Vous accouriez ! Alors, jouant à la maman,
Je disais d'une voix qui tâchait d'être dure :

Elle lui prend la main.

« Qu'est-ce que c'est encor que cette égratignure ? »

Elle s'arrête stupéfaite.

Oh ! C'est trop fort ! Et celle-ci ?

Cyrano veut retirer sa main.

Non ! Montrez-la !

170   Hein ? à votre âge, encore ! — Où t'es-tu fait cela ?

CYRANO.

En jouant, du côté de la porte de Nesle.

ROXANE, *s'asseyant à une table, et trempant son mouchoir dans un verre d'eau.*
Donnez !

CYRANO, *s'asseyant aussi.*
Si gentiment ! Si gaiement maternelle !

ROXANE.
Et, dites-moi, pendant que j'ôte un peu le sang,
Ils étaient contre vous ?

CYRANO.
Oh ! pas tout à fait cent.

ROXANE.
175   Racontez !

CYRANO.
Non. Laissez. Mais vous, dites la chose
Que vous n'osiez tantôt me dire...

ROXANE, *sans quitter sa main.*
A présent j'ose,
Car le passé m'encouragea de son parfum !
Oui, j'ose maintenant. Voilà. J'aime quelqu'un.

CYRANO.
Ah !...

ROXANE.
Qui ne le sait pas d'ailleurs.

CYRANO.
Ah !...

ROXANE.
Pas encore.

CYRANO.
180   Ah !...

ROXANE.
Mais qui va bientôt le savoir, s'il l'ignore.

CYRANO.
Ah !...

ROXANE.
Un pauvre garçon qui jusqu'ici m'aima
Timidement, de loin, sans oser le dire...

CYRANO.
Ah !...

ROXANE.
— Laissez-moi votre main, voyons, elle a la fièvre. —
Mais moi j'ai vu trembler les aveux sur sa lèvre.

CYRANO.
185   Ah !...

ROXANE, *achevant de lui faire un petit bandage avec son mouchoir.*
Et figurez-vous, tenez, que, justement
Oui, mon cousin, il sert dans votre régiment !

CYRANO.

    Ah !...

ROXANE, *riant.* Puisqu'il est cadet dans votre compagnie !

CYRANO.

    Ah !...

ROXANE.   Il a sur son front de l'esprit, du génie,
Il est fier, noble, jeune, intrépide, beau...

CYRANO, *se levant tout pâle.*   Beau !

ROXANE.

190   Quoi ? Qu'avez-vous ?

CYRANO.   Moi, rien... C'est... c'est...
           Il montre sa main, avec un sourire.
                         C'est ce
                         [bobo.

ROXANE.

     Enfin, je l'aime. Il faut d'ailleurs que je vous die[1]
Que je ne l'ai jamais vu qu'à la Comédie[2].

CYRANO.

     Vous ne vous êtes donc pas parlé ?

ROXANE.   Nos yeux seuls.

CYRANO.

     Mais comment savez-vous, alors ?

ROXANE.   Sous les tilleuls
195   De la place Royale[3], on cause... Des bavardes
M'ont renseignée...

CYRANO.   Il est cadet ?

ROXANE.   Cadet aux gardes.

CYRANO.

     Son nom ?

ROXANE.   Baron Christian de Neuvillette.

CYRANO.   Hein ?...

     Il n'est pas aux cadets.

---

1. Subjonctif archaïque. Molière, dans *Les Femmes savantes* (III, 2), fait dire à Trissotin, poète pédant : « Faites-la sortir, quoi qu'on die. » Cette forme commençait à dater. — 2. Au théâtre. — 3. Créée par Henri IV, entourée d'une galerie percée d'arcades, elle était le centre de la vie mondaine. C'est là que se rencontrent les jeunes gens dans la comédie de Corneille, *La Place Royale* ; dans *Le Menteur* l'action s'y déroule partiellement. C'est l'actuelle place des Vosges.

ROXANE.   Si, depuis ce matin :
Capitaine Carbon de Castel-Jaloux.

CYRANO.   Vite,
200   Vite, on lance son cœur !... Mais ma pauvre petite...

LA DUÈGNE, *ouvrant la porte du fond.*
J'ai fini les gâteaux, monsieur de Bergerac !

CYRANO.
Eh bien ! lisez les vers imprimés sur le sac !
                              La duègne disparaît.
... Ma pauvre enfant, vous qui n'aimez que beau langage,
Bel esprit, — si c'était un profane, un sauvage ?

ROXANE.
205   Non, il a les cheveux d'un héros de d'Urfé !

CYRANO.
S'il était aussi maldisant[1] que bien coiffé !

ROXANE.
Non, tous les mots qu'il dit sont fins, je le devine !

CYRANO.
Oui, tous les mots sont fins quand la moustache est fine.
Mais si c'était un sot ?

ROXANE, *frappant du pied.*   Eh bien ! j'en mourrais, là !

CYRANO, *après un temps.*
210   Vous m'avez fait venir pour me dire cela ?
Je n'en sens pas très bien l'utilité, madame.

ROXANE.
Ah, c'est que quelqu'un hier m'a mis la mort dans l'âme,
En me disant que tous, vous êtes tous Gascons[2]
Dans votre compagnie...

CYRANO.   Et que nous provoquons
215   Tous les blancs-becs qui, par faveur, se font admettre
Parmi les purs Gascons que nous sommes, sans l'être ?
C'est ce qu'on vous a dit ?

ROXANE.   Et vous pensez si j'ai
Tremblé pour lui !

CYRANO, *entre ses dents.*   Non sans raison !

---

1. Maldisant : archaïque, pour « médisant » — ce qui n'est pas le sens ici. Il s'agit donc d'un néologisme forgé par Rostand à l'imitation de « bien-disant », peu usité, mais attesté. Cf. « le bien-dire ». — 2. Historique.

ROXANE.   Mais j'ai songé

Lorsque invincible et grand, hier, vous nous apparûtes,
220   Châtiant ce coquin, tenant tête à ces brutes,
J'ai songé : s'il voulait, lui que tous ils craindront...

CYRANO.

C'est bien, je défendrai votre petit baron.

ROXANE.

Oh, n'est-ce pas que vous allez me le défendre ?
J'ai toujours eu pour vous une amitié si tendre !

CYRANO.

225   Oui, oui.

ROXANE.   Vous serez son ami ?

CYRANO.   Je le serai.

ROXANE.

Et jamais il n'aura de duel ?

CYRANO.   C'est juré.

ROXANE.

Oh ! je vous aime bien. Il faut que je m'en aille.
Elle remet vivement son masque, une dentelle sur son front, et, distraitement.

Mais vous ne m'avez pas raconté la bataille
De cette nuit. Vraiment ce dut être inouï !...
230   — Dites-lui qu'il m'écrive.
                        Elle lui envoie un petit baiser de la main.
                            Oh ! je vous aime !

CYRANO.   Oui, oui.

ROXANE.

Cent hommes contre vous ? — Allons, adieu. — Nous
                                                    [sommes
De grands amis !

CYRANO.   Oui, oui.

ROXANE.   Qu'il m'écrive ! — Cent hom-
                                                    [mes ! —
Vous me direz plus tard. Maintenant, je ne puis.
Cent hommes ! Quel courage !

CYRANO, *la saluant.*   Oh ! j'ai fait mieux depuis.

Elle sort. Cyrano reste immobile, les yeux à terre. Un silence. La porte de droite s'ouvre. Ragueneau passe sa tête.

SCÈNE VII. — CYRANO, RAGUENEAU, LES POÈTES, CARBON DE
CASTEL-JALOUX, LES CADETS, LA FOULE,*etc., puis* DE GUICHE

RAGUENEAU.

235   Peut-on rentrer ?

CYRANO, *sans bouger.*   Oui...

   *Ragueneau fait signe et ses amis rentrent. En même temps, à la porte
du fond paraît Carbon de Castel-Jaloux, costume de capitaine aux gardes,
qui fait de grands gestes en apercevant Cyrano.*

CARBON DE CASTEL-JALOUX. Le voilà !

CYRANO, *levant la tête.*   Mon capitaine...

CARBON, *exultant.*

          Notre héros ! Nous savons tout ! Une trentaine
          De mes cadets sont là !

CYRANO, *reculant.*   Mais...

CARBON, *voulant l'entraîner.*   Viens ! on veut te voir !

CYRANO.

          Non !

CARBON.   Ils boivent en face, à *La Croix du Trahoir.*

CYRANO.

          Je...

CARBON, *remontant à la porte, et criant à la cantonade, d'une voix de
tonnerre.*   Le héros refuse. Il est d'humeur bourrue !

UNE VOIX, *au dehors.*

240   Ah ! Sandious[1] !
          Tumulte au dehors, bruit d'épées et de bottes qui se rapprochent.

CARBON, *se frottant les mains.*

                              Les voici qui traversent la rue !

LES CADETS, *entrant dans la rôtisserie.*

          Mille dious ! — Capdedious ! — Mordious ! —
                                        [Pocapdedious[1] !

RAGUENEAU, *reculant épouvanté.*

          Messieurs, vous êtes donc tous de Gascogne !

LES CADETS.   Tous !

UN CADET, *à Cyrano.*

          Bravo !

---

1. Jurons gascons. Cf. *Les Trois Mousquetaires* (chap. III) : « Partout on n'enten-
dait que jurons et blasphèmes. Les morbleu ! Les sangdieu ! Les morts de tous les
diables ! se croisaient dans l'air. »

CYRANO.   Baron !

UN AUTRE, *lui secouant les mains.*
                        Vivat !

CYRANO.   Baron !

TROISIÈME CADET.   Que je t'embrasse !

CYRANO.
        Baron !

PLUSIEURS GASCONS.
                Embrassons-le !

CYRANO, *ne sachant auquel répondre.*
                        Baron... baron... de grâce...

RAGUENEAU.
245   Vous êtes tous barons, messieurs ?

LES CADETS.   Tous !

RAGUENEAU.   Le sont-ils ?...

PREMIER CADET.
        On ferait une tour rien qu'avec nos tortils[1] !

LE BRET, *entrant, et courant à Cyrano.*
        On te cherche ! Une foule en délire conduite
        Par ceux qui cette nuit marchèrent à ta suite...

CYRANO, *épouvanté.*
        Tu ne leur as pas dit où je me trouve ?...

LE BRET, *se frottant les mains.*   Si !

UN BOURGEOIS, *entrant suivi d'un groupe.*
250   Monsieur, tout le Marais[2] se fait porter ici !
    *Au dehors la rue s'est remplie de monde. Des chaises à porteurs, des
carrosses s'arrêtent.*

LE BRET, *bas, souriant, à Cyrano.*
        Et Roxane ?

CYRANO, *vivement.* Tais-toi !

LA FOULE, *criant dehors.*   Cyrano !...
    Une cohue se précipite dans la pâtisserie. Bousculade. Acclamations.

RAGUENEAU, *debout sur une table.*   Ma boutique
        Est envahie ! On casse tout ! C'est magnifique !

---

1. Cercle d'or autour duquel passe en spirale un collier de perles : c'est la couronne
des barons. Le titre de baron venait immédiatement au-dessus de celui de chevalier,
au-dessous de vicomte, comte, marquis et duc. — 2. Le quartier mondain de
l'époque, qui venait d'être construit.

Jean Piat dans le rôle de Cyrano, à la Comédie-Française, février 1964, mise en scène de Jacques Charon.
(Ph. © Agence Bernand-Photeb.)

DES GENS, *autour de Cyrano.*

    Mon ami... mon ami...

CYRANO.   Je n'avais pas hier[1]

    Tant d'amis !

LE BRET, *ravi.*   Le succès !

UN PETIT MARQUIS, *accourant, les mains tendues.*

              Si tu savais, mon cher...

CYRANO.

255   Si tu ?... Tu ?... Qu'est-ce donc qu'ensemble nous gar-

                                   [dâmes ?

UN AUTRE.

    Je veux vous présenter, Monsieur, à quelques dames

    Qui là, dans mon carrosse...

CYRANO, *froidement.*   Et vous d'abord, à moi,

    Qui vous présentera ?

LE BRET, *stupéfait.*   Mais qu'as-tu donc ?

CYRANO.   Tais-toi !

UN HOMME DE LETTRES, *avec une écritoire.*

    Puis-je avoir des détails sur ?...

CYRANO.   Non.

LE BRET, *lui poussant le coude.*   C'est Théophraste

260   Renaudot[2] ! l'inventeur de la gazette.

CYRANO.   Baste !

LE BRET.

    Cette feuille où l'on fait tant de choses tenir !

    On dit que cette idée a beaucoup d'avenir !

LE POÈTE, *s'avançant.*

    Monsieur...

CYRANO.   Encor !

LE POÈTE.   Je veux faire un pentacrostiche[3]

    Sur votre nom...

---

1. Avec la diérèse, à la différence du v. 150 (II, 6). — 2. Th. Renaudot (1586-1653) : il fonda *La Gazette* en 1631 et, en 1635, prit la direction du *Mercure français.* On le considère comme le premier journaliste. — 3. Le simple acrostiche permet, à l'aide de la première lettre de chaque vers lue verticalement, de retrouver un nom : cf. « Villon » dans l'envoi de la *Ballade pour prier Notre-Dame.* Dans le pentacrostiche, on répétait cinq fois l'opération « en cinq divisions qu'on fait exprès en chaque vers. C'est un travail pédantesque » (Furetière).

QUELQU'UN, *s'avançant encore.*
Monsieur...

CYRANO.   Assez !
Mouvement. On se range. De Guiche paraît escorté d'officiers. Cuigy, Brissaille, les officiers qui sont partis avec Cyrano à la fin du premier acte. Cuigy vient vivement à Cyrano.

CUIGY, *à Cyrano.*
Monsieur de Guiche
Murmure. Tout le monde se range.
265   Vient de la part du maréchal de Gassion !

DE GUICHE, *saluant Cyrano.*
... Qui tient à vous mander son admiration
Pour le nouvel exploit dont le bruit vient de courre[1].

LA FOULE.
Bravo !...

CYRANO, *s'inclinant.*
Le maréchal s'y connaît en bravoure.

DE GUICHE.
Il n'aurait jamais cru le fait si ces messieurs
270   N'avaient pu lui jurer l'avoir vu.

CUIGY.   De nos yeux !

LE BRET, *bas à Cyrano, qui a l'air absent.*
Mais...

CYRANO.   Tais-toi !

LE BRET.   Tu parais souffrir !

CYRANO, *tressaillant et se redressant vivement.* Devant ce monde ?...
Sa moustache se hérisse ; il poitrine[2].
Moi souffrir ?... Tu vas voir !

DE GUICHE, *auquel Cuigy a parlé à l'oreille.*
Votre carrière abonde
De beaux exploits, déjà. Vous servez chez ces fous
De Gascons, n'est-ce pas ?

CYRANO.   Aux cadets, oui.

UN CADET, *d'une voix terrible.*   Chez nous !

DE GUICHE, *regardant les Gascons, rangés derrière Cyrano.*
275   Ah ! ah !... Tous ces messieurs à la mine hautaine,
Ce sont donc les fameux ?...

CARBON DE CASTEL-JALOUX.   Cyrano !

---

1. Infinitif ancien, encore en usage au XVIIᵉ siècle. Il a subsisté en vénerie. —
2. Terme vieilli, pour « il plastronne ».

CYRANO.   Capitaine ?

CARBON.

Puisque ma compagnie est, je crois, au complet,
Veuillez la présenter au comte, s'il vous plaît.

CYRANO, *faisant deux pas vers De Guiche, et montrant les cadets.*

Ce sont les cadets de Gascogne[1]
280   De Carbon de Castel-Jaloux ;
Bretteurs et menteurs sans vergogne,
Ce sont les cadets de Gascogne !
Parlant blason, lambel, bastogne[2],
Tous plus nobles que des filous,
285   Ce sont les cadets de Gascogne
De Carbon de Castel-Jaloux.

Œil d'aigle, jambe de cigogne,
Moustache de chat, dents de loups,
Fendant la canaille qui grogne,
290   Œil d'aigle, jambe de cigogne,
Ils vont, — coiffés d'un vieux vigogne[3]
Dont la plume cache les trous !
Œil d'aigle, jambe de cigogne,
Moustache de chat, dents de loups !

295   Perce-Bedaine et Casse-Trogne
Sont leurs sobriquets les plus doux ;
De gloire leur âme est ivrogne.
Perce-Bedaine et Casse-Trogne,
Dans tous les endroits où l'on cogne
300   Ils se donnent des rendez-vous...
Perce-Bedaine et Casse-Trogne
Sont leurs sobriquets les plus doux !

Voici les cadets de Gascogne
Qui font cocus tous les jaloux !
305   Ô femme, adorable carogne,
Voici les cadets de Gascogne !
Que le vieil époux se renfrogne :
Sonnez, clairons ! chantez, coucous !

---

1. Ce poème est formé de quatre triolets composés sur les mêmes rimes. Les lois de ce poème à forme fixe, parfaitement respectées ici par Rostand, exigent la disposition suivante des rimes : ABAAABAB. Le 1er vers, le 4e et le 7e sont identiques. — 2. En héraldique, « traverse horizontale d'où se détachent des pendants » ; la bastogne est une « bande alésée en chef ». — 3. Lama, puis fourrure de lama ; ici, chapeau fait de laine de vigogne.

Voici les cadets de Gascogne
310   Qui font cocus tous les jaloux !

DE GUICHE, *nonchalamment assis dans un fauteuil que Ragueneau a
vite apporté.*

Un poète est un luxe, aujourd'hui, qu'on se donne.
Voulez-vous être à moi[1] ?

CYRANO.   Non, Monsieur, à personne.

DE GUICHE.

Votre verve amusa mon oncle Richelieu,
Hier. Je veux vous servir auprès de lui.

LE BRET, *ébloui.*   Grand Dieu !

DE GUICHE.

315   Vous avez bien rimé cinq actes, j'imagine ?

LE BRET, *à l'oreille de Cyrano.*

Tu vas faire jouer, mon cher, ton *Agrippine*[2] !

DE GUICHE.

Portez-les-lui.

CYRANO, *tenté et un peu charmé.*
                    Vraiment...

DE GUICHE.   Il est des plus experts.
Il vous corrigera seulement quelques vers...

CYRANO, *dont le visage s'est immédiatement rembruni.*

Impossible, Monsieur ; mon sang se coagule
320   En pensant qu'on y peut changer une virgule.

DE GUICHE.

Mais quand un vers lui plaît, en revanche, mon cher[3],
Il le paye très cher.

CYRANO.   Il le paye moins cher
Que moi, lorsque j'ai fait un vers, et que je l'aime,

---

1. Être au service, ou sous la protection, d'un grand seigneur. L'art dramatique, à
mesure qu'il s'épanouit, trouva de plus en plus de protecteurs : Baro fut protégé
par César de Vendôme, Du Ryer par le Mal de la Chastre et par les Longueville,
qui protégèrent également Corneille, Rotrou et Scudéry. Les auteurs remerciaient
par leurs dédicaces ces précurseurs du « sponsoring ». — 2. *La Mort d'Agrippine*,
tragédie de Cyrano de Bergerac. Cf. notre Étude littéraire : « Le vrai Cyrano ». —
3. Au cours de la querelle du *Cid*, en 1637, Richelieu insista pour faire juger la
pièce de Corneille par l'Académie française. L'année suivante, il fit exclure Corneille
de la Société des cinq auteurs quand se posèrent des problèmes de style à l'occasion
de la rédaction de *Mirame*, la pièce qu'il avait commandée au groupe. Il protégea
Rotrou, Boisrobert et Desmarets, ainsi que l'acteur Mondory.

Je me le paye, en me le chantant à moi-même !

DE GUICHE.

325   Vous êtes fier.

CYRANO.   Vraiment, vous l'avez remarqué ?

UN CADET, *entrant avec, enfilés à son épée, des chapeaux aux plumets miteux, aux coiffes trouées, défoncées.*

Regarde, Cyrano ! ce matin, sur le quai,
Le bizarre gibier à plumes que nous prîmes !
Les feutres des fuyards !

CARBON.   Des dépouilles opimes[1] !

TOUT LE MONDE, *riant.*

Ah ! Ah ! Ah !

CUIGY.   Celui qui posta ces gueux, ma foi,

330   Doit rager aujourd'hui.

BRISSAILLE.   Sait-on qui c'est ?

DE GUICHE.   C'est moi.

Les rires s'arrêtent.

Je les avais chargés de châtier, — besogne
Qu'on ne fait pas soi-même, — un rimailleur ivrogne.

Silence gêné.

LE CADET, *à mi-voix, à Cyrano, lui montrant les feutres.*

Que faut-il qu'on en fasse ? Ils sont gras[2]... Un salmis ?

CYRANO, *prenant l'épée où ils sont enfilés, et les faisant, dans un salut, tous glisser aux pieds de De Guiche.*

Monsieur, si vous voulez les rendre à vos amis ?

DE GUICHE, *se levant et d'une voix brève.*

335   Ma chaise et mes porteurs, tout de suite : je monte.

A Cyrano, violemment.

Vous, monsieur !...

UNE VOIX, *dans la rue, criant.* Les porteurs de monseigneur le comte
De Guiche !

DE GUICHE, *qui s'est dominé, avec un sourire.*

... Avez-vous lu *Don Quichot*[3] ?

---

1. A Rome, dépouilles prises sur le général ennemi. — 2. Gras : sales. Le salmis est un ragoût de pièces de gibier ou de volaille cuites à la broche. — 3. *Don Quichotte.* Le roman de Cervantès, qui avait été publié en deux parties, en 1605 et 1615, avait été traduit en français en 1614 et 1618. Rostand s'est autorisé de la graphie espagnole *(don Quijote)*, et a éliminé le « e » final. Trois vers plus loin, il cite, pour la rime, le chapitre XIII pour le chapitre VIII.

• Scènes 5, 6, 7. De la déception à la bravade

Scène 5

D'où vient le comique de cette scène ?

Scène 6

1. Étudiez le mouvement de la scène. Comment chaque grand moment est-il ponctué par un mot décisif ?

2. L'évocation de leurs souvenirs d'enfance à laquelle se livrent Roxane et Cyrano peut faire songer aux dernières strophes de *Moesta et errabunda*, le poème des *Fleurs du Mal* où Baudelaire chante « le vert paradis des amours enfantines ». Recherchez ce poème : en quoi sa tonalité diffère-t-elle de celle de ce dialogue ?

3. Étudiez la scène du point de vue de Roxane.

4. La scène vue par Cyrano : si Roxane a conclu chaque grand moment de la scène, comment a-t-il, lui, le mot de la fin ? En quoi ce mot insiste-t-il sur un élément capital pour la construction de l'intrigue ? et pour l'approfondissement de notre connaissance de Cyrano ?

Scène 7

1. Étudiez l'effet de contraste entre la déception de Cyrano et l'attitude de Carbon. Comment Cyrano dominera-t-il cette déception au cours de la scène ?

2. Comment Rostand crée-t-il ici la couleur historique ? En quoi la scène concourt-elle à grandir Cyrano ?

3. Étudiez la part faite à l'humour.

4. Mouvement de la scène : comment la présence du comte de Guiche relance-t-elle l'action ?

5. « Les cadets de Gascogne » :
   a) A partir de l'étude des rimes, étudiez la structure des strophes : vérifiez qu'il s'agit bien de quatre triolets.
   b) Relevez les différents thèmes. De quelle manière sont-ils traités ?
   c) Comment est obtenue la vivacité de l'expression ?

6. Cyrano et Don Quichotte :
   a) Qu'ont-ils de commun ? En quoi diffèrent-ils ?
   b) Comment le rôle de Cyrano se confond-il de plus en plus avec celui du poète ? de l'idéaliste ? du stoïque ?

7. Que pensez-vous de l'avertissement contenu dans les vers 343-344 ?

CYRANO. Je l'ai lu.
Et me découvre au nom de cet hurluberlu.

DE GUICHE.
Veuillez donc méditer alors...

UN PORTEUR, *paraissant au fond.* Voici la chaise.

DE GUICHE.
340 Sur le chapitre des moulins !

CYRANO, *saluant.* Chapitre treize.

DE GUICHE.
Car lorsqu'on les attaque, il arrive souvent...

CYRANO.
J'attaque donc des gens qui tournent à tout vent ?

DE GUICHE.
Qu'un moulinet de leurs grands bras chargés de toiles
Vous lance dans la boue !...

CYRANO. Ou bien dans les étoiles[1] !
De Guiche sort. On le voit remonter en chaise. Les seigneurs s'éloignent en chuchotant. Le Bret les réaccompagne. La foule sort.

SCÈNE VIII. — **CYRANO, LE BRET, LES CADETS,** *qui se sont attablés à droite et à gauche et auxquels on sert à boire et à manger.*

CYRANO, *saluant d'un air goguenard ceux qui sortent sans oser le saluer.*
345 Messieurs... Messieurs... Messieurs...

LE BRET, *désolé, redescendant, les bras au ciel.* Ah ! dans quels
[jolis draps...

CYRANO.
Oh ! toi ! tu vas grogner !

LE BRET. Enfin, tu conviendras
Qu'assassiner toujours la chance passagère,
Devient exagéré.

CYRANO. Eh bien oui, j'exagère !

LE BRET, *triomphant.*
Ah !

CYRANO. Mais pour le principe, et pour l'exemple aussi,
350 Je trouve qu'il est bon d'exagérer ainsi.

---

1. « Dans les étoiles ». Cf. la dernière strophe du poème de Banville, *Le Saut du tremplin (Odes funambulesques)* : « Enfin de son vil échafaud, / Le clown sauta si haut, si haut, / Qu'il creva le plafond de toiles / Au son du cor et du tambour, / Et, le cœur dévoré d'amour, / Alla rouler dans les étoiles. »

LE BRET.

> Si tu laissais un peu ton âme mousquetaire[1],
> La fortune et la gloire...

CYRANO.   Et que faudrait-il faire ?

> Chercher un protecteur puissant, prendre un patron,
> Et comme un lierre obscur qui circonvient un tronc
355 > Et s'en fait un tuteur en lui léchant l'écorce,
> Grimper par ruse au lieu de s'élever par force ?
> Non, merci. Dédier, comme tous ils le font,
> Des vers aux financiers[2] ? se changer en bouffon
> Dans l'espoir vil de voir, aux lèvres d'un ministre,
360 > Naître un sourire, enfin, qui ne soit pas sinistre ?
> Non, merci. Déjeuner, chaque jour, d'un crapaud ?
> Avoir un ventre usé par la marche ? une peau
> Qui plus vite, à l'endroit des genoux, devient sale ?
> Exécuter des tours de souplesse dorsale ?
365 > Non, merci. D'une main flatter la chèvre au cou
> Cependant que, de l'autre, on arrose le chou[3],
> Et donneur de séné par désir de rhubarbe[4],
> Avoir son encensoir, toujours, dans quelque barbe ?
> Non, merci. Se pousser de giron en giron,
370 > Devenir un petit grand homme dans un rond[5],
> Et naviguer, avec des madrigaux pour rames
> Et dans ses voiles des soupirs de vieilles dames ?
> Non, merci. Chez le bon éditeur de Sercy[6]
> Faire éditer ses vers en payant ? Non, merci.
375 > S'aller faire nommer pape par les conciles
> Que dans les cabarets tiennent des imbéciles ?
> Non, merci. Travailler à se construire un nom
> Sur un sonnet[7], au lieu d'en faire d'autres ? Non,
> Merci. Ne découvrir du talent qu'aux mazettes ?

---

1. L'épithète n'est attestée que dans l'expression « poignets mousquetaires » ; mais on lit dans les *Mémoires de d'Artagnan* (chap. « Le siège d'Arras ») : « Bien que j'aie toujours eu l'âme Mousquetaire... » : Rostand est passé du nom à l'adjectif. — 2. C'est ainsi que Corneille reçut, dit-on, deux cents pistoles pour l'épître dédicatoire de *Cinna* qu'il avait adressée à M. de Montauron, président des finances à Montauban. — 3. Cf. l'expression « ménager la chèvre et le chou ». — 4. Allusion à l'expression « Passez-moi la rhubarbe (ou : la casse), je vous passerai le séné », c'est-à-dire « arrangeons-nous au prix de concessions mutuelles » (cf. Molière, *L'Amour médecin*, III, 1). — 5. Un cercle littéraire ou mondain. — 6. Allusion à la pratique de l'édition « à compte d'auteur ». De Sercy éditera, à partir de 1654, les œuvres de Cyrano de Bergerac. — 7. Sur un sonnet : comme Benserade ou Voiture.

380 Être terrorisé par de vagues gazettes,
Et se dire sans cesse : « Oh, pourvu que je sois
Dans les petits papiers du *Mercure François*[1] ? »
Non, merci. Calculer, avoir peur, être blême,
Préférer faire une visite[2] qu'un poème,
385 Rédiger des placets, se faire présenter ?
Non, merci ! non, merci ! non, merci ! Mais... chanter,
Rêver, rire, passer, être seul, être libre,
Avoir l'œil qui regarde bien, la voix qui vibre,
Mettre, quand il vous plaît, son feutre de travers,
390 Pour un oui, pour un non, se battre, — ou faire un vers !
Travailler sans souci de gloire ou de fortune,
A tel voyage, auquel on pense, dans la lune !
N'écrire jamais rien qui de soi ne sortît,
Et modeste d'ailleurs, se dire : mon petit,
395 Sois satisfait des fleurs, des fruits, même des feuilles[3],
Si c'est dans ton jardin à toi que tu les cueilles !
Puis, s'il advient d'un peu triompher, par hasard,
Ne pas être obligé d'en rien rendre à César[4],
Vis-à-vis de soi-même en garder le mérite,
400 Bref, dédaignant d'être le lierre parasite,
Lors même qu'on n'est pas le chêne ou le tilleul,
Ne pas monter bien haut, peut-être, mais tout seul !

LE BRET.

Tout seul, soit ! mais non pas contre tous ! Comment
[diable
As-tu donc contracté la manie effroyable
405 De te faire toujours, partout, des ennemis ?

CYRANO.

A force de vous voir vous faire des amis,
Et rire à ces amis dont vous avez des foules,

---

1. Rostand fait une confusion, peut-être volontaire : *Le Mercure françois* (qui paraîtra de 1605 à 1643 et prendra ensuite le nom d'*Histoire de notre temps*) traitait d'histoire contemporaine et non de littérature : c'est *Le Mercure galant* (fondé en 1672) qui sera une revue littéraire et mondaine (et qui deviendra, de 1724 à 1824, *Le Mercure de France*)... Mais il se trouve que la *Revue du symbolisme* fondée en 1889 avait adopté le nom de *Mercure de France* : Rostand, qui était resté à l'écart de ce mouvement et des coteries parisiennes, songe probablement à lui-même et au *Mercure* de son temps ! — 2. Point de passage obligé pour tout candidat à l'Académie française. — 3. Écho, peut-être, du premier vers de *Green* (Verlaine, *La Bonne Chanson*) : « Voici des fleurs, des fruits, des feuilles et des branches... » — 4. Cf. Évangiles, Luc, XX, 22-26 : « Ainsi donc, rendez à César ce qui est à César, et à Dieu ce qui est à Dieu. »

D'une bouche empruntée au derrière des poules !
J'aime raréfier sur mes pas les saluts,
410   Et m'écrie avec joie : un ennemi de plus !

LE BRET.

Quelle aberration !

CYRANO.   Eh bien ! oui, c'est mon vice.
Déplaire est mon plaisir. J'aime qu'on me haïsse.
Mon cher, si tu savais comme l'on marche mieux
Sous la pistolétade[1] excitante des yeux !
415   Comme, sur les pourpoints, font d'amusantes taches
Le fiel des envieux et la bave des lâches !
Vous, la molle amitié dont vous vous entourez,
Ressemble à ces grands cols d'Italie, ajourés

• Scène 8. « Non, merci ! »

1. La scène s'articule autour des deux tirades de Cyrano : précisez ce qui fait la différence de ton — et de sujet — entre elles.

2. « Non, merci ! »

a) Quel portrait Cyrano dresse-t-il (du v. 352 au v. 385) de la vie de l'homme de lettres de son temps ? Quels protecteurs rejette-t-il successivement ?

b) Dans quelle mesure cette évocation de la vie de l'écrivain du XVIIe siècle peut-elle concerner également l'écrivain du XIXe ?

c) Quelles nuances Cyrano ajoute-t-il à son portrait dans la seconde partie de la tirade ?

d) Étudiez le choix et l'emploi des images.

e) Appréciez la richesse des rimes.

3. « Eh bien, oui, c'est mon vice... »

a) Sur quelle image est construite cette tirade ? Quelle est la fonction bienfaisante de la haine aux yeux de Cyrano ?

b) Cette déclaration ne vous surprend-elle pas ? Quel est l'intérêt de la réplique de Le Bret (v. 429-430) ? Suffit-elle à expliquer la haine dont parle Cyrano ? En quoi le mythe de son personnage est-il lié à une certaine image de son idéalisme, de son opposition à la foule, de sa solitude ? Qu'y a-t-il de tragique dans cette attitude ?

N.B. Dans la première scène du *Misanthrope*, Alceste développe devant Philinte le thème de la haine qu'il voue au genre humain... Rostand appréciait beaucoup cette comédie de Molière.

---

1. Fusillade. Création de Rostand.

Et flottants, dans lesquels votre cou s'efférmine :
420   On y est plus à l'aise... et de moins haute mine,
Car le front n'ayant pas de maintien ni de loi,
S'abandonne à pencher dans tous les sens. Mais moi,
La Haine[1], chaque jour, me tuyaute[2] et m'apprête[3]
La fraise dont l'empois force à lever la tête ;
425   Chaque ennemi de plus est un nouveau godron[4]
Qui m'ajoute une gêne, et m'ajoute un rayon :
Car, pareille en tous points à la fraise espagnole,
La Haine est un carcan, mais c'est une auréole !

LE BRET, *après un silence, passant son bras sous le sien.*
Fais tout haut l'orgueilleux et l'amer, mais, tout bas,
430   Dis-moi tout simplement qu'elle ne t'aime pas !

CYRANO, *vivement.*
Tais-toi !
Depuis un moment, Christian est entré, s'est mêlé aux cadets ; ceux-ci ne lui adressent pas la parole ; il a fini par s'asseoir seul à une petite table, où Lise le sert.

SCÈNE IX. — CYRANO, LE BRET, LES CADETS, CHRISTIAN DE
NEUVILLETTE.

UN CADET, *assis à une table du fond, le verre en main.*
Hé ! Cyrano !   *Cyrano se retourne.*
Le récit ?

CYRANO.   Tout à l'heure !
Il remonte au bras de Le Bret. Ils causent bas.

LE CADET, *se levant, et descendant.*
Le récit du combat ! Ce sera la meilleure
Leçon   *Il s'arrête devant la table où est Christian.*
pour ce timide apprentif !

CHRISTIAN, *levant la tête.*   Apprentif[5] ?

UN AUTRE CADET.
Oui, septentrional maladif !

CHRISTIAN.   Maladif ?

---

1. Cf. la question 3 de la scène 8. — 2. Repasser et plisser en forme de tuyaux (le COD est : « la fraise »). — 3. Mettre de l'apprêt, traitement qui vise à donner à la broderie ou à la dentelle, un maintien plus ferme. — 4. Gaufrage rigide opéré au moyen de fers. — 5. Cette forme archaïque sera utilisée jusqu'au milieu du XVIIIe siècle.

PREMIER CADET, *goguenard.*

35   Monsieur de Neuvillette, apprenez quelque chose :
            C'est qu'il est un objet, chez nous, dont on ne cause
            Pas plus que de cordon dans l'hôtel d'un pendu !

CHRISTIAN.

            Qu'est-ce ?

UN AUTRE CADET, *d'une voix terrible.*
                    Regardez-moi !
            Il pose trois fois, mystérieusement, son doigt sur son nez.
                                    M'avez-vous entendu ?

CHRISTIAN.

            Ah ! c'est le...

UN AUTRE.   Chut !... jamais ce mot ne se profère !
                    Il montre Cyrano qui cause au fond avec Le Bret.
40   Ou c'est à lui, là-bas, que l'on aurait affaire !

UN AUTRE, *qui, pendant qu'il était tourné vers les premiers, est venu sans bruit s'asseoir sur la table, dans son dos.*

            Deux nasillards par lui furent exterminés
            Parce qu'il lui déplut qu'ils parlassent du nez !

UN AUTRE, *d'une voix caverneuse, surgissant de sous la table où il s'est glissé à quatre pattes.*

            On ne peut faire, sans défuncter[1] avant l'âge,
            La moindre allusion au fatal cartilage !

UN AUTRE, *lui posant la main sur l'épaule.*

45   Un mot suffit ! Que dis-je, un mot ? Un geste, un seul !
            Et tirer son mouchoir, c'est tirer son linceul !
            Silence. Tous autour de lui, les bras croisés, le regardent. Il se lève et va à Carbon de Castel-Jaloux qui, causant avec un officier, a l'air de ne rien voir.

CHRISTIAN.

            Capitaine !

CARBON, *se retournant et le toisant.*
                    Monsieur ?

CHRISTIAN.   Que fait-on quand on trouve
            Des Méridionaux trop vantards ?...

CARBON.   On leur prouve
            Qu'on peut être du Nord, et courageux.
                                    Il lui tourne le dos.

---

1. Création de Rostand, à partir du participe passé latin *defunctus.*

CHRISTIAN.   Merci.

PREMIER CADET, à *Cyrano.*

450   Maintenant, ton récit !

TOUS.   Son récit !

CYRANO, *redescendant vers eux.*   Mon récit ?...
Tous rapprochent leurs escabeaux, se groupent autour de lui, tendent
le col. Christian s'est mis à cheval sur une chaise.

         Eh bien, donc je marchais tout seul, à leur rencontre.
         La lune, dans le ciel, luisait comme une montre,
         Quand soudain, je ne sais quel soigneux horloger[1]
         S'étant mis à passer un coton nuager
455   Sur le boîtier d'argent de cette montre ronde,
         Il se fit une nuit la plus noire du monde,
         Et les quais n'étant pas du tout illuminés,
         Mordious ! on n'y voyait pas plus loin...

CHRISTIAN.   Que son nez.
Silence. Tout le monde se lève lentement. On regarde Cyrano avec
terreur. Celui-ci s'est interrompu, stupéfait. Attente.

CYRANO.

         Qu'est-ce que c'est que cet homme-là ?

UN CADET, à *mi-voix.*   C'est un homme
460   Arrivé ce matin.

CYRANO, *faisant un pas vers Christian.*
                  Ce matin ?

CARBON, à *mi-voix.*   Il se nomme
         Le baron de Neuvil...

CYRANO, *vivement, s'arrêtant.*   Ah ! c'est bien...
Il pâlit, rougit, a encore un mouvement pour se jeter sur Christian.
                                    Je...
                  Puis, il se domine, et dit d'une voix sourde.
                                    Très bien...
                                        Il reprend.
         Je disais donc...   *Avec un éclat de rage dans la voix.*
                  Mordious !...
                        Il continue d'un ton naturel.
                  Que l'on n'y voyait rien.
                  Stupeur. On se rassied en se regardant.

---

1. Rostand donne une vie nouvelle aux deux vers par lesquels Voltaire résume les
raisons de son déisme : « L'univers m'embarrasse et je ne puis songer / Que cette
horloge existe et n'ait point d'horloger. »

Et je marchais, songeant que pour un gueux fort mince
J'allais mécontenter quelque grand, quelque prince,
465   Qui m'aurait sûrement...

CHRISTIAN.   Dans le nez...
Tout le monde se lève. Christian se balance sur sa chaise.

CYRANO, *d'une voix étranglée.*   Une dent,
Qui m'aurait une dent... et qu'en somme, imprudent,
J'allais fourrer...

CHRISTIAN.   Le nez...

CYRANO.   Le doigt... entre l'écorce
Et l'arbre, car ce grand pouvait être de force
A me faire donner...

CHRISTIAN.   Sur le nez...

CYRANO, *essuyant la sueur à son front.*   Sur les doigts.
470   Mais j'ajoutai « Marche, Gascon, fais ce que dois !
Va, Cyrano ! » Et ce disant, je me hasarde,
Quand, dans l'ombre, quelqu'un me porte...

CHRISTIAN.   Une nasarde.

CYRANO.
Je la pare et soudain me trouve...

CHRISTIAN.   Nez à nez...

CYRANO, *bondissant vers lui.*
Ventre-saint-gris !
*Tous les Gascons se précipitent pour voir ; arrivé sur Christian, il se
maîtrise et continue.*   ... Avec cent braillards avinés
475   Qui puaient...

CHRISTIAN.   A plein nez...

CYRANO, *blême et souriant.*   L'oignon et la litharge[1] !
Je bondis, front baissé...

CHRISTIAN.   Nez au vent !

CYRANO.   Et je charge !
J'en estomaque deux ! J'en empale un tout vif !
Quelqu'un m'ajuste : Paf ! et je riposte...

CHRISTIAN.   Pif !

CYRANO, *éclatant.*
Tonnerre ! Sortez tous !

---

1. Oxyde de plomb. On l'utilisait pour ôter aux vins leur acidité.

                              Tous les cadets se précipitent vers les portes.

PREMIER CADET.   C'est le réveil du tigre !

CYRANO.

480   Tous ! Et laissez-moi seul avec cet homme !

DEUXIÈME CADET.   Bigre !
        On va le retrouver en hachis !

RAGUENEAU.   En hachis ?

UN AUTRE CADET.
        Dans un de vos pâtés !

RAGUENEAU.   Je sens que je blanchis,
        Et que je m'amollis comme une serviette !

CARBON.
        Sortons !

UN AUTRE.   Il n'en va pas laisser une miette !

UN AUTRE.

485   Ce qui va se passer ici, j'en meurs d'effroi !

UN AUTRE, *refermant la porte de droite.*
        Quelque chose d'épouvantable !

Ils sont tous sortis, soit par le fond, soit par les côtés, quelques-uns ont disparu par l'escalier. Cyrano et Christian restent face à face, et se regardent un moment.

SCÈNE X. — CYRANO, CHRISTIAN.

CYRANO.   Embrasse-moi !

CHRISTIAN.
        Monsieur...

CYRANO.   Brave.

CHRISTIAN.   Ah çà ! mais !...

CYRANO.   Très brave. Je préfère.

CHRISTIAN.
        Me direz-vous ?...

CYRANO.   Embrasse-moi. Je suis son frère[1].

CHRISTIAN.
        De qui ?

CYRANO.   Mais d'elle !

CHRISTIAN.   Hein ?...

─────────────────

1. Cf. « Il faut que je revoie en vous le "presque frère" » (II, 6, v. 156).

CYRANO.   Mais de Roxane !

CHRISTIAN, *courant à lui*.   Ciel !
    Vous, son frère ?

CYRANO.   Ou tout comme : un cousin fraternel.

CHRISTIAN.
    Elle vous a ?...

CYRANO.   Tout dit !

CHRISTIAN.   M'aime-t-elle ?

CYRANO.   Peut-être !

CHRISTIAN, *lui prenant les mains*.
    Comme je suis heureux, monsieur, de vous connaître !

CYRANO.
    Voilà ce qui s'appelle un sentiment soudain.

CHRISTIAN.
    Pardonnez-moi...

CYRANO, *le regardant, et lui mettant la main sur l'épaule*.
                C'est vrai qu'il est beau, le gredin !

CHRISTIAN.
    Si vous saviez, monsieur, comme je vous admire !

CYRANO.
    Mais tous ces nez que vous m'avez...

CHRISTIAN.   Je les retire !

CYRANO.
    Roxane attend ce soir une lettre...

CHRISTIAN.   Hélas !

CYRANO.   Quoi !

CHRISTIAN.
    C'est me perdre que de cesser de rester coi !

CYRANO.
    Comment ?

CHRISTIAN.   Las ! je suis sot à m'en tuer de honte !

CYRANO.
    Mais non, tu ne l'es pas puisque tu t'en rends compte.
    D'ailleurs, tu ne m'as pas attaqué comme un sot.

CHRISTIAN.
    Bah ! on trouve des mots quand on monte à l'assaut !
    Oui, j'ai certain esprit facile et militaire,
    Mais je ne sais, devant les femmes, que me taire.

505   Oh ! leurs yeux, quand je passe, ont pour moi des bon-
                                                                      [tés...

CYRANO.
                    Leurs cœurs n'en ont-ils plus quand vous vous arrêtez ?

CHRISTIAN.
                    Non ! car je suis de ceux, — je le sais... et je tremble ! —
                    Qui ne savent parler d'amour.

CYRANO.   Tiens !... Il me semble
                    Que si l'on eût pris soin de me mieux modeler,
510   J'aurais été de ceux qui savent en parler.

CHRISTIAN.
                    Oh ! pouvoir exprimer les choses avec grâce !

CYRANO.
                    Être un joli petit mousquetaire qui passe !

CHRISTIAN.
                    Roxane est précieuse et sûrement je vais
                    Désillusionner Roxane !

CYRANO, *regardant Christian.*   Si j'avais
515   Pour exprimer mon âme un pareil interprète !

CHRISTIAN, *avec désespoir.*
                    Il me faudrait de l'éloquence !

CYRANO, *brusquement.*   Je t'en prête !
                    Toi, du charme physique et vainqueur, prête-m'en :
                    Et faisons à nous deux un héros de roman !

CHRISTIAN.
                    Quoi ?

CYRANO.   Te sens-tu de force à répéter les choses
520   Que chaque jour je t'apprendrai ?...

CHRISTIAN.   Tu me proposes ?...

CYRANO.
                    Roxane n'aura pas de désillusions !
                    Dis, veux-tu qu'à nous deux nous la séduisions ?
                    Veux-tu sentir passer, de mon pourpoint de buffle
                    Dans ton pourpoint brodé, l'âme que je t'insuffle !

CHRISTIAN.
525   Mais, Cyrano !...

CYRANO.   Christian, veux-tu ?

CHRISTIAN.   Tu me fais peur !

CYRANO.

Puisque tu crains, tout seul, de refroidir son cœur,
Veux-tu que nous fassions — et bientôt tu l'embrases ! —
Collaborer un peu tes lèvres et mes phrases ?

CHRISTIAN.

Tes yeux brillent !...

CYRANO.   Veux-tu ?

CHRISTIAN.   Quoi ! cela te ferait

30   Tant de plaisir ?

CYRANO, *avec enivrement.*   Cela...   *Se reprenant, et en artiste.*
                                    Cela m'amuserait !
C'est une expérience à tenter un poète.
Veux-tu me compléter et que je te complète ?
Tu marcheras, j'irai dans l'ombre à ton côté :
Je serai ton esprit, tu seras ma beauté.

CHRISTIAN.

35   Mais la lettre qu'il faut, au plus tôt, lui remettre !
Je ne pourrai jamais...

CYRANO, *sortant de son pourpoint la lettre qu'il a écrite.*
                              Tiens, la voilà, ta lettre !

CHRISTIAN.

Comment ?

CYRANO.   Hormis l'adresse, il n'y manque plus rien.

CHRISTIAN.

Je...

CYRANO.   Tu peux l'envoyer. Sois tranquille. Elle est bien.

CHRISTIAN.

Vous aviez ?...

CYRANO.   Nous avons toujours, nous, dans nos poches,

40   Des épîtres à des Chloris[1]... de nos caboches,
Car nous sommes ceux-là qui pour amante n'ont
Que du rêve soufflé dans la bulle d'un nom !
Prends, et tu changeras en vérités ces feintes ;
Je lançais au hasard ces aveux et ces plaintes :

45   Tu verras se poser tous ces oiseaux errants.
Tu verras que je fus dans cette lettre — prends ! —
D'autant plus éloquent que j'étais moins sincère !

---

1. Chloris (ou Cloris) : comme Iris ou Philis, pseudonyme poétique de la femme aimée.

             Prends donc, et finissons !

CHRISTIAN.   N'est-il pas nécessaire
             De changer quelques mots ? Écrite en divaguant,
550   Ira-t-elle à Roxane ?

CYRANO.   Elle ira comme un gant !

CHRISTIAN.
             Mais...

CYRANO.   La crédulité de l'amour-propre est telle,
             Que Roxane croira que c'est écrit pour elle !

CHRISTIAN.
             Ah ! mon ami !
                   Il se jette dans les bras de Cyrano. Ils restent embrassés.

SCÈNE XI. — CYRANO, CHRISTIAN, LES GASCONS, LE MOUS-
QUETAIRE, LISE

UN CADET, *entrouvrant la porte.*
                   Plus rien... Un silence de mort...

- **Scènes 9, 10 et 11. « Je serai ton esprit, tu seras ma
  beauté. »**

    Scène 9

    1. Étudiez le mouvement de la scène. Comment Rostand réussit-il à
    la faire durer d'une manière spectaculaire ?

    2. Appréciez l'esprit que Rostand prête à Christian. Ce dernier n'est-
    il pas d'ailleurs plus spirituel qu'on ne s'y attendait ? Dans quelles
    circonstances manque-t-il de repartie ?

    3. Son attitude peut-elle plaire à Cyrano ?

    Scène 10

    1. Étudiez la manière dont Cyrano est conduit à proposer sa solution.

    2. Retrouvez les expressions qui montrent que Cyrano « s'enivre » de
    son idée — et qu'il insiste auprès de Christian. Dans quelle mesure
    est-ce le poète, en lui, qui réagit, et dans quelle mesure est-ce
    l'amoureux ? Quel est l'intérêt de cette réflexion pour la « vraisem-
    blance » ?

    3. En quoi Cyrano est-il plus engagé par ce pacte que Méphisto, par
    exemple, dans *Faust* ? Qu'a-t-il à gagner dans l'exécution de son plan ?

    Scène 11

    Qu'est-ce qui, dans le mouvement de l'acte, rendait cette scène néces-
    saire ?

CYRANO (Jean Piat) et CHRISTIAN DE NEUVILLETTE
(Jacques Toja). Comédie-Française, 1964.
(Ph. © Lipnitzki - Viollet - Arch. Photeb.)

Je n'ose regarder...   *Il passe la tête.*
                     Hein ?

TOUS LES CADETS, *entrant et voyant Cyrano et Christian qui s'embrassent.*
                              Ah !... Oh !...

UN CADET.
                              C'est trop fort !
                                        Consternation.

LE MOUSQUETAIRE, *goguenard.*
555   Ouais ?...

CARBON.   Notre démon est doux comme un apôtre !
      Quand sur une narine on le frappe, il tend l'autre[1] ?

LE MOUSQUETAIRE.
      On peut donc lui parler de son nez, maintenant ?
                         Appelant Lise, d'un air triomphant.
      Eh ! Lise ! Tu vas voir !   *Humant l'air avec affectation.*
                         Oh !... oh !... c'est surprenant !
      Quelle odeur !...
            Allant à Cyrano, dont il regarde le nez avec impertinence.
                         Mais monsieur doit l'avoir reniflée ?
560   Qu'est-ce que cela sent ici ?...

CYRANO, *le souffletant.*   La giroflée[2] !
            Joie. Les cadets ont retrouvé Cyrano : ils font des culbutes.

                         RIDEAU

• **Questions sur l'acte II**

1. En quoi les deux premiers actes forment-ils un tout
   a) quant à la préparation de l'action ?
   b) quant à l'illustration du thème de l'idéalisme et de la poésie ?

2. Faites un bilan de la connaissance que nous avons de Cyrano : que nous a apporté le deuxième acte sur ce point ?

3. Appréciez l'art de Rostand — voire sa virtuosité — dans les morceaux « de bravoure » et dans les dialogues :
   a) variété des tons et des registres, de l'héroïsme aux vers plus prosaïques, et jusqu'au burlesque ;
   b) variété des rythmes ;
   c) le jeu des mots, les jeux de mots, le jeu des rimes : conviction et humour.

---

1. Précisez l'allusion. — 2. Cf. l'expression populaire « giroflée à cinq feuilles » : soufflet qui laisse l'empreinte des doigts.

TROISIÈME ACTE

LE BAISER DE ROXANE

Une petite place dans l'ancien Marais. Vieilles maisons. Perspectives de ruelles. A droite, la maison de Roxane et le mur de son jardin que débordent de larges feuillages. Au-dessus de la porte, fenêtre et balcon. Un banc devant le seuil.

Du lierre grimpe au mur, du jasmin enguirlande le balcon, frissonne et retombe.

Par le banc et les pierres en saillie du mur, on peut facilement grimper au balcon.

En face, une ancienne maison de même style, brique et pierre, avec une porte d'entrée. Le heurtoir de cette porte est emmailloté de linge comme un pouce malade.

Au lever du rideau, la duègne est assise sur le banc. La fenêtre est grande ouverte sur le balcon de Roxane.

Près de la duègne se tient debout Ragueneau, vêtu d'une sorte de livrée : il terminait un récit, en s'essuyant les yeux.

SCÈNE PREMIÈRE. — **RAGUENEAU, LA DUÈGNE,** *puis* **ROXANE, CYRANO** *et* **DEUX PAGES**

RAGUENEAU.
> ...Et puis, elle est partie avec un mousquetaire !
> Seul, ruiné, je me pends. J'avais quitté la terre.
> Monsieur de Bergerac entre, et, me dépendant,
> Me vient à sa cousine offrir comme intendant.

LA DUÈGNE.
5
> Mais comment expliquer cette ruine où vous êtes ?

RAGUENEAU.
> Lise aimait les guerriers, et j'aimais les poètes !
> Mars mangeait les gâteaux que laissait Apollon :
> — Alors, vous comprenez, cela ne fut pas long !

LA DUÈGNE, *se levant et appelant vers la fenêtre ouverte.*
> Roxane, êtes-vous prête ?... On nous attend !

LA VOIX DE ROXANE, *par la fenêtre.*   Je passe
10
> Une mante !

LA DUÈGNE, à *Ragueneau, lui montrant la porte d'en face.*
                    C'est là qu'on nous attend, en face.
          Chez Clomire[1]. Elle tient bureau, dans son réduit[2].
          On y lit un discours sur le Tendre[3], aujourd'hui.

RAGUENEAU.
          Sur le Tendre ?

LA DUÈGNE, *minaudant.*   Mais oui !   *Criant vers la fenêtre.*
                              Roxane, il faut descendre,
          Ou nous allons manquer le discours sur le Tendre !

LA VOIX DE ROXANE.
15   Je viens !
                    On entend un bruit d'instruments à cordes qui se rapproche.

LA VOIX DE CYRANO, *chantant dans la coulisse.*
                    La ! la ! la ! la !

LA DUÈGNE, *surprise.*
                                   On nous joue un morceau ?

CYRANO, *suivi de deux pages porteurs de théorbes[4].*
          Je vous dis que la croche est triple, triple sot !

PREMIER PAGE, *ironique.*
          Vous savez donc, monsieur, si les croches sont triples ?

CYRANO.
          Je suis musicien, comme tous les disciples
          De Gassendi[5] !

LE PAGE, *jouant et chantant.*
                    La ! la !

CYRANO, *lui arrachant le théorbe et continuant la phrase musicale.*
                              Je peux continuer !
20   La ! la ! la ! la !

ROXANE, *paraissant sur le balcon.*
                    C'est vous ?

CYRANO, *chantant sur l'air qu'il continue.*
                              Moi qui viens saluer
          Vos lys, et présenter mes respects à vos ro...ses !

---

1. Clomire : nom de Précieuse. — 2. Tenir bureau d'esprit : ouvrir son salon aux
gens d'esprit. Au XVIIe siècle, le réduit est un lieu de réunion, salon ou « ruelle ».
— 3. Le Tendre : l'ensemble des sentiments et des conduites que peut inspirer
l'Amour. Cf. Documents pédagogiques, n° III. — 4. Grands luths, inventés à la
fin du XVIe siècle. — 5. Ce philosophe (1592-1655), qui compta Cyrano parmi ses
disciples, était également astronome, mathématicien et physicien ; il a expliqué la
hauteur des sons.

ROXANE.
Je descends !   *Elle quitte le balcon.*

LA DUÈGNE, *montrant les pages.*
Qu'est-ce donc que ces deux virtuoses ?

CYRANO.
C'est un pari que j'ai gagné sur d'Assoucy[1].
Nous discutions un point de grammaire. — Non ! —
[Si ! —
25   Quand soudain me montrant ces deux grands escogriffes
Habiles à gratter les cordes de leurs griffes,
Et dont il fait toujours son escorte, il me dit :
« Je te parie un jour de musique ! » Il perdit.
Jusqu'à ce que Phœbus recommence son orbe,
30   J'ai donc sur mes talons ces joueurs de théorbe,
De tout ce que je fais harmonieux témoins !
Ce fut d'abord charmant, et ce l'est déjà moins.
Aux musiciens.
Hep !... Allez de ma part jouer une pavane[2]
A Montfleury !
Les pages remontent pour sortir. — A la duègne.
Je viens demander à Roxane
35   Ainsi que chaque soir...   *Aux pages qui sortent.*
Jouez longtemps, — et faux !
A la duègne.
... Si l'ami de son âme est toujours sans défauts ?

ROXANE, *sortant de la maison.*
Ah ! qu'il est beau, qu'il a d'esprit, et que je l'aime !

CYRANO, *souriant.*
Christian a tant d'esprit ?

ROXANE.
Mon cher, plus que vous-
[même !

CYRANO.
J'y consens.

ROXANE.
Il ne peut exister à mon goût
40   Plus fin diseur de ces jolis riens qui sont tout.
Parfois il est distrait, ses Muses sont absentes ;
Puis, tout à coup, il dit des choses ravissantes !

CYRANO, *incrédule.*
Non ?

_____

1. D'Assoucy : cf. acte I, sc. 1. — 2. Danse de cour (originaire de Padoue), qui connut une grande vogue au XVIe siècle et au début du XVIIe.

ROXANE.   C'est trop fort ! Voilà comme les hommes sont :
Il n'aura pas d'esprit puisqu'il est beau garçon !

CYRANO.

45   Il sait parler du cœur d'une façon experte ?

ROXANE.

Mais il n'en parle pas, monsieur, il en disserte !

CYRANO.

Il écrit ?

ROXANE.   Mieux encore ! Écoutez donc un peu :

Déclamant.

« Plus tu me prends de cœur, plus j'en ai !... »

Triomphante à Cyrano.

Eh bien ?

CYRANO.   [Peuh !...

ROXANE.

Et ceci : « Pour souffrir, puisqu'il m'en faut un autre,

50   Si vous gardez mon cœur, envoyez-moi le vôtre ! »

CYRANO.

Tantôt il en a trop et tantôt pas assez.
Qu'est-ce au juste qu'il veut, ce cœur ?

ROXANE, *frappant du pied.*   Vous m'agacez !
C'est la jalousie...

CYRANO, *tressaillant.*   Hein !

ROXANE.   ...d'auteur qui vous dévore !
Et ceci, n'est-il pas du dernier tendre encore ?

55   « Croyez que devers vous mon cœur ne fait qu'un cri,
Et que si les baisers s'envoyaient par écrit,
Madame, vous liriez ma lettre avec les lèvres ! »

CYRANO, *souriant malgré lui de satisfaction.*
Ha ! ha ! ces lignes-là sont... hé ! hé !

Se reprenant et avec dédain.
Mais bien mièvres !

ROXANE.

Et ceci...

CYRANO, *ravi.*   Vous savez donc ses lettres par cœur ?

ROXANE.

60   Toutes !

CYRANO, *frisant sa moustache.*
Il n'y a pas à dire : c'est flatteur !

ROXANE.

C'est un maître !

CYRANO, *modeste.*   Oh !... un maître !...

ROXANE, *péremptoire.*   Un maître !

CYRANO, *saluant.*   Soit !...

[un maître !

LA DUÈGNE, *qui était remontée, redescendant vivement.*

Monsieur de Guiche !*A Cyrano, le poussant vers la maison.*

Entrez !... car il vaut mieux, peut-

[être,

Qu'il ne vous trouve pas ici ; cela pourrait

Le mettre sur la piste...

ROXANE, *à Cyrano.*   Oui, de mon cher secret !

65   Il m'aime, il est puissant, il ne faut pas qu'il sache !

Il peut dans mes amours donner un coup de hache !

CYRANO, *entrant dans la maison.*

Bien ! bien ! bien !   *De Guiche paraît.*

SCÈNE II. — **ROXANE, DE GUICHE, LA DUÈGNE,** *à l'écart.*

ROXANE, *à De Guiche, lui faisant une révérence.*

Je sortais.

DE GUICHE.   Je viens prendre congé.

ROXANE.

Vous partez ?

DE GUICHE.   Pour la guerre.

ROXANE.   Ah !

DE GUICHE.   Ce soir-même.

ROXANE.   Ah !

DE GUICHE.   J'ai

Des ordres. On assiège Arras[1].

ROXANE.   Ah ! on assiège ?...

DE GUICHE.

70   Oui... Mon départ a l'air de vous laisser de neige.

ROXANE, *poliment.*

Oh !...

DE GUICHE.   Moi, je suis navré. Vous reverrai-je ? Quand ?

---

1. Arras : cf. note 1 de l'acte IV, sc. 1.

Vous savez que je suis nommé mestre de camp[1] ?

ROXANE, *indifférente.*

Bravo.

DE GUICHE.   Du régiment des gardes.

ROXANE, *saisie.*   Ah ! des gardes ?

DE GUICHE.

Où sert votre cousin, l'homme aux phrases vantardes.

75   Je saurai me venger de lui, là-bas.

ROXANE, *suffoquée.*   Comment !

Les gardes vont là-bas ?

DE GUICHE, *riant.*   Tiens ! c'est mon régiment !

ROXANE, *tombant assise sur le banc, — à part.*

Christian !

DE GUICHE.   Qu'avez-vous ?

ROXANE, *toute émue.*   Ce... départ... me désespère !

Quand on tient à quelqu'un, le savoir à la guerre !

DE GUICHE, *surpris et charmé.*

Pour la première fois me dire un mot si doux,

80   Le jour de mon départ !

ROXANE, *changeant de ton et s'éventant.*

                    Alors, vous allez vous

Venger de mon cousin ?...

DE GUICHE, *souriant.*   On est pour lui ?

ROXANE.   Non, contre !

DE GUICHE.

Vous le voyez ?

ROXANE.   Très peu.

DE GUICHE.   Partout on le rencontre.

Avec un des cadets...   *Il cherche le nom.*

          ce Neu... villen... viller...

ROXANE.

Un grand ?

DE GUICHE.   Blond.

ROXANE.   Roux.

---

1. Officier commandant un régiment. Au-dessus du capitaine, puis du commandant et du major, on trouvait le mestre de camp et le colonel, puis le maréchal de camp (notre général de brigade).

DE GUICHE.   Beau !

ROXANE.   Peuh !

DE GUICHE.   Mais bête.

ROXANE.   Il en a l'air !
                                    Changeant de ton.

85   ... Votre vengeance envers Cyrano, c'est peut-être
      De l'exposer au feu, qu'il adore ?... Elle est piètre !
      Je sais bien, moi, ce qui serait sanglant !

DE GUICHE.   C'est ?...

ROXANE

      Mais si le régiment, en partant, le laissait
      Avec ses chers cadets, pendant toute la guerre,
90   A Paris, bras croisés ! C'est la seule manière,
      Un homme comme lui, de le faire enrager :
      Vous voulez le punir ? Privez-le de danger.

DE GUICHE.
      Une femme ! une femme ! il n'y a qu'une femme
      Pour inventer ce tour !

ROXANE.   Il se rongera l'âme,
95   Et ses amis les poings, de n'être pas au feu :
      Et vous serez vengé !

DE GUICHE, *se rapprochant.*   Vous m'aimez donc un peu !
                                    Elle sourit.

      Je veux voir dans ce fait d'épouser ma rancune
      Une preuve d'amour, Roxane !

ROXANE.   C'en est une.

DE GUICHE, *montrant plusieurs plis cachetés.*
      J'ai les ordres sur moi qui vont être transmis
100   A chaque compagnie, à l'instant même, hormis...
                                    Il en détache un.

      Celui-ci ! C'est celui[1] des cadets.   *Il le met dans sa poche.*
                          Je le garde.   *Riant.*
      Ah ! ah ! ah ! Cyrano !... Son humeur bataillarde !...
      Vous jouez donc des tours aux gens, vous ?...

ROXANE, *le regardant.*   Quelquefois.

_____

1. L'ordre qui convoque les cadets : ils forment une des compagnies qui composent
le régiment commandé par de Guiche.

DE GUICHE, *tout près d'elle.*

    Vous m'affolez ! Ce soir — écoutez — oui, je dois

105   Être parti. Mais fuir quand je vous sens émue !...

    Écoutez. Il y a, près d'ici, dans la rue

    D'Orléans, un couvent fondé par le syndic[1]

    Des capucins[2], le Père Athanase. Un laïc

    N'y peut entrer. Mais les bons Pères, je m'en charge !

110   Ils peuvent me cacher dans leur manche : elle est large.

    Ce sont les capucins qui servent Richelieu

    Chez lui ; redoutant l'oncle, ils craignent le neveu.

    On me croira parti. Je viendrai sous le masque.

    Laissez-moi retarder d'un jour, chère fantasque !

ROXANE, *vivement.*

115   Mais si cela s'apprend, votre gloire[3]...

DE GUICHE.   Bah !

ROXANE.   Mais

    Le siège, Arras...

DE GUICHE.   Tant pis ! Permettez !

ROXANE.   Non !

DE GUICHE.   Permets !

ROXANE, *tendrement.*

    Je dois vous le défendre !

DE GUICHE.   Ah !

ROXANE.   Partez !   *A part.*

                      Christian reste.

                              Haut.

    Je vous veux héroïque, — Antoine[4] !

DE GUICHE.   Mot céleste !

    Vous aimez donc celui ?...

ROXANE.   Pour lequel j'ai frémi.

DE GUICHE, *transporté de joie.*

120   Ah ! je pars !   *Il lui baise la main.*

        Êtes-vous contente ?

ROXANE.   Oui, mon ami ! *Il sort.*

---

1. Personne chargée de la défense des intérêts d'une collectivité, ou, comme ici, d'une communauté. — 2. Religieux d'une fraction de l'ordre des Franciscains. L'un des plus célèbres fut le Père Joseph, confident de Richelieu. — 3. Votre réputation, votre honneur. Mot du vocabulaire cornélien. — 4. C'était bien le prénom du comte de Guiche.

LA DUÈGNE, *lui faisant dans le dos une révérence comique.*
>   Oui, mon ami !

ROXANE, *à la duègne.*   Taisons ce que je viens de faire :
>   Cyrano m'en voudrait de lui voler sa guerre !

>>>>   *Elle appelle vers la maison.*

>   Cousin !

SCÈNE III. — ROXANE, LA DUÈGNE, CYRANO

ROXANE.   Nous allons chez Clomire.

>>>>   *Elle désigne la porte d'en face.*
>>>   Alcandre y doit

>   Parler, et Lysimon !

LA DUÈGNE, *mettant son petit doigt dans son oreille.*
>>>   Oui ! mais mon petit doigt

125   Dit qu'on va les manquer !

CYRANO, *à Roxane.*   Ne manquez pas ces singes[1] !
>   *Ils sont arrivés devant la porte de Clomire.*

• Scènes 1 et 2. Une dame, deux rois et un joker

Scène 1

1. Quel climat est créé dans cette scène ? Par quels moyens ?

2. Comment le « double langage » de Cyrano est-il en accord avec ce que nous connaissons de lui et de ses capacités verbales ?

3. Quel effet produit l'humour de Cyrano ?

Scène 2

1. Roxane se joue de son interlocuteur ; la scène est-elle aussi convaincante que la précédente ?

2. Mais le thème de l'amour vainqueur des puissances de ce monde n'est-il pas cher au spectateur ? Qu'en pensez-vous ?

3. Les références culturelles font de cette scène, à certains égards, une sorte de théâtre au second degré : est-ce, à votre avis, une force ou une faiblesse ? (Par exemple : pour le thème de l'homme puissant qui peut user de son pouvoir contre un jeune rival, voir Beaumarchais, *Le Mariage de Figaro*, acte I, sc. 10 ; pour le thème du lien de l'amour et du devoir — et de l'admiration —, cf. le théâtre de Corneille.)

---

1. Qu'indique cette réplique ?

LA DUÈGNE, *avec ravissement.*

Oh ! voyez ! le heurtoir est entouré de linges !

Au heurtoir.

On vous a bâillonné pour que votre métal
Ne troublât pas les beaux discours, petit brutal !

Elle le soulève avec des soins infinis et frappe doucement.

ROXANE, *voyant qu'on ouvre.*

Entrons !

Du seuil, à Cyrano.

Si Christian vient, comme je le présume,

130   Qu'il m'attende !

CYRANO, *vivement, comme elle va disparaître.*

Ah !...

Elle se retourne.

Sur quoi, selon votre coutume,
Comptez-vous aujourd'hui l'interroger ?

ROXANE.

Sur...

CYRANO, *vivement.*

Sur ?

ROXANE.

Mais vous serez muet, là-dessus !

CYRANO.

Comme un mur.

ROXANE.

Sur rien ! Je vais lui dire : Allez ! Partez sans bride !
Improvisez. Parlez d'amour. Soyez splendide !

CYRANO, *souriant.*

135   Bon.

ROXANE.   Chut !...

CYRANO.   Chut !...

ROXANE.   Pas un mot !...

Elle rentre et referme la porte.

CYRANO, *la saluant, la porte une fois fermée.*   En vous remerciant !

La porte se rouvre et Roxane passe la tête.

ROXANE.

Il se préparerait !...

CYRANO.   Diable, non !...

TOUS LES DEUX, *ensemble.*   Chut !...

La porte se ferme.

CYRANO, *appelant.*   Christian !

SCÈNE IV. — **CYRANO, CHRISTIAN**

CYRANO, *vite*, *à Christian.*

  Je sais tout ce qu'il faut. Prépare ta mémoire.
  Voici l'occasion de se couvrir de gloire.
  Ne perdons pas de temps. Ne prends pas l'air grognon.
40 Vite, rentrons chez toi, je vais t'apprendre...

CHRISTIAN.   Non !

CYRANO.

  Hein ?

CHRISTIAN.   Non ! J'attends Roxane ici.

CYRANO.   De quel vertige
  Es-tu frappé ? Viens vite apprendre...

CHRISTIAN.   Non, te dis-je !
  Je suis las d'emprunter mes lettres, mes discours,
  Et de jouer ce rôle, et de trembler toujours !
45 C'était bon au début ! Mais je sens qu'elle m'aime !
  Merci. Je n'ai plus peur. Je vais parler moi-même.

CYRANO.

  Ouais !

CHRISTIAN.   Et qui te dit que je ne saurai pas ?
  Je ne suis pas si bête, à la fin ! Tu verras !
  Mais, mon cher, tes leçons m'ont été profitables.
50 Je saurai parler seul ! Et, de par tous les diables,
  Je saurai bien toujours la prendre dans mes bras !
     Apercevant Roxane, qui ressort de chez Clomire.
  C'est elle ! Cyrano, non, ne me quitte pas[1] !

CYRANO, *le saluant.*

  Parlez tout seul, Monsieur.

        Il disparaît derrière le mur du jardin.

SCÈNE V. — **CHRISTIAN, ROXANE, QUELQUES PRÉCIEUX ET PRÉCIEUSES**, *et* **LA DUÈGNE**, *un instant.*

ROXANE, *sortant de la maison de Clomire avec une compagnie qu'elle quitte : révérences et saluts.*   Barthénoïde ! — Alcandre ! —
  Grémione !...

---

1. Ce mot est à rapprocher de celui que Molière, dans *Les Femmes savantes* (V, 2), prête à Chrysale, qui vient d'affirmer son droit à commander dans sa maison : « Secondez-moi bien tous. »

LA DUÈGNE, *désespérée.*

On a manqué le discours sur le Tendre !
Elle rentre chez Roxane.

ROXANE, *saluant encore.*

155   Urimédonte !... Adieu !...
*Tous saluent Roxane, se resaluent entre eux, se séparent et s'éloignent
par différentes rues. Roxane voit Christian.*

C'est vous !   *Elle va à lui.*
Le soir descend.
Attendez. Ils sont loin. L'air est doux. Nul passant.
Asseyons-nous. Parlez. J'écoute.

CHRISTIAN *s'assied près d'elle, sur le banc. Un silence.*

Je vous aime.

ROXANE, *fermant les yeux.*

Oui, parlez-moi[1] d'amour.

CHRISTIAN.   Je t'aime.

ROXANE.   C'est le thème.

Brodez, brodez.

CHRISTIAN.   Je vous ...

ROXANE.   Brodez !

CHRISTIAN.   Je t'aime tant.

ROXANE.

160   Sans doute. Et puis ?

CHRISTIAN.   Et puis... je serais si content
Si vous m'aimiez ! — Dis-moi, Roxane, que tu m'aimes !

ROXANE, *avec une moue.*

Vous m'offrez du brouet[2] quand j'espérais des crèmes !
Dites un peu comment vous m'aimez ?...

CHRISTIAN.   Mais... beaucoup.

ROXANE.

Oh !... Délabyrinthez[3] vos sentiments !

CHRISTIAN, *qui s'est rapproché et dévore des yeux la nuque blonde.*

Ton cou !

165   Je voudrais l'embrasser !...

---

1. Pour une Précieuse comme Roxane, l'expression « Parlez-moi d'amour » a un
sens plus philosophique que de nos jours : les Précieux dissertent sur l'amour un
peu à la manière des interlocuteurs que Platon fait dialoguer dans *Phèdre* ou dans
Le Banquet. Cf. Documents pédagogiques, n° III. — 2. Aliment grossier. —
3. Métaphore dans le goût précieux.

ROXANE.   Christian !

CHRISTIAN.   Je t'aime !

ROXANE, *voulant se lever.*   Encore !

CHRISTIAN, *vivement, la retenant.*
Non ! je ne t'aime pas !

ROXANE, *se rasseyant.*   C'est heureux !

CHRISTIAN.   Je t'adore !

ROXANE, *se levant et s'éloignant.*
Oh !

CHRISTIAN. Oui... je deviens sot !

ROXANE, *sèchement.*   Et cela me déplaît !
Comme il me déplairait que vous devinssiez laid.

CHRISTIAN.
Mais...

ROXANE.   Allez rassembler votre éloquence en fuite !

CHRISTIAN.

170
Je...

ROXANE.   Vous m'aimez, je sais. Adieu. *Elle va vers la maison.*

CHRISTIAN.   Pas tout de suite !
Je vous dirai...

ROXANE, *poussant la porte pour entrer.*
                    Que vous m'adorez... oui, je sais.
Non ! Non ! Allez-vous-en !

CHRISTIAN.   Mais je...
                    Elle lui ferme la porte au nez.

CYRANO, *qui depuis un moment est rentré sans être vu.*
                    C'est un succès.

SCÈNE VI. — **CHRISTIAN, CYRANO, LES PAGES,** *un instant.*

CHRISTIAN.
Au secours !

CYRANO.   Non, Monsieur.

CHRISTIAN.   Je meurs si je ne rentre
En grâce, à l'instant même...

CYRANO.   Et comment puis-je, diantre !

175
Vous faire à l'instant même, apprendre ?...

CHRISTIAN, *lui saisissant le bras.*   Oh ! là, tiens,
                              [vois !

La fenêtre du balcon s'est éclairée.

CYRANO, *ému.*
      Sa fenêtre !

CHRISTIAN, *criant.* Je vais mourir !

CYRANO.   Baissez la voix !

CHRISTIAN, *tout bas.*
      Mourir !

CYRANO.   La nuit est noire...

CHRISTIAN.   Eh ! bien ?

CYRANO.   C'est réparable.
      Vous ne méritez pas... Mets-toi là, misérable !
      Là, devant le balcon ! Je me mettrai dessous,
180   Et je te soufflerai tes mots.

• Scènes 3 à 6. Un échec de Christian

Scène 3

1. Étudiez le style précieux de la duègne.

2. Cyrano et les Précieux (cf. Documents pédagogiques, n° III).
   a) Comment les juge-t-il ?
   b) Y a-t-il ici contradiction avec son goût pour la « pointe », ou avec le style des propos qu'il soufflera à Christian pour plaire à Roxane ?

3. Roxane : nous sommes dans l'artifice, mais les jeux des Précieux et Précieuses ne brillaient pas par le naturel ! Quelle est l'importance de ce genre de réflexion pour la compréhension de cet acte ?

Scène 4

1. Quel est l'intérêt de cette scène sur le plan de la vraisemblance psychologique ?

2. Quelle est son utilité ?

Scène 5

1. En quoi Roxane se manifeste-t-elle comme une précieuse ?

2. a) Y a-t-il contradiction entre le v. 168 et le reste de la scène ?
   b) Quel est l'intérêt de ce vers si l'on veut apprécier l'évolution ultérieure de Roxane (cf. IV, sc. 10) ?

Scène 6

Étudiez le passage du « vous » au « tu » chez Cyrano.

CHRISTIAN.   Mais...

CYRANO.   Taisez-vous !

LES PAGES, *reparaissant au fond, à Cyrano.*
    Hep !

CYRANO.   Chut !...   *Il leur fait signe de parler bas.*

PREMIER PAGE, *à mi-voix.*
        Nous venons de donner la sérénade
    A Montfleury !...

CYRANO, *bas, vite.*   Allez vous mettre en embuscade,
    L'un à ce coin de rue, et l'autre à celui-ci ;
    Et si quelque passant gênant vient par ici,
    Jouez un air !

DEUXIÈME PAGE.   Quel air, monsieur le gassendiste ?

CYRANO.
    Joyeux pour une femme, et pour un homme, triste !
    Les pages disparaissent, un à chaque coin de rue. — A Christian.
    Appelle-la !

CHRISTIAN.   Roxane !

CYRANO, *ramassant des cailloux qu'il jette dans les vitres.*
        Attends ! Quelques cailloux.

SCÈNE VII. — **ROXANE, CHRISTIAN, CYRANO,** *d'abord caché sous le balcon.*

ROXANE, *entrouvrant sa fenêtre.*
    Qui donc m'appelle ?

CHRISTIAN.   Moi.

ROXANE.   Qui, moi ?

CHRISTIAN.   Christian.

ROXANE, *avec dédain.*   C'est vous ?

CHRISTIAN.
    Je voudrais vous parler.

CYRANO, *sous le balcon, à Christian.*
        Bien. Bien. Presque à voix basse.

ROXANE.
    Non ! Vous parlez trop mal. Allez-vous-en !

CHRISTIAN.   De grâce !

ROXANE.
    Non ! Vous ne m'aimez plus !

CHRISTIAN, *à qui Cyrano souffle ses mots.*

M'accuser, — justes
[dieux ! —
De n'aimer plus... quand... j'aime plus !

ROXANE, *qui allait refermer sa fenêtre, s'arrêtant.*   Tiens ! mais
[c'est mieux !

CHRISTIAN, *même jeu.*

L'amour grandit bercé dans mon âme inquiète...
Que ce... cruel marmot prit pour... barcelonnette[1] !

ROXANE, *s'avançant sur le balcon.*

195   C'est mieux ! Mais, puisqu'il est cruel, vous fûtes sot
De ne pas, cet amour, l'étouffer au berceau !

CHRISTIAN, *même jeu.*

Aussi l'ai-je tenté, mais... tentative nulle :
Ce... nouveau-né, madame, est un petit... Hercule.

ROXANE.

C'est mieux !

CHRISTIAN, *même jeu.* De sorte qu'il... strangula comme rien...

200   Les deux serpents[2]... Orgueil et... Doute.

ROXANE, *s'accoudant au balcon.*   Ah ! c'est très
[bien.
Mais pourquoi parlez-vous de façon peu hâtive ?
Auriez-vous donc la goutte à l'imaginative[3] ?

CYRANO, *tirant Christian sous le balcon, et se glissant à sa place.*

Chut ! Cela devient trop difficile !

ROXANE.   Aujourd'hui

Vos mots sont hésitants. Pourquoi ?

CYRANO, *parlant à mi-voix, comme Christian.*   C'est qu'il fait nuit,

205   Dans cette ombre, à tâtons, ils cherchent votre oreille.

ROXANE.

Les miens n'éprouvent pas difficulté pareille.

---

1. Berceau suspendu. L'enfant Amour a pris pour berceau l'âme de Christian. Pour cette métaphore filée à la manière précieuse, cf. Marivaux, *Le Jeu de l'amour et du hasard* (II, 3) : Lisette : « — Votre amour ne saurait être bien fort ; ce n'est tout au plus qu'un amour naissant. Arlequin : — Vous vous trompez, prodige de nos jours ; un amour de votre façon ne reste pas longtemps au berceau ; votre premier coup d'œil a fait naître le mien, le second lui a donné des forces et le troisième l'a rendu grand garçon. » — 2. Cf. la légende d'Hercule enfant, qui étrangla les deux serpents envoyés par Junon. — 3. Expression imagée dans le style précieux. « L'imaginative » se disait pour « la faculté imaginative », l'imagination.

CYRANO.

> Ils trouvent tout de suite ? Oh ! cela va de soi,
> Puisque c'est dans mon cœur, eux, que je les reçoi ;
> Or, moi, j'ai le cœur grand, vous, l'oreille petite.
> D'ailleurs vos mots, à vous, descendent : ils vont vite.
> Les miens montent, madame : il leur faut plus de temps !

ROXANE.

> Mais ils montent bien mieux depuis quelques instants.

CYRANO.

> De cette gymnastique, ils ont pris l'habitude !

ROXANE.

> Je vous parle, en effet, d'une vraie altitude !

CYRANO.

> Certe, et vous me tueriez si de cette hauteur
> Vous me laissiez tomber un mot dur sur le cœur !

ROXANE, *avec un mouvement.*

> Je descends.

CYRANO, *vivement.* Non !

ROXANE, *lui montrant le banc qui est sous le balcon.*

> Grimpez sur le banc, alors, vite !

CYRANO, *reculant avec effroi dans la nuit.*

> Non !

ROXANE. Comment... non ?

CYRANO, *que l'émotion gagne de plus en plus.*

> Laissez un peu que l'on profite...
> De cette occasion qui s'offre... de pouvoir
> Se parler doucement, sans se voir.

ROXANE. Sans se voir ?

CYRANO.

> Mais oui, c'est adorable. On se devine à peine.
> Vous voyez la noirceur d'un long manteau qui traîne,
> J'aperçois la blancheur d'une robe d'été :
> Moi je ne suis qu'une ombre, et vous qu'une clarté !
> Vous ignorez pour moi ce que sont ces minutes !
> Si quelquefois je fus éloquent...

ROXANE. Vous le fûtes !

CYRANO.

> Mon langage jamais jusqu'ici n'est sorti
> De mon vrai cœur...

ROXANE.   Pourquoi ?

CYRANO.   Parce que... jusqu'ici
Je parlais à travers...

ROXANE.   Quoi ?

CYRANO.   ... le vertige où tremble
230   Quiconque est sous vos yeux !... Mais, ce soir, il me
                                        [semble...
Que je vais vous parler pour la première fois !

ROXANE.
C'est vrai que vous avez une tout autre voix.

CYRANO, *se rapprochant avec fièvre.*
Oui, tout autre, car dans la nuit qui me protège
J'ose être enfin moi-même, et j'ose...
                        Il s'arrête et avec égarement.
                              Où en étais-je ?
235   Je ne sais... tout ceci, — pardonnez mon émoi, —
C'est si délicieux,... c'est si nouveau pour moi !

ROXANE.
Si nouveau ?

CYRANO, *bouleversé, et essayant toujours de rattraper ses mots.*
                  Si nouveau... mais oui... d'être sincère :
La peur d'être raillé, toujours au cœur me serre...

ROXANE.
Raillé de quoi ?

CYRANO.   Mais de... d'un élan !... Oui mon cœur,
240   Toujours, de mon esprit s'habille, par pudeur :
Je pars pour décrocher l'étoile, et je m'arrête
Par peur du ridicule, à cueillir la fleurette[1] !

ROXANE.
La fleurette a du bon.

CYRANO.   Ce soir, dédaignons-la !

ROXANE.
Vous ne m'aviez jamais parlé comme cela !

CYRANO.
245   Ah ! si, loin des carquois, des torches et des flèches[2],

---

1. Ancêtre du mot « flirt » : de « conter fleurette », on passe à l'image de « cueillir ».
— 2. Images traditionnellement liées à l'évocation de l'amour : le carquois et les
flèches sont les armes de Cupidon ; et Éros enflamme les cœurs de sa torche. Cf.
La Fontaine (XII, 14) : « Tout est mystère dans l'amour, / Ses flèches, son carquois,
son flambeau, son enfance. »

On se sauvait un peu vers des choses... plus fraîches !
Au lieu de boire goutte à goutte, en un mignon
Dé à coudre d'or fin, l'eau fade du Lignon[1],
Si l'on tentait de voir comment l'âme s'abreuve
50   En buvant largement à même le grand fleuve[2] !

ROXANE.

Mais l'esprit ?...

CYRANO.   J'en ai fait pour vous faire rester
D'abord, mais maintenant ce serait insulter
Cette nuit, ces parfums, cette heure, la Nature,
Que de parler comme un billet doux de Voiture !
55   Laissons, d'un seul regard de ses astres, le ciel
Nous désarmer de tout notre artificiel :
Je crains tant que parmi notre alchimie exquise
Le vrai du sentiment ne se volatilise,
Que l'âme ne se vide à ces passe-temps vains,
60   Et que le fin du fin ne soit la fin des fins !

ROXANE.

Mais l'esprit ?...

CYRANO.   Je le hais dans l'amour ! C'est un crime,
Lorsqu'on aime, de trop prolonger cette escrime !
Le moment vient d'ailleurs inévitablement,
— Et je plains ceux pour qui ne vient pas ce moment ! —
65   Où nous sentons qu'en nous une[3] amour noble existe
Que chaque joli mot que nous disons rend triste !

ROXANE.

Eh bien ! si ce moment est venu pour nous deux,
Quels mots me direz-vous ?

CYRANO.   Tous ceux, tous ceux, tous
                           [ceux
Qui me viendront, je vais vous les jeter, en touffe,
70   Sans les mettre en bouquets : je vous aime, j'étouffe,
Je t'aime, je suis fou, je n'en peux plus, c'est trop ;
Ton nom est dans mon cœur comme dans un grelot[4],

---

1. La rivière (du Forez) où, dans *L'Astrée*, se jette Céladon. — 2. Dans un registre plus sévère, Alceste, dans *Le Misanthrope* (I, 2), donne ainsi son sentiment sur le parler précieux : « Ce style figuré, dont on fait vanité / Sort du bon caractère et de la vérité. » — 3. Au XVIe s., les savants avaient décidé que « amour » serait du genre masculin comme le latin *amor* ; mais l'usage restera indécis jusqu'au début du XVIIIe siècle ; l'Académie, en 1718, imposera le masculin. Le féminin subsistera au pluriel. — 4. Même image chez Victor Hugo, *Ruy Blas* (I, 3, v. 442) : « Moi, pauvre grelot vide où manque ce qui sonne. »

Et comme tout le temps, Roxane, je frissonne,
Tout le temps, le grelot s'agite, et le nom sonne !
275 De toi, je me souviens[1] de tout, j'ai tout aimé :
Je sais que l'an dernier, un jour, le douze mai,
Pour sortir le matin tu changeas de coiffure !
J'ai tellement pris pour clarté ta chevelure
Que comme lorsqu'on a trop fixé le soleil,
280 On voit sur toute chose ensuite un rond vermeil,
Sur tout, quand j'ai quitté les feux dont tu m'inondes,
Mon regard ébloui pose des taches blondes !

ROXANE, *d'une voix troublée.*
Oui, c'est bien de l'amour...

CYRANO.   Certes, ce sentiment
Qui m'envahit, terrible et jaloux, c'est vraiment
285 De l'amour, il en a toute la fureur[2] triste !
De l'amour, et pourtant il n'est pas égoïste !
Ah ! que pour ton bonheur je donnerais le mien,
Quand même tu devrais n'en savoir jamais rien,
S'il se pouvait, parfois, que de loin, j'entendisse
290 Rire un peu le bonheur né de mon sacrifice[3] !
Chaque regard de toi suscite une vertu
Nouvelle, une vaillance en moi ! Commences-tu
A comprendre, à présent ? Voyons, te rends-tu compte ?
Sens-tu mon âme, un peu, dans cette ombre, qui
[monte ?...
295 Oh ! mais vraiment, ce soir, c'est trop beau, c'est trop
[doux !
Je vous dis tout cela, vous m'écoutez, moi, vous !
C'est trop ! Dans mon espoir même le moins modeste[4]
Je n'ai jamais espéré tant ! Il ne me reste
Qu'à mourir maintenant ! C'est à cause des mots
300 Que je dis qu'elle tremble entre les bleus rameaux !
Car vous tremblez, comme une feuille entre les feuilles !
Car tu trembles ! car j'ai senti, que tu le veuilles
Ou non, le tremblement adoré de ta main
Descendre tout le long des branches du jasmin !
Il baise éperdument l'extrémité d'une branche pendante.

---

1. Mouvement semblable dans *Les Trois Mousquetaires* (chap. XII). Buckingham à la Reine : « Voulez-vous que je vous dise comment vous étiez vêtue la première fois que je vous vis ? » — 2. Au sens du latin *furor* : passion qui égare l'esprit. — 3. Quel sens Roxane peut-elle donner à ces vers ? — 4. On comparera avec l'aveu de Ruy Blas (III, 3, v. 1215-1220).

ROXANE.

405   Oui, je tremble, et je pleure, et je t'aime, et suis tienne !
      Et tu m'as enivrée !

CYRANO.   Alors, que la mort vienne !
      Cette ivresse, c'est moi, moi, qui l'ai su causer !
      Je ne demande plus qu'une chose...

CHRISTIAN, *sous le balcon.*   Un baiser !

ROXANE, *se rejetant en arrière.*
      Hein ?

CYRANO.   Oh !

ROXANE.   Vous demandez ?

CYRANO.   Oui... je...   *A Christian, bas.*
                                  Tu vas trop vite.

CHRISTIAN.

410   Puisqu'elle est si troublée, il faut que j'en profite !

CYRANO, *à Roxane.*
      Oui, je... j'ai demandé, c'est vrai... mais justes cieux !
      Je comprends que je fus bien trop audacieux.

ROXANE, *un peu déçue.*
      Vous n'insistez pas plus que cela ?

CYRANO.   Si ! j'insiste...
415   Sans insister !... Oui, oui ! votre pudeur s'attriste !
      Eh bien ! mais, ce baiser... ne me l'accordez pas !

• Scène 7. L'amour vainqueur

1. Étudiez le mouvement de la scène. Comment est-il lié à la psychologie de Roxane ?

2. a) Étudiez l'évolution des sentiments de Cyrano jusqu'au v. 243.
   b) Comment se manifeste son habileté du v. 244 au v. 266 ?

3. Le lyrisme de Cyrano.
   a) Comment et pourquoi est-il tout d'abord teinté de préciosité ?
   b) Comment évolue-t-il ? Pourquoi ?
   c) Comment les propos de Cyrano font-ils écho à sa situation particulière ? Étudiez cette ambiguïté dans la tirade du v. 283 au v. 304, et plus particulièrement du v. 287 au v. 299.

4. Comment expliquez-vous l'attitude de Cyrano du v. 311 au v. 318 ?

CHRISTIAN, à *Cyrano, le tirant par son manteau.*
     Pourquoi ?

CYRANO.   Tais-toi, Christian !

ROXANE, *se penchant.*   Que dites-vous tout bas ?

CYRANO.
     Mais d'être allé trop loin, moi-même je me gronde !
     Je me disais : tais-toi, Christian !...
                              Les théorbes se mettent à jouer.
                              Une seconde !...
     On vient !
     Roxane referme la fenêtre. Cyrano écoute les théorbes, dont l'un joue
un air folâtre et l'autre un air lugubre.
                         Air triste ? Air gai ?... Quel est donc leur des-
                                                      [sein ?
320   Est-ce un homme ? Une femme ? — Ah ! c'est un capucin !
     Entre un capucin qui va de maison en maison, une lanterne à la main,
regardant les portes.

SCÈNE VIII. — CYRANO, CHRISTIAN, UN CAPUCIN

CYRANO, *au capucin.*
     Quel est ce jeu renouvelé de Diogène[1] ?

LE CAPUCIN.
     Je cherche la maison de madame...

CHRISTIAN.   Il nous gêne !

LE CAPUCIN.
     Magdeleine Robin...

CHRISTIAN.   Que veut-il ?

CYRANO, *lui montrant une rue montante.*   Par ici !
     Tout droit, toujours tout droit

LE CAPUCIN.   Je vais pour vous ! — merci ! —
325   Dire mon chapelet jusqu'au grain majuscule[2].   *Il sort.*

CYRANO.
     Bonne chance ! Mes vœux suivent votre cuculle[3] !
                              Il redescend vers Christian.

---

1. Diogène (413-327) : philosophe grec de l'École cynique. On le rencontra dans les rues d'Athènes, portant en plein jour une lanterne à la main, et disant : « Je cherche un homme. » — 2. Le chapelet est composé essentiellement de cinq dizaines de petits grains, séparées l'une de l'autre par un gros grain. Sur chaque petit grain, le fidèle récite un « Je vous salue Marie » : le capucin dira donc dix fois cette prière. — 3. Votre capuchon.

SCÈNE IX. — CYRANO, CHRISTIAN

CHRISTIAN.
    Obtiens-moi ce baiser !

CYRANO.   Non.

CHRISTIAN.   Tôt ou tard...

CYRANO.   C'est vrai !
    Il viendra, ce moment de vertige enivré
    Où vos bouches iront l'une vers l'autre, à cause
330   De ta moustache blonde et de sa lèvre rose ! *A lui-même.*
    J'aime mieux que ce soit à cause de[1]...
    Bruit des volets qui se rouvrent. Christian se cache sous le balcon.

SCÈNE X. — CYRANO, CHRISTIAN, ROXANE

ROXANE, *s'avançant sur le balcon.*   C'est vous ?
    Nous parlions de... de... d'un...

CYRANO.   Baiser. Le mot est doux.
    Je ne vois pas pourquoi votre lèvre ne l'ose ;
    S'il la brûle déjà, que sera-ce la chose ?
335   Ne vous en faites pas un épouvantement !
    N'avez-vous pas tantôt, presque insensiblement,
    Quitté le badinage et glissé sans alarmes
    Du sourire au soupir, et du soupir aux larmes !
    Glissez encore un peu d'insensible façon :
340   Des larmes au baiser il n'y a qu'un frisson !

ROXANE.
    Taisez-vous.

CYRANO.   Un baiser, mais à tout prendre, qu'est-ce ?
    Un serment fait d'un peu plus près, une promesse
    Plus précise, un aveu qui veut se confirmer,
    Un point rose qu'on met sur l'i du verbe aimer ;
345   C'est un secret qui prend la bouche pour oreille,
    Un instant d'infini qui fait un bruit d'abeille,
    Une communion ayant un goût de fleur,
    Une façon d'un peu se respirer le cœur,
    Et d'un peu se goûter, au bord des lèvres, l'âme !

ROXANE.
350   Taisez-vous !

CYRANO.   Un baiser, c'est si noble, madame,
    Que la reine de France, au plus heureux des lords,

---

1. Que préfère-t-il ?

En a laissé prendre un, la reine même[1] !

ROXANE.   Alors !

CYRANO, *s'exaltant.*

J'eus comme Buckingham[1] des souffrances muettes,
J'adore comme lui la reine que vous êtes,
355   Comme lui je suis triste et fidèle...

ROXANE.   Et tu es

Beau comme lui !

CYRANO, *à part, dégrisé.*   C'est vrai, je suis beau, j'oubliais !

ROXANE.

Eh bien ! montez cueillir cette fleur sans pareille...

CYRANO, *poussant Christian vers le balcon.*

Monte !

ROXANE.   Ce goût de cœur...

CYRANO.   Monte !

ROXANE.   Ce bruit d'abeille...

CYRANO.

Monte !

CHRISTIAN, *hésitant.*

Mais il me semble, à présent, que c'est mal !

ROXANE.

360   Cet instant d'infini !...

CYRANO, *le poussant.*   Monte donc, animal !

Christian s'élance, et par le banc, le feuillage, les piliers, atteint les balustres qu'il enjambe.

CHRISTIAN.

Ah ! Roxane !...   *Il l'enlace et se penche sur ses lèvres.*

CYRANO.   Aïe ! au cœur, quel pincement bizarre !

Baiser, festin d'amour dont je suis le Lazare[2] !
Il me vient dans cette ombre une miette de toi,
Mais oui, je sens un peu mon cœur qui te reçoit,
365   Puisque sur cette lèvre où Roxane se leurre
Elle baise les mots que j'ai dits tout à l'heure !

On entend les théorbes.

---

1. Anne d'Autriche et Buckingham, dans *Les Trois Mousquetaires* (chap. XII).
A. Dumas est d'ailleurs plus nuancé et plus flou. Mais ce chapitre du roman a
visiblement inspiré Rostand. — 2. Cf. Évangiles, Luc, XVI, 19-31. Dans cette
parabole, Lazare est le pauvre « désireux de se rassasier de ce qui tombe de la table
du riche ».

« Baiser, festin d'amour dont je suis le Lazare ! »
Couverture de P.-A. Laurens pour les œuvres illustrées d'Edmond
Rostand (éd. Pierre Lafitte, 1910).
(Bibliothèque Nationale Paris. Ph. © Bibl. Nat. - Arch. Photeb.
© by SPADEM 1988.)

Un air triste, un air gai : le capucin !
Il feint de courir comme s'il arrivait de loin, et d'une voix claire.
Holà !

ROXANE.

Qu'est-ce ?

CYRANO.   Moi. Je passais... Christian est encor là ?

CHRISTIAN, *très étonné.*

Tiens, Cyrano !

ROXANE.   Bonjour, cousin !

CYRANO.   Bonjour, cousine !

ROXANE.

370   Je descends !
          Elle disparaît dans la maison. Au fond rentre le capucin.

CHRISTIAN, *l'apercevant.*

Oh ! encor !   *Il suit Roxane.*

● **Scènes 8, 9 et 10. Le baiser de Roxane**

Scènes 8 et 9

Deux scènes de liaison. Que faut-il avoir lu pour compléter le v. 331 ?

Scène 10

1. Du v. 332 au v. 355 : étudiez cette apologie du baiser prononcée
par Cyrano :
   a) de 332 à 340 : quel est son argument ?
   b) de 341 à 349 : tout en utilisant un style imagé proche de celui
des Précieux, Cyrano parle comme un poète de la fin du XIX⁰ siècle :
en quoi se montre-t-il à la fois précieux et romantique ici ?
   c) de 350 à 355 : comment le spectateur est-il plongé dans deux
siècles à la fois ?

2. Nous sommes ici à un sommet de la pièce : par-delà « l'invraisem-
blance » de la situation, qu'est-ce qui donne à cette scène sa vérité du
point de vue de Roxane ? de Cyrano ? et du point de vue du spectateur
(art de la mise en scène, poésie de l'heure, mythe du balcon depuis
Roméo et Juliette, etc.) ?

SCÈNE XI. — CYRANO, CHRISTIAN, ROXANE, LE CAPUCIN,
RAGUENEAU

LE CAPUCIN.   C'est ici, — je m'obstine —
Magdeleine Robin !

CYRANO.   Vous aviez dit : Ro-lin.

LE CAPUCIN.
Non : Bin. B, i, n, bin !

ROXANE, *paraissant sur le seuil de la maison, suivie de Ragueneau qui
porte une lanterne, et de Christian.* Qu'est-ce ?

LE CAPUCIN.   Une lettre.

CHRISTIAN.   Hein ?

LE CAPUCIN, *à Roxane.*
Oh ! il ne peut s'agir que d'une sainte chose !
C'est un digne seigneur qui...

ROXANE, *à Christian.*   C'est de Guiche !

CHRISTIAN.   Il ose ?...

ROXANE.
375   Oh ! mais il ne va pas m'importuner toujours !
                                        Décachetant la lettre.
Je t'aime, et si...
    A la lueur de la lanterne de Ragueneau, elle lit, à l'écart, à voix basse.
                « Mademoiselle,
                                Les tambours
Battent ; mon régiment boucle sa soubreveste[1] ;
Il part ; moi, l'on me croit déjà parti : je reste.
Je vous désobéis. Je suis dans ce couvent.
380   Je vais venir, et vous le mande auparavant
Par un religieux simple comme une chèvre
Qui ne peut rien comprendre à ceci. Votre lèvre
M'a trop souri tantôt : j'ai voulu la revoir.
Éloignez un chacun, et daignez recevoir
385   L'audacieux déjà pardonné, je l'espère,
Qui signe votre très... » et cætera.   *Au capucin.*
                Mon Père,
Voici ce que me dit cette lettre. Écoutez.
                        Tous se rapprochent, elle lit à haute voix.
                « Mademoiselle,
                        Il faut souscrire aux volontés
Du cardinal, si dur que cela vous puisse être.

---
1. Longue veste sans manches.

390   C'est la raison pourquoi j'ai fait choix, pour remettre
     Ces lignes en vos mains charmantes, d'un très saint,
     D'un très intelligent et discret capucin ;
     Nous voulons qu'il vous donne, et dans votre demeure,
     La bénédiction   *Elle tourne la page.*
                   nuptiale sur l'heure.
395   Christian doit en secret devenir votre époux ;
     Je vous l'envoie. Il vous déplaît. Résignez-vous.
     Songez bien que le ciel bénira votre zèle,
     Et tenez pour tout assuré, mademoiselle,
     Le respect de celui qui fut et qui sera
400   Toujours votre très humble et très... » et cætera.

LE CAPUCIN, *rayonnant.*
     Digne seigneur ! Je l'avais dit. J'étais sans crainte.
     Il ne pouvait s'agir que d'une chose sainte !

ROXANE, *bas à Christian.*
     N'est-ce pas que je lis très bien les lettres ?

CHRISTIAN.   Hum !

ROXANE, *haut, avec désespoir.*
     Ah ! c'est affreux !

LE CAPUCIN, *qui a dirigé sur Cyrano la clarté de sa lanterne.*
             C'est vous ?

CHRISTIAN.   C'est moi !

LE CAPUCIN, *tournant la lumière vers lui, et, comme si un doute lui venait, en voyant sa beauté.*   Mais...

ROXANE, *vivement.*   « Post-
                               [scriptum :
405   Donnez pour le couvent cent vingt pistoles. »

LE CAPUCIN.   Digne,
     Digne seigneur !   *A Roxane.*
             Résignez-vous !

ROXANE, *en martyre.*   Je me résigne !
     Pendant que Ragueneau ouvre la porte au capucin que Christian invite

---

• Scène 11. « Ce que femme veut... »

1. Pour la tradition théâtrale du changement de contenu de la missive, cf. Beaumarchais, *Le Barbier de Séville* (II, sc. 15). Citez le vers qui explique la décision de Roxane.

2. Qu'est-ce qui fait de ce capucin un personnage de comédie ?

à entrer, elle dit bas à Cyrano :

>   Vous, retenez ici de Guiche ! Il va venir !
>   Qu'il n'entre pas tant que...

CYRANO.   Compris !   *Au capucin.*
>   Pour les bénir

>   Il vous faut ?...

LE CAPUCIN.   Un quart d'heure.

CYRANO, *les poussant tous vers la maison.* Allez ! moi, je demeure !

ROXANE, *à Christian.*

410   Viens !   *Ils entrent.*

SCÈNE XII. — **CYRANO,** *seul.*

CYRANO.   Comment faire perdre à de Guiche un quart
>   [d'heure ?
>   *Il se précipite sur le banc, grimpe au mur, vers le balcon.*
>   Là !... Grimpons !... J'ai mon plan !
>   *Les théorbes se mettent à jouer une phrase lugubre.*
>   Ho ! c'est un homme !
>   *Le trémolo devient sinistre.*
>   [Ho ! ho !

>   Cette fois, c'en est un !...
>   *Il est sur le balcon, il rabaisse son feutre sur ses yeux, ôte son épée,*
>   *se drape dans sa cape, puis se penche et regarde au-dehors.*
>   Non, ce n'est pas trop haut !
>   *Il enjambe les balustres et attirant à lui la longue branche d'un des*
>   *arbres qui débordent le mur du jardin, il s'y accroche des deux mains,*
>   *prêt à se laisser tomber.*
>   Je vais légèrement troubler cette atmosphère !

SCÈNE XIII. — **CYRANO, DE GUICHE**

DE GUICHE, *qui entre, masqué, tâtonnant dans la nuit.*
>   Qu'est-ce que ce maudit capucin peut bien faire ?

CYRANO.

415   Diable ! et ma voix ?... S'il la reconnaissait ?
>   *Lâchant d'une main, il a l'air de tourner une invisible clef.*
>   Cric ! crac !
>   *Solennellement.*
>   Cyrano, reprenez l'accent de Bergerac !...

DE GUICHE, *regardant la maison.*
>   Oui, c'est là. J'y vois mal. Ce masque m'importune !
>   *Il va pour entrer. Cyrano saute du balcon en se tenant à la branche,*
>   *qui plie, et le dépose entre la porte et de Guiche ; il feint de tomber*

lourdement, comme si c'était de très haut, et s'aplatit par terre, où il
reste immobile, comme étourdi. De Guiche fait un bond en arrière.

    Hein ? quoi ?

Quand il lève les yeux, la branche s'est redressée ; il ne voit que le
ciel ; il ne comprend pas.

        D'où tombe donc cet homme ?

CYRANO, *se mettant sur son séant, et avec l'accent de Gascogne.*

                                        De la lune !

DE GUICHE.

    De la ?...

CYRANO, *d'une voix de rêve.*

        Quelle heure est-il ?

DE GUICHE.   N'a-t-il plus sa raison ?

CYRANO.

420   Quelle heure ? Quel pays ? Quel jour ? Quelle saison ?

DE GUICHE.

    Mais...

CYRANO.   Je suis étourdi !

DE GUICHE.   Monsieur...

CYRANO.   Comme une bombe

    Je tombe de la lune !

DE GUICHE, *impatienté.*   Ah çà ! Monsieur !

CYRANO, *se relevant, d'une voix terrible.*   J'en tombe !

DE GUICHE, *reculant.*

    Soit ! soit ! vous en tombez !... c'est peut-être un dément !

CYRANO, *marchant sur lui.*

    Et je n'en tombe pas métaphoriquement !...

DE GUICHE.

425   Mais...

CYRANO.   Il y a cent ans, ou bien une minute,
        — J'ignore tout à fait ce que dura ma chute ! —
    J'étais dans cette boule à couleur de safran[1] !

DE GUICHE, *haussant les épaules.*

    Oui... Laissez-moi passer !

CYRANO, *s'interposant.*   Où suis-je ? soyez franc !
    Ne me déguisez rien ! En quel lieu, dans quel site,

---

1. Cf. *États et Empires de la Lune* : « ... les diverses pensées que nous donna la
vue de cette boule de safran nous défrayèrent sur le chemin. »

430   Viens-je de choir, Monsieur, comme un aérolithe[1] ?

DE GUICHE.
         Morbleu !...

CYRANO.   Tout en cheyant je n'ai pu faire choix
         De mon point d'arrivée, — et j'ignore où je chois !
         Est-ce dans une lune ou bien dans une terre
         Que vient de m'entraîner le poids de mon postère[2] ?

DE GUICHE.
435   Mais je vous dis, Monsieur...

CYRANO, *avec un cri de terreur qui fait reculer de Guiche.*
                         Ah ! grand Dieu !... je crois
                                        [voir
         Qu'on a dans ce pays le visage tout noir !

DE GUICHE, *portant la main à son visage.*
         Comment ?

CYRANO, *avec une peur emphatique.*
                 Suis-je en Alger ? Êtes-vous indigène ?...

DE GUICHE, *qui a senti son masque.*
         Ce masque !...

CYRANO, *feignant de se rassurer un peu.*
                 Je suis donc dans Venise, ou dans Gêne ?

DE GUICHE, *voulant passer.*
         Une dame m'attend...

CYRANO, *complètement rassuré.* Je suis donc à Paris.

DE GUICHE, *souriant malgré lui.*
440   Le drôle est assez drôle !

CYRANO.   Ah ! vous riez ?

DE GUICHE.   Je ris,
         Mais veux passer !

CYRANO, *rayonnant.*   C'est à Paris que je retombe !
                 Tout à fait à son aise, riant, s'époussetant, saluant.
         J'arrive — excusez-moi ! — par la dernière trombe.
         Je suis un peu couvert d'éther. J'ai voyagé !
         J'ai les yeux tout remplis de poudre d'astres. J'ai
445   Aux éperons, encor, quelques poils de planète !
                         Cueillant quelque chose sur sa manche.
         Tenez, sur mon pourpoint, un cheveu de comète...

_____

1. Un aérolithe : une pierre tombée du ciel, une météorite. — 2. Terme du vocabulaire burlesque.

Il souffle comme pour le faire envoler.

DE GUICHE, *hors de lui.*

Monsieur !..

CYRANO, *au moment où il va passer, tend sa jambe comme pour y montrer quelque chose et l'arrête.*

Dans mon mollet je rapporte une dent
De la Grande Ourse, et comme, en frôlant le Trident,
Je voulais éviter une de ses trois lances,
450   Je suis allé tomber assis dans les Balances,
Dont l'aiguille, à présent, là-haut, marque mon poids !

Empêchant vivement de Guiche de passer et le prenant à un bouton du pourpoint.

Si vous serriez mon nez, Monsieur, entre vos doigts,
Il jaillirait du lait !

DE GUICHE.   Hein ? du lait ?...

CYRANO.   De la Voie

Lactée !

DE GUICHE.   Oh ! par l'enfer !

CYRANO.   C'est le ciel qui m'envoie !

Se croisant les bras.

455   Non ! Croiriez-vous, je viens de le voir en tombant,
Que Sirius, la nuit, s'affuble d'un turban ?

Confidentiel.

L'autre Ourse est trop petite encor pour qu'elle morde.

Riant.

J'ai traversé la Lyre en cassant une corde !

Superbe.

Mais je compte en un livre écrire tout ceci,
460   Et les étoiles d'or qu'en mon manteau roussi
Je viens de rapporter à mes périls et risques,
Quand on l'imprimera, serviront d'astérisques !

DE GUICHE.

A la parfin, je veux...

CYRANO.   Vous, je vous vois venir !

DE GUICHE.

Monsieur !

CYRANO.   Vous voudriez de ma bouche tenir
465   Comment la lune est faite, et si quelqu'un habite
Dans la rotondité de cette cucurbite[1] ?

---

1. Du latin *cucurbita*, courge.

DE GUICHE, *criant.*

Mais non ! Je veux...

CYRANO.   Savoir comment j'y suis monté ?
Ce fut par un moyen que j'avais inventé.

DE GUICHE, *découragé.*

C'est un fou !

CYRANO, *dédaigneux.* Je n'ai pas refait l'aigle stupide
470   De Regiomontanus[1], ni le pigeon timide
D'Archytas[2] !...

DE GUICHE.   C'est un fou, mais c'est un fou savant.

CYRANO.

Non, je n'imitai rien de ce qu'on fit avant !
*De Guiche a réussi à passer et il marche vers la porte de Roxane.
Cyrano le suit, prêt à l'empoigner.*

J'inventai six moyens[3] de violer l'azur vierge !

DE GUICHE, *se retournant.*

Six ?

CYRANO, *avec volubilité.*

Je pouvais, mettant mon corps nu comme un cierge,
475   Le caparaçonner de fioles de cristal
Toutes pleines des pleurs d'un ciel matutinal,
Et ma personne, alors, au soleil exposée,
L'astre l'aurait humée en humant la rosée !

DE GUICHE, *surpris et faisant un pas vers Cyrano.*

Tiens ! Oui, cela fait un !

CYRANO, *reculant pour l'entraîner de l'autre côté.*

Et je pouvais encor
480   Faire engouffrer du vent, pour prendre mon essor,
En raréfiant l'air dans un coffre de cèdre
Par des miroirs ardents, mis en icosaèdre[4] !

DE GUICHE, *fait encore un pas.*

Deux !

CYRANO, *reculant toujours.*

Ou bien, machiniste autant qu'artificier,

---

1. Nom latinisé, à la manière de la Renaissance, d'un astronome allemand (J. Müller) né près de Königsberg (1436-1476). Cet aigle est probablement une invention de Rostand. — 2. Philosophe pythagoricien : entre autres inventions, il construisit une colombe volante. — 3. Rostand a résumé ici les différentes tentatives de voyage dans la Lune que décrit Cyrano dans son *Histoire comique*. Cf. Documents pédagogiques, n° V. — 4. Corps solide limité par vingt faces planes.

« Ascension vers la Lune », gravure extraite de *L'Histoire comique des États et des Empires de la Lune*, de Savinien de Cyrano de Bergerac (1619-1655). (Bibliothèque Nationale, Paris. Ph. © Harlingue-Viollet - Arch. Photeb.)

Sur une sauterelle aux détentes d'acier,
485   Me faire, par des feux successifs de salpêtre,
Lancer dans les prés bleus où les astres vont paître !

DE GUICHE, *le suivant, sans s'en douter, et comptant sur ses doigts.*
Trois !

CYRANO.   Puisque la fumée a tendance à monter,
En souffler dans un globe assez pour m'emporter !

DE GUICHE, *même jeu, de plus en plus étonné.*
Quatre !

CYRANO.   Puisque Phœbé, quand son arc est le moindre[1],
490   Aime sucer, ô bœufs, votre moelle... m'en oindre !

DE GUICHE, *stupéfait.*
Cinq !

CYRANO, *qui, en parlant, l'a amené jusqu'à l'autre côté de la place près
d'un banc.*   Enfin, me plaçant sur un plateau de fer,
Prendre un morceau d'aimant et le lancer en l'air !
Ça, c'est un bon moyen : le fer se précipite,
Aussitôt que l'aimant s'envole, à sa poursuite ;
495   On relance l'aimant bien vite, et cadédis !
On peut monter ainsi indéfiniment.

DE GUICHE.   Six !
Mais voilà six moyens excellents ! Quel système
Choisîtes-vous des six, monsieur ?

CYRANO.   Un septième !

DE GUICHE.
Par exemple ! Et lequel ?

CYRANO.   Je vous le donne en cent !

DE GUICHE.
500   C'est que ce mâtin-là devient intéressant !

CYRANO, *faisant le bruit des vagues avec de grands gestes mystérieux.*
Houüh ! houüh !

DE GUICHE.   Eh bien !

CYRANO.   Vous devinez ?

DE GUICHE.   Non !

CYRANO.   La marée !...
A l'heure où l'onde par la lune est attirée,

---

1. « Puisque la lune, quand elle est dans son dernier quartier... »

Je me mis sur le sable — après un bain de mer —
Et la tête partant la première, mon cher,
505   — Car les cheveux, surtout, gardent l'eau dans leur
                                   [frange ! —
Je m'enlevai dans l'air, droit, tout droit, comme un ange.
Je montais, je montais doucement, sans efforts,
Quand je sentis un choc ! Alors...

DE GUICHE, *entraîné par la curiosité et s'asseyant sur le banc.*
                                    Alors ?

CYRANO.   Alors...
                           Reprenant sa voix naturelle.
Le quart d'heure est passé, monsieur, je vous délivre :
510   Le mariage est fait.

DE GUICHE, *se relevant d'un bond.*
                    Çà, voyons, je suis ivre !...
Cette voix ?
  La porte de la maison s'ouvre, des laquais paraissent portant des
candélabres allumés. Lumière. Cyrano ôte son chapeau au bord abaissé.
              Et ce nez !... Cyrano ?

CYRANO, *saluant.*   Cyrano.
    Ils viennent à l'instant d'échanger leur anneau.

DE GUICHE
    Qui cela ?

- ## Scènes 12 et 13. De la Terre à la Lune, ou les étonnements du comte de Guiche

1. On lira dans les Documents pédagogiques (n° V) comment Rostand s'est inspiré de l'œuvre du vrai Cyrano pour faire parler son personnage des divers moyens qu'il avait imaginés pour se rendre dans la Lune. En vous reportant à ces citations, vous apprécierez l'habileté de Rostand dans l'art du résumé.

2. Étudiez l'évolution de la scène 13 à travers les réactions du comte de Guiche ; pourquoi Rostand les a-t-il soulignées ?

3. Jeux de mots, poésie et humour du v. 442 au v. 462 : étudiez-les, et comparez avec *Le Satyre* de Victor Hugo (*La Légende des siècles*, XXII).

4. Comment cette évocation des « inventions » de l'écrivain Cyrano de Bergerac contribue-t-elle à donner une allure légendaire au personnage de Cyrano ?

Il se retourne. — Tableau. Derrière les laquais, Roxane et Christian se tiennent par la main. Le capucin les suit en souriant. Ragueneau élève aussi un flambeau. La duègne ferme la marche, ahurie, en petit saut de lit.   Ciel !

SCÈNE XIV. — **LES MÊMES, ROXANE, CHRISTIAN, LE CAPUCIN, RAGUENEAU, LAQUAIS, LA DUÈGNE**

DE GUICHE, *à Roxane.*   Vous ! *Reconnaissant Christian avec stupeur.*
                                    Lui ? *Saluant Roxane avec admiration.*
                                    Vous êtes des plus fines !
                                                    A Cyrano.

Mes compliments, Monsieur l'inventeur de machines :
Votre récit eût fait s'arrêter, au portail
Du paradis, un saint ! Notez-en le détail,
Car vraiment cela peut resservir dans un livre !

CYRANO, *s'inclinant.*

Monsieur, c'est un conseil que je m'engage à suivre.

LE CAPUCIN, *montrant les amants à de Guiche et hochant avec satisfaction sa grande barbe blanche.*

Un beau couple, mon fils, réuni là par vous !

DE GUICHE, *le regardant d'un œil glacé.*
        Oui.   *A Roxane.*
            Veuillez dire adieu, Madame, à votre époux.

ROXANE.

    Comment ?

DE GUICHE, *à Christian.*
                Le régiment déjà se met en route.
    Joignez-le !

ROXANE.   Pour aller à la guerre ?

DE GUICHE.   Sans doute !

ROXANE.

    Mais, Monsieur, les cadets n'y vont pas !

DE GUICHE.   Ils iront.
                Tirant le papier qu'il avait mis dans sa poche.
    Voici l'ordre.   *A Christian.*
            Courez le porter, vous, baron.

ROXANE, *se jetant dans les bras de Christian.*

    Christian !

DE GUICHE, *ricanant, à Cyrano.*
            La nuit de noce est encore lointaine !

CYRANO, *à part.*
> Dire qu'il croit me faire énormément de peine !

CHRISTIAN, *à Roxane.*
> Oh ! tes lèvres encore !

CYRANO.   Allons, voyons, assez !

CHRISTIAN, *continuant à embrasser Roxane.*
> C'est dur de la quitter... Tu ne sais pas...

CYRANO, *cherchant à l'entraîner.*   Je sais.
> *On entend au loin des tambours qui battent une marche.*

DE GUICHE, *qui est remonté au fond.*
> Le régiment qui part !

ROXANE, *à Cyrano, en retenant Christian qu'il essaie toujours d'entraîner.*   Oh !... je vous le confie !
530 > Promettez-moi que rien ne va mettre sa vie
> En danger !

CYRANO.   J'essaierai... mais ne peux cependant
> Promettre...

ROXANE, *même jeu.* Promettez qu'il sera très prudent !

CYRANO.
> Oui, je tâcherai, mais...

ROXANE, *même jeu.*   Qu'à ce siège terrible
> Il n'aura jamais froid !

CYRANO.   Je ferai mon possible.
535 > Mais...

ROXANE, *même jeu.*
> Qu'il sera fidèle !

CYRANO.   Eh oui ! sans doute, mais...

ROXANE, *même jeu.*
> Qu'il m'écrira souvent !

CYRANO, *s'arrêtant.*   Ça, je vous le promets !

RIDEAU

• **Scène 14**

1. Comment cette scène est-elle construite pour donner à Cyrano le mot de la fin ?

2. Qu'est-ce qui peut nous faire dire qu'à la fin de ce troisième acte « finit la comédie » ?

• Questions sur l'acte III

1. Résumez l'évolution de l'action dans cet acte.

2. Grâce à deux prouesses, Cyrano a fait avancer les affaires de Christian.

   a) Quelles qualités a-t-il révélées à ces deux occasions ?

   b) Précisez le paradoxe que constituent ses deux victoires — que vous distinguerez l'une de l'autre.

3. Les deux défaites de de Guiche : comment apparaît le personnage ?

4. Peut-on faire un portrait de Christian ?

5. La poésie de « l'invraisemblable » dans l'acte III.

6. Le comique dans l'acte III : tradition et invention.

QUATRIÈME ACTE

LES CADETS DE GASCOGNE

Le poste qu'occupe la compagnie de Carbon de Castel-Jaloux au siège d'Arras[1].

Au fond, talus traversant toute la scène. Au-delà s'aperçoit un horizon de plaine : le pays couvert de travaux de siège. Les murs d'Arras et la silhouette de ses toits sur le ciel, très loin.

Tentes ; armes éparses ; tambours, etc. — Le jour va se lever. Jaune Orient. — Sentinelles espacées. Feux.

Roulés dans leurs manteaux, les Cadets de Gascogne dorment. Carbon de Castel-Jaloux et Le Bret veillent. Ils sont très pâles et très maigris[2]. Christian dort, parmi les autres, dans sa cape, au premier plan, le visage éclairé par un feu. Silence.

SCÈNE PREMIÈRE. — **CHRISTIAN, CARBON DE CASTEL-JALOUX, LE BRET, LES CADETS,** *puis* **CYRANO**

LE BRET.

C'est affreux !

CARBON.   Oui. Plus rien.

LE BRET.   Mordious !

CARBON, *lui faisant signe de parler plus bas.*   Jure en sour-
                                                              [dine !

Tu vas les réveiller.   *Aux cadets.*

                    Chut ! Dormez !   *A Le Bret.*

                                        Qui dort dîne !

LE BRET.

Quand on a l'insomnie on trouve que c'est peu !
Quelle famine !   *On entend au loin quelques coups de feu.*

---

1. La ville était tenue par les Espagnols, qui occupaient aussi la campagne : les assiégeants — les Français — étaient donc « pris entre deux feux ». Le siège dura de juin à août 1640. Les Espagnols ayant réussi, à la fin du mois de juin, à couper les voies de ravitaillement des Français, ceux-ci durent tenter des percées : l'une, sur Bapaume, échoua ; l'autre, sur Doullens, réussit. — 2. Maigrir est à la fois intransitif (devenir maigre) et transitif (rendre maigre).

CARBON. Ah ! maugrébis[1] des coups de feu !
Ils vont me réveiller mes enfants[2] !

Aux cadets qui lèvent la tête.

Dormez !

On se recouche. Nouveaux coups de feu plus rapprochés.

UN CADET, *s'agitant.* Diantre !
Encore ?

CARBON. Ce n'est rien ! C'est Cyrano qui rentre !

Les têtes qui s'étaient relevées se recouchent.

UNE SENTINELLE, *au dehors.*
Ventrebieu ! qui va là ?

LA VOIX DE CYRANO. Bergerac !

LA SENTINELLE, *qui est sur le talus.* Ventrebieu !
Qui va là ?

CYRANO, *paraissant sur la crête.*
Bergerac, imbécile !

Il descend. Le Bret va au-devant de lui, inquiet.

LE BRET. Ah ! grand Dieu !

CYRANO, *lui faisant signe de ne réveiller personne.*
Chut !

LE BRET. Blessé ?

CYRANO. Tu sais bien qu'ils ont pris l'habitude
De me manquer tous les matins !

LE BRET. C'est un peu rude,
Pour porter une lettre, à chaque jour levant,
De risquer...

CYRANO, *s'arrêtant devant Christian.*
J'ai promis qu'il écrirait souvent !

Il le regarde.

Il dort. Il est pâli. Si la pauvre petite
Savait qu'il meurt de faim. Mais toujours beau !

LE BRET. Va vite
Dormir !

CYRANO. Ne grogne pas, Le Bret ! Sache ceci :

---

1. De « maugrebleu » (malgré Dieu), sorte de juron. — 2. L'appellation de « père du régiment » était attribuée traditionnellement au colonel. Rostand s'inspire probablement des *Trois Mousquetaires*, chap. III : « Que voulez-vous ! un capitaine n'est rien qu'un père de famille chargé d'une plus grande responsabilité qu'un père de famille ordinaire. »

> Pour traverser les rangs espagnols, j'ai choisi
> Un endroit où je sais, chaque nuit, qu'ils sont ivres.

LE BRET.

> Tu devrais bien un jour nous rapporter des vivres.

CYRANO.

> Il faut être léger pour passer ! Mais je sais
> 20   Qu'il y aura ce soir du nouveau. Les Français
> Mangeront ou mourront, si j'ai bien vu...

LE BRET.   Raconte !

CYRANO.

> Non. Je ne suis pas sûr... vous verrez !...

CARBON.   Quelle honte,
> Lorsqu'on est assiégeant, d'être affamé !

LE BRET.   Hélas !
> Rien de plus compliqué que ce siège d'Arras :
> 25   Nous assiégeons Arras ; nous-mêmes, pris au piège,
> Le cardinal infant¹ d'Espagne nous assiège...

CYRANO.

> Quelqu'un devrait venir l'assiéger à son tour.

LE BRET.

> Je ne ris pas.

CYRANO.   Oh ! oh !

LE BRET.   Penser que chaque jour
> Vous risquez une vie, ingrat, comme la vôtre,
> 30   Pour porter...   *Le voyant qui se dirige vers une tente.*
> Où vas-tu ?

CYRANO.   J'en vais écrire une autre.
>   *Il soulève la toile et disparaît.*

SCÈNE II. — LES MÊMES, *moins* CYRANO

Le jour s'est un peu levé. Lueurs roses. La ville d'Arras se dore à l'horizon. On entend un coup de canon immédiatement suivi d'une batterie de tambours, très au loin, vers la gauche. D'autres tambours battent plus près. Les batteries vont se répondant, et se rapprochant, éclatent presque en scène et s'éloignent vers la droite, parcourant le camp. Rumeurs de réveil. Voix lointaines d'officiers.

---

1. Ferdinand d'Espagne (1609-1641), troisième fils du roi Philippe III. Cardinal en 1619, il fut gouverneur des Pays-Bas en 1634 ; c'est lui qui menaça Corbie en 1636. A partir de 1640, il dut abandonner peu à peu l'Artois.

CARBON, *avec un soupir.*
>   La diane[1] ! Hélas !
>   *Les cadets s'agitent dans leurs manteaux, s'étirent.*
>   Sommeil succulent, tu prends fin !
>   Je sais trop quel sera leur premier cri !

UN CADET, *se mettant sur son séant,*   J'ai faim !

UN AUTRE.
>   Je meurs !

TOUS.   Oh !

CARBON.   Levez-vous !

TROISIÈME CADET.   Plus un pas !

QUATRIÈME CADET.   Plus un geste !

LE PREMIER, *se regardant dans un morceau de cuirasse.*
>   Ma langue est jaune : l'air du temps est indigeste !

35 **UN AUTRE.**
>   Mon tortil de baron pour un peu de Chester[2] !

UN AUTRE.
>   Moi, si l'on ne veut pas fournir à mon gaster
>   De quoi m'élaborer une pinte de chyle[3],
>   Je me retire sous ma tente, comme Achille !

UN AUTRE.
>   Oui, du pain !

CARBON, *allant à la tente où est entré Cyrano, à mi-voix.*
>   Cyrano !

D'AUTRES.   Nous mourons !

CARBON, *toujours à mi-voix, à la porte de la tente.* Au secours !
40 >   Toi qui sais si gaiement leur répliquer toujours,
>   Viens les ragaillardir !

DEUXIÈME CADET, *se précipitant vers le premier qui mâchonne quelque chose.*   Qu'est-ce que tu grignotes ?

LE PREMIER.
>   De l'étoupe[4] à canon que dans les bourguignotes[5]
>   On fait frire en la graisse à graisser les moyeux.
>   Les environs d'Arras sont très peu giboyeux !

---

1. Batterie de tambours (ou sonnerie) qui réveille une troupe. — 2. Cf. Shakespeare, *Richard III* (V, 4) : « Un cheval, mon royaume pour un cheval » : exclamation de Richard, désarçonné et réclamant une nouvelle monture, à la fin de la bataille de Bosworth. — 3. Suc intestinal. La pinte est une ancienne mesure de capacité. — 4. Mèche qu'on introduisait dans le canon pour mettre le feu à la charge. — 5. Casque sans visière créé au XVe siècle pour les Bourguignons.

UN AUTRE, *entrant.*

45   Moi, je viens de chasser !

UN AUTRE, *même jeu.*   J'ai pêché dans la Scarpe !

TOUS, *debout, se ruant sur les deux nouveaux venus.*

        Quoi ? — Que rapportez-vous ? — Un faisan ? — Une
                                                    [carpe ?

        — Vite, vite, montrez !

LE PÊCHEUR.   Un goujon !

LE CHASSEUR.   Un moineau !

TOUS, *exaspérés.*

        Assez ! — Révoltons-nous !

CARBON.   Au secours, Cyrano !
                            Il fait maintenant tout à fait jour.

SCÈNE III. — **LES MÊMES, CYRANO**

CYRANO, *sortant de sa tente, tranquille, une plume à l'oreille, un livre
à la main.*

        Hein ?   *Silence. Au premier cadet.*
            Pourquoi t'en vas-tu, toi, de ce pas qui traîne ?

LE CADET.

50   J'ai quelque chose, dans les talons, qui me gêne !...

CYRANO.

        Et quoi donc ?

LE CADET.   L'estomac !

CYRANO.   Moi de même, pardi !

LE CADET.

        Cela doit te gêner ?

CYRANO.   Non, cela me grandit.

DEUXIÈME CADET.

        J'ai les dents longues !

CYRANO.   Tu n'en mordras que plus large.

UN TROISIÈME.

        Mon ventre sonne creux !

CYRANO.   Nous y battrons la charge.

UN AUTRE.

55   Dans les oreilles, moi, j'ai des bourdonnements.

CYRANO.

        Non, non ; ventre affamé, pas d'oreilles : tu mens !

UN AUTRE.

Oh ! manger quelque chose, à l'huile !

CYRANO, *le décoiffant et lui mettant son casque dans la main.*

Ta salade[1].

UN AUTRE.

Qu'est-ce qu'on pourrait bien dévorer ?

CYRANO, *lui jetant le livre qu'il tient à la main.*   L'*Iliade*.

UN AUTRE.

Le ministre, à Paris, fait ses quatre[2] repas !

CYRANO.

60   Il devrait t'envoyer du perdreau ?

LE MÊME.   Pourquoi pas ?

Et du vin !

CYRANO.   Richelieu, du bourgogne, *if you please ?*

LE MÊME.

Par quelque capucin !

CYRANO.   L'Éminence[3] qui grise ?

UN AUTRE.

J'ai des faims d'ogre !

CYRANO.   Eh bien ! tu croques le marmot[4] !

LE PREMIER CADET, *haussant les épaules.*

Toujours le mot, la pointe !

CYRANO.   Oui, la pointe[5], le mot !

65   Et je voudrais mourir, un soir, sous un ciel rose,
En faisant un bon mot, pour une belle cause !
Oh ! frappé par la seule arme noble qui soit,
Et par un ennemi qu'on sait digne de soi,

---

1. Casque clos à visière mobile. — 2. Cf. Molière, *Le Mariage forcé*, sc. I :
Sganarelle : « Ne fais-je pas vigoureusement mes quatre repas par jour ? » — 3. Le
Père Joseph était surnommé l'Éminence grise. — 4. Allusion à l'expression familière,
qui signifie « attendre ». Elle a peut-être son origine dans le heurtoir des portes,
sur lequel était souvent représentée une figure grotesque. — 5. Cf. le titre d'une
œuvre assez brève de Cyrano, *Les Entretiens pointus* : il s'agit d'un recueil de bons
mots. Dans la préface, Cyrano fait une sorte de théorie du jeu de mots : « La pointe
est l'agréable jeu de l'esprit, et merveilleux en ce point qu'il réduit toutes choses
sur le pied nécessaire à ses agréments, sans avoir égard à leur propre substance. »
Et plus loin : « Toujours on a bien fait pourvu qu'on ait bien dit ; on ne pèse pas
les choses ; pourvu qu'elles brillent, il n'importe. »

Sur un gazon de gloire et loin d'un lit de fièvres,
70   Tomber la pointe au cœur en même temps qu'aux lèvres !

CRIS DE TOUS.
        J'ai faim !

CYRANO, *se croisant les bras.*
                        Ah çà ! mais vous ne pensez qu'à manger ?
Approche, Bertrandou le fifre, ancien berger ;
Du double étui de cuir tire l'un de tes fifres,
Souffle, et joue à ce tas de goinfres et de piffres[1]
75   Ces vieux airs du pays, au doux rythme obsesseur,
Dont chaque note est comme une petite sœur,
Dans lesquels restent pris des sons de voix aimées,
Ces airs dont la lenteur est celle des fumées
Que le hameau natal exhale de ses toits,
80   Ces airs dont la musique a l'air d'être en patois !
                        Le vieux s'assied et prépare son fifre.
Que la flûte, aujourd'hui, guerrière qui s'afflige,
Se souvienne un moment, pendant que sur sa tige
Tes doigts semblent danser un menuet d'oiseau,
Qu'avant d'être d'ébène, elle fut de roseau[2] ;
85   Que sa chanson l'étonne, et qu'elle y reconnaisse
L'âme de sa rustique et paisible jeunesse !
                        Le vieux commence à jouer des airs languedociens.
Écoutez, les Gascons... Ce n'est plus, sous ses doigts,
Le fifre aigu des camps, c'est la flûte des bois !
Ce n'est plus le sifflet du combat, sous ses lèvres,
90   C'est le lent galoubet[3] de nos meneurs de chèvres !
Écoutez... C'est le val, la lande, la forêt,
Le petit pâtre brun sous son rouge béret,
C'est la verte douceur des soirs sur la Dordogne,
Écoutez, les Gascons : c'est toute la Gascogne !
        Toutes les têtes se sont inclinées ; — tous les yeux rêvent ; — et des
larmes sont furtivement essuyées, avec un revers de manche, un coin de
manteau.

CARBON, *à Cyrano, bas.*
95   Mais tu les fais pleurer !

CYRANO.   De nostalgie ! Un mal
        Plus noble que la faim ! pas physique : moral !

---

1. Vieux mot attesté au XVIIe siècle : glouton, gourmand. Cf. « s'empiffrer ». —
2. La flûte champêtre. — 3. Flûte droite à trois trous répandue en Provence et en
Languedoc. Le tambourinaire en joue tout en battant sa caisse avec une baguette.

J'aime que leur souffrance ait changé de viscère,
Et que ce soit leur cœur, maintenant, qui se serre !

CARBON.

Tu vas les affaiblir en les attendrissant !

CYRANO, *qui a fait signe au tambour d'approcher.*

100   Laisse donc ! Les héros qu'ils portent dans leur sang
Sont vite réveillés ! Il suffit...

Il fait un geste. Le tambour roule.

TOUS, *se levant et se précipitant sur leurs armes.*

Hein ?... Quoi ?... Qu'est-ce ?

CYRANO, *souriant.*

Tu vois, il a suffi d'un roulement de caisse !
Adieu rêves, regrets, vieille province, amour...
Ce qui du fifre vient s'en va par le tambour[1] !

UN CADET, *qui regarde au fond.*

105   Ah ! Ah ! Voici monsieur de Guiche !

TOUS LES CADETS, *murmurant.*   Hou...

CYRANO, *souriant.*   Murmure

Flatteur !

UN CADET.   Il nous ennuie !

UN AUTRE.   Avec, sur son armure,
Son grand col de dentelle, il vient faire le fier !

UN AUTRE.

Comme si l'on portait du linge sur du fer !

LE PREMIER.

C'est bon lorsque à son cou l'on a quelque furoncle !

LE DEUXIÈME.

110   Encore un courtisan !

UN AUTRE.   Le neveu de son oncle !

CARBON.

C'est un Gascon pourtant !

LE PREMIER.   Un faux !... Méfiez-vous !
Parce que, les Gascons... ils doivent être fous :
Rien de plus dangereux qu'un Gascon raisonnable.

---

1. Littré cite le proverbe : « Ce qui vient de la flûte s'en retourne au tambour »,
et le glose ainsi : « Le bien mal acquis (ou acquis trop facilement) se dissipe de
même — ce qu'on a gagné en jouant de la flûte se dépensant à faire jouer le
tambour. » L'interprétation de Rostand est différente, mais il s'amuse ici à mettre
en scène... un proverbe.

LE BRET.

Il est pâle !

UN AUTRE.   Il a faim... autant qu'un pauvre diable !

115   Mais comme sa cuirasse a des clous de vermeil,

Sa crampe d'estomac étincelle au soleil !

CYRANO, *vivement.*

N'ayons pas l'air non plus de souffrir ! Vous, vos cartes,

Vos pipes et vos dés...

Tous rapidement se mettent à jouer sur des tambours, sur des escabeaux et par terre, sur leurs manteaux, et ils allument de longues pipes de pétun. Et moi, je lis Descartes[1].

Il se promène de long en large et lit dans un petit livre qu'il a tiré de sa poche. — Tableau. — De Guiche entre. Tout le monde a l'air absorbé et content. Il est très pâle. Il va vers Carbon.

SCÈNE IV. — LES MÊMES, DE GUICHE

DE GUICHE, *à Carbon.*

Ah ! Bonjour !

Ils s'observent tous les deux. A part, avec satisfaction.
Il est vert.

CARBON, *de même.*   Il n'a plus que les yeux.

DE GUICHE, *regardant les cadets.*

120   Voici donc les mauvaises têtes ? Oui, Messieurs,

Il me revient de tous côtés qu'on me brocarde

Chez vous, que les cadets, noblesse montagnarde,

Hobereaux béarnais, barons périgourdins,

N'ont pour leur colonel pas assez de dédains,

125   M'appellent intrigant, courtisan, qu'il les gêne

De voir sur ma cuirasse un col en point de Gêne,

Et qu'ils ne cessent pas de s'indigner entre eux

Qu'on puisse être Gascon et ne pas être gueux !

Silence. On joue. On fume.

Vous ferai-je punir par votre capitaine ?

130   Non.

CARBON.   D'ailleurs, je suis libre et n'inflige de peine...

DE GUICHE.

Ah ?

---

1. Descartes est connu à l'époque pour son *Discours de la méthode* (1637). Cyrano fait son éloge dans les *États et Empires du Soleil.* Cf. Documents pédagogiques, n° IV.

CARBON.   J'ai payé ma compagnie, elle est à moi.
Je n'obéis qu'aux ordres de guerre.

DE GUICHE.   Ah ?... Ma foi !
Cela suffit.   *S'adressant aux cadets.*
                Je peux mépriser vos bravades.
On connaît ma façon d'aller aux mousquetades ;
135   Hier, à Bapaume[1], on vit la furie avec quoi[2]
J'ai fait lâcher le pied au comte de Bucquoi ;
Ramenant sur ses gens les miens en avalanche,
J'ai chargé par trois fois !

CYRANO, *sans lever le nez de son livre.*
                Et votre écharpe blanche ?

DE GUICHE, *surpris et satisfait.*
Vous savez ce détail ? En effet, il advint,
140   Durant que je faisais ma caracole[3] afin
De rassembler mes gens pour la troisième charge,
Qu'un remous de fuyards m'entraîna sur la marge
Des ennemis ; j'étais en danger qu'on me prît
Et qu'on m'arquebusât, quand j'eus le bon esprit
145   De dénouer et de laisser couler à terre
L'écharpe qui disait mon grade militaire ;
En sorte que je pus, sans attirer les yeux,
Quitter les Espagnols, et revenant sur eux,
Suivi de tous les miens réconfortés, les battre !
150   Eh bien ! que dites-vous de ce trait ?
Les cadets n'ont pas l'air d'écouter ; mais ici les cartes et les cornets à dés restent en l'air, la fumée des pipes demeure dans les joues : attente.

CYRANO.   Qu'Henri Quatre
N'eût jamais consenti, le nombre l'accablant,
A se diminuer de son panache blanc.
Joie silencieuse. Les cartes s'abattent. Les dés tombent. La fumée s'échappe.

DE GUICHE.
L'adresse a réussi, cependant !
                    Même attente suspendant les jeux et les pipes.

___

1. Ce combat, où les Français se heurtèrent aux troupes du comte de Bucquoy, ne leur permit pas de desserrer le blocus. L'épisode de l'écharpe est historique : il est raconté, dans ses *Mémoires,* par de Guiche, duc de Gramont. — 2. Dans la langue classique et jusqu'à nos jours, « quoi » peut être pronom relatif à la place de « lequel, laquelle ». — 3. Mouvement de cavalerie, en usage du XVIᵉ au XVIIIᵉ siècle, organisé pour utiliser à cheval l'arme à feu.

CYRANO.   C'est possible.

    Mais on n'abdique pas l'honneur d'être une cible.

Cartes, dés, fumées s'abattent, tombent, s'envolent avec une satisfaction croissante.

155   Si j'eusse été présent quand l'écharpe coula

    — Nos courages, monsieur, diffèrent en cela —

    Je l'aurais ramassée et me la serais mise.

DE GUICHE.

    Oui, vantardise, encor, de Gascon !

CYRANO.   Vantardise ?

    Prêtez-la-moi. Je m'offre à monter, dès ce soir,

160   A l'assaut, le premier, avec elle en sautoir.

DE GUICHE.

    Offre encor de Gascon ! Vous savez que l'écharpe

    Resta chez l'ennemi, sur les bords de la Scarpe,

    En un lieu que depuis la mitraille cribla,

    Où nul ne peut aller la chercher !

CYRANO, *tirant de sa poche l'écharpe blanche et la lui tendant.*

                La voilà.

Silence. Les cadets étouffent leurs rires dans les cartes et dans les cornets à dés. De Guiche se retourne, les regarde : immédiatement ils reprennent leur gravité, leurs jeux ; l'un d'eux sifflote avec indifférence l'air montagnard joué par le fifre.

DE GUICHE, *prenant l'écharpe.*

165   Merci. Je vais, avec ce bout d'étoffe claire,

    Pouvoir faire un signal... que j'hésitais à faire.

    Il va au talus, y grimpe, et agite plusieurs fois l'écharpe en l'air.

TOUS. Hein !

LA SENTINELLE, *en haut du talus.*

           Cet homme, là-bas, qui se sauve en courant !...

DE GUICHE, *redescendant.*

    C'est un faux espion espagnol. Il nous rend

    De grands services. Les renseignements qu'il porte

170   Aux ennemis sont ceux que je lui donne, en sorte

    Que l'on peut influer sur leurs décisions.

CYRANO.

    C'est un gredin !

DE GUICHE, *se nouant nonchalamment son écharpe.*

            C'est très commode. Nous disions ?...

    Ah !... J'allais vous apprendre un fait. Cette nuit même,

La voilà.

CYRANO (Jean Piat), DE GUICHE (Georges Descrières).
Comédie-Française, 1964.
(Ph. © Agence Bernand - Photeb.)

Pour nous ravitailler tentant un coup suprême,
175   Le maréchal s'en fut vers Dourlens[1], sans tambours ;
Les vivandiers du Roi sont là ; par les labours
Il les joindra ; mais pour revenir sans encombre,
Il a pris avec lui des troupes en tel nombre
Que l'on aurait beau jeu, certe, en nous attaquant :
180   La moitié de l'armée est absente du camp !

CARBON.

Oui, si les Espagnols savaient, ce serait grave.
Mais ils ne savent pas ce départ ?

DE GUICHE.   Ils le savent.
Ils vont nous attaquer.

CARBON.   Ah !

DE GUICHE.   Mon faux espion
M'est venu prévenir de leur agression.
185   Il ajouta : « J'en peux déterminer la place ;
Sur quel point voulez-vous que l'attaque se fasse ?
Je dirai que de tous c'est le moins défendu,
Et l'effort portera sur lui. » J'ai répondu :
« C'est bon. Sortez du camp. Suivez des yeux la ligne :
190   Ce sera sur le point d'où je vous ferai signe. »

CARBON, *aux cadets.*

Messieurs, préparez-vous !
     Tous se lèvent. Bruit d'épées et de ceinturons qu'on boucle.

DE GUICHE.   C'est dans une heure.

PREMIER CADET.   Ah !...
                             [bien !...
   Ils se rasseyent tous. On reprend la partie interrompue.

DE GUICHE, *à Carbon.*

Il faut gagner du temps. Le maréchal revient.

CARBON.

Et pour gagner du temps ?

DE GUICHE.   Vous aurez l'obligeance
De vous faire tuer.

CYRANO.   Ah ! voilà la vengeance ?

DE GUICHE.

195   Je ne prétendrai pas que si je vous aimais
Je vous eusse choisis vous et les vôtres, mais,

---

1. Ou Doullens, où s'effectua la sortie victorieuse des Français.

Comme à votre bravoure on n'en compare aucune,
C'est mon Roi que je sers en servant ma rancune.

CYRANO, *saluant.*

Souffrez que je vous sois, monsieur, reconnaissant.

DE GUICHE, *saluant.*

Je sais que vous aimez vous battre un contre cent.
Vous ne vous plaindrez pas de manquer de besogne.

> *Il remonte, avec Carbon.*

CYRANO, *aux cadets.*

Eh bien donc ! nous allons au blason de Gascogne,
Qui porte six chevrons[1], messieurs, d'azur et d'or,
Joindre un chevron de sang qui lui manquait encor !

De Guiche cause bas avec Carbon de Castel-Jaloux, au fond. On donne des ordres. La résistance se prépare. Cyrano va vers Christian qui est resté immobile, les bras croisés.

CYRANO, *lui mettant la main sur l'épaule.*

Christian ?

CHRISTIAN, *secouant la tête.*

Roxane !

CYRANO.   Hélas !

CHRISTIAN.   Au moins, je voudrais mettre
Tout l'adieu de mon cœur dans une belle lettre !

CYRANO.

Je me doutais que ce serait pour aujourd'hui.

> *Il tire un billet de son pourpoint.*

Et j'ai fait tes adieux.

CHRISTIAN.   Montre !

CYRANO.   Tu veux ?

CHRISTIAN, *lui prenant la lettre.*   Mais oui !

> *Il l'ouvre, lit et s'arrête.*

Tiens !...

CYRANO.   Quoi ?

CHRISTIAN.   Ce petit rond ?

CYRANO, *reprenant la lettre vivement, et regardant d'un air naïf.*

Un rond ?

CHRISTIAN.   C'est une larme !

---

1. En héraldique, pièce en forme de V. L'azur est une des cinq « couleurs » du blason, l'or un des deux « métaux ».

CYRANO.

210   Oui... Poète, on se prend à son jeu, c'est le charme !
             Tu comprends... ce billet, c'était très émouvant :
             Je me suis fait pleurer moi-même en l'écrivant.

CHRISTIAN.

             Pleurer ?...

CYRANO.   Oui... parce que... mourir n'est pas terrible...
             Mais... ne plus la revoir jamais... voilà l'horrible !

215   Car enfin je ne la...   *Christian le regarde.*
                       nous ne la...   *Vivement.*
                                 tu ne la...

CHRISTIAN, *lui arrachant la lettre.*

             Donne-moi ce billet !
                       On entend une rumeur, au loin, dans le camp.

LA VOIX D'UNE SENTINELLE. Ventrebieu, qui va là ?
                       Coups de feu. Bruits de voix. Grelots.

- **Scènes 1, 2, 3, 4. Le panache**

  Scène 1

  1. Quelle impression créent les courtes répliques de la scène ?

  2. Qu'apprenons-nous sur la situation ?

  3. Cyrano soldat.

  Scène 2

  Précisez le thème et le ton de cette scène. Comment appelle-t-on ce genre d'humour ?

  Scène 3

  1. Étudiez le mouvement de la scène.

  2. Les calembours de Cyrano : comment sont-ils adaptés à la situation ?

  3. a) L'apologie de la pointe (v. 64 à 70) : le vrai Cyrano était un spécialiste de ces traits d'esprit : cf. note 5 p. 155. Mais à quelle idée est associé ici le thème de la pointe ? Qu'ajoute de nouveau le Cyrano de Rostand ?

     b) Si l'on se souvient du conseil donné par Verlaine dans son *Art poétique* (écrit en 1874 et publié en 1882) : « Fuis du plus loin la pointe assassine », quelle conception de la poésie peut-on prêter à Rostand ?

CARBON.

Qu'est-ce ?...

LA SENTINELLE, *qui est sur le talus.*
                    Un carrosse !   *On se précipite pour voir.*

CRIS.   Quoi ! Dans le camp ? — Il y
                                                    [entre !
— Il a l'air de venir de chez l'ennemi ! — Diantre !
Tirez ! — Non ! Le cocher a crié ! — Crié quoi ? —
Il a crié : Service du Roi !
Tout le monde est sur le talus et regarde au dehors. Les grelots se
rapprochent.

DE GUICHE.   Hein ? Du Roi !...
                              On redescend, on s'aligne.

CARBON.

Chapeau bas, tous !

DE GUICHE, *à la cantonade.* Du Roi ! — Rangez-vous, vile tourbe,
          Pour qu'il puisse décrire avec pompe sa courbe !
Le carrosse entre au grand trot. Il est couvert de boue et de poussière.
Les rideaux sont tirés. Deux laquais derrière. Il s'arrête net.

---

4. Du v. 71 au v. 94 :
    a) Comment est organisé le mouvement de ce morceau ?
    b) Quelles sont ses qualités ? Relevez les vers les plus suggestifs.
    c) L'épouse de Rostand, Rosemonde Gérard, avait intitulé son premier recueil de poèmes *Les Pipeaux*... Connaissez-vous d'autres textes où le thème de la flûte est lié à celui de la poésie ?
5. v. 104 : le jeu de mots a été longuement préparé : est-il excellent ?
6. Qu'est-ce, au théâtre, qu'un « proverbe » ?

Scène 4

1. Composition de la scène.
    a) Étudiez-en les différents mouvements.
    b) En quoi contient-elle une sorte de synthèse des rôles de Cyrano ?
2. v. 155 à 164 : soulignez les deux conceptions différentes de la guerre, du service, de l'honneur.
3. Résumez clairement les v. 165 à 190. Quelle est leur importance pour la suite de l'action ?
4. Quelle nouveauté y a-t-il ici dans le rôle de Christian ?
5. Quel trait de caractère Roxane affirme-t-elle ici ? Y a-t-il des femmes d'action à son époque ? A quelle image de la guerre au Grand Siècle cette arrivée se réfère-t-elle ?

CARBON, *criant.*

    Battez aux champs[1] !

           Roulement de tambours. Tous les cadets se découvrent.

DE GUICHE.   Baissez le marchepied !

           Deux hommes se précipitent. La portière s'ouvre.

ROXANE, *sautant du carrosse.*   Bonjour !

   Le son d'une voix de femme relève d'un seul coup tout ce monde
profondément incliné. — Stupeur.

SCÈNE V. — **LES MÊMES, ROXANE**

DE GUICHE.

    Service du Roi ! Vous ?

ROXANE.   Mais du seul roi, l'Amour !

CYRANO.

225   Ah ! grand Dieu !

CHRISTIAN, *s'élançant.*   Vous ! Pourquoi ?

ROXANE.   C'était trop long, ce
                                      [siège !

CHRISTIAN.

    Pourquoi ?...

ROXANE.   Je te dirai !

CYRANO, *qui, au son de sa voix, est resté cloué immobile, sans oser*
tourner les yeux vers elle.   Dieu ! La regarderai-je ?

DE GUICHE.

    Vous ne pouvez rester ici !

ROXANE, *gaiement.*   Mais si ! mais si !

    Voulez-vous m'avancer un tambour ?...

           Elle s'assied sur un tambour qu'on avance.

                     Là, merci !   *Elle rit.*

    On a tiré sur mon carrosse !   *Fièrement.*

                   Une patrouille !

230   Il a l'air d'être fait avec une citrouille,

    N'est-ce pas ? comme dans le conte, et les laquais

    Avec des rats[2].   *Envoyant des lèvres un baiser à Christian.*

            Bonjour !   *Les regardant tous.*

                Vous n'avez pas l'air gais !

    Savez-vous que c'est loin, Arras ?   *Apercevant Cyrano.*

                  Cousin, charmée !

---

1. Les tambours battent « Aux champs » pour rendre les honneurs. — 2. Cf.
Cendrillon (Ch. Perrault, *Histoires ou Contes du Temps passé,* 1697). Dans ce
conte, ce sont six lézards qui deviennent des laquais ; le rat se transforme en cocher.

CYRANO, *s'avançant.*

Ah çà ! comment ?...

ROXANE.   Comment j'ai retrouvé l'armée ?

35 Oh ! mon Dieu, mon ami, mais c'est tout simple : j'ai
Marché tant que j'ai vu le pays ravagé.
Ah ! ces horreurs, il a fallu que je les visse
Pour y croire ! Messieurs, si c'est là le service
De votre Roi, le mien vaut mieux !

CYRANO.   Voyons, c'est fou !

40 Par où diable avez-vous bien pu passer ?

ROXANE.   Par où ?
Par chez les Espagnols.

PREMIER CADET.   Ah ! qu'elles sont malignes !

DE GUICHE.

Comment avez-vous fait pour traverser leurs lignes ?

LE BRET.

Cela dut être très difficile !

ROXANE.   Pas trop.
J'ai simplement passé dans mon carrosse, au trot.

45 Si quelque hidalgo[1] montrait sa mine altière,
Je mettais mon plus beau sourire à la portière,
Et ces messieurs étant, n'en déplaise aux Français,
Les plus galantes gens du monde, je passais !

CARBON.

Oui, c'est un passeport, certes, que ce sourire !

50 Mais on a fréquemment dû vous sommer de dire
Où vous alliez ainsi, madame ?

ROXANE.   Fréquemment.
Alors je répondais : « Je vais voir mon amant. »
Aussitôt l'Espagnol à l'air le plus féroce
Refermait gravement la porte du carrosse,

55 D'un geste de la main à faire envie au Roi
Relevait les mousquets déjà braqués sur moi,
Et superbe de grâce, à la fois, et de morgue,
L'ergot tendu sous la dentelle en tuyau d'orgue[2],

---

1. De petite noblesse, il était d'un orgueil proverbial. — 2. Ce vers est un développement imagé du précédent. Le tuyau est un pli cylindrique fait au fer sur la dentelle empesée. L'allusion à l'expression « se dresser sur ses ergots » passe ici par l'évocation de l'épée tendue sous la cape. Image analogue dans le portrait de Cyrano brossé par Ragueneau à l'acte I, scène 2 (v. 110-111) : « Cape que par derrière, avec pompe, l'estoc / Lève, comme une queue insolente de coq. »

L'arrivée de ROXANE (Geneviève Casile).
Comédie-Française, 1964.
(Ph. © Agence Bernand - Photeb.)

     Le feutre au vent pour que la plume palpitât,
260   S'inclinait en disant : « Passez, señorita ! »

CHRISTIAN.
     Mais, Roxane...

ROXANE.   J'ai dit : mon amant, oui... pardonne !
     Tu comprends, si j'avais dit : mon mari, personne
     Ne m'eût laissé passer !

CHRISTIAN.   Mais...

ROXANE.   Qu'avez-vous ?

DE GUICHE.   Il faut
     Vous en aller d'ici !

ROXANE.   Moi ?

CYRANO.   Bien vite !

LE BRET.   Au plus tôt !

CHRISTIAN.
265   Oui !

ROXANE.   Mais comment ?

CHRISTIAN, *embarrassé.*   C'est que...

CYRANO, *de même.*   Dans trois quarts
                                       [d'heure.

DE GUICHE, *de même.*   [... ou quatre

CARBON, *de même.*
     Il vaut mieux...

LE BRET, *de même.*   Vous pourriez...

ROXANE.   Je reste. On va se battre.

TOUS. Oh ! non !

ROXANE.   C'est mon mari !
          Elle se jette dans les bras de Christian.
        Qu'on me tue avec toi !

CHRISTIAN.
     Mais quels yeux vous avez !

ROXANE.   Je te dirai pourquoi !

DE GUICHE, *désespéré.*
     C'est un poste terrible !

ROXANE, *se retournant.*   Hein ! terrible ?

CYRANO.   Et la preuve
270   C'est qu'il nous l'a donné !

ROXANE, *à De Guiche.*   Ah ! vous me vouliez veuve ?

DE GUICHE.
          Oh ! je vous jure !...

ROXANE.   Non ! Je suis folle à présent !
          Et je ne m'en vais plus ! D'ailleurs, c'est amusant.

CYRANO.
          Eh quoi ! la précieuse était une héroïne ?

ROXANE.
          Monsieur de Bergerac, je suis votre cousine.

UN CADET.
275   Nous vous défendrons bien !

ROXANE, *enfiévrée de plus en plus.*   Je le crois, mes amis !

UN AUTRE, *avec enivrement.*
          Tout le camp sent l'iris !

ROXANE.   Et j'ai justement mis
          Un chapeau qui fera très bien dans la bataille !...
                              Regardant de Guiche.
          Mais peut-être est-il temps que le comte s'en aille :
          On pourrait commencer.

DE GUICHE.   Ah ! c'en est trop ! Je vais
280   Inspecter mes canons, et reviens... Vous avez
          Le temps encor : changez d'avis !

ROXANE.   Jamais !
                              De Guiche sort.

SCÈNE VI. — **LES MÊMES,** *moins* **DE GUICHE**

CHRISTIAN, *suppliant.*   Roxane !...

ROXANE.
          Non !

PREMIER CADET, *aux autres.*
          Elle reste !

TOUS, *se précipitant, se bousculant, s'astiquant.*
                    Un peigne ! — Un savon ! — Ma basane[1]
          Est trouée : une aiguille ! — Un ruban ! — Ton miroir !

----

1. Ici : vêtement recouvert de peau de mouton.

Mes manchettes ! — Ton fer à moustache ! — Un rasoir !

ROXANE, *à Cyrano qui la supplie encore.*

285   Non ! rien ne me fera bouger de cette place !

CARBON, *après s'être, comme les autres, sanglé, épousseté, avoir brossé son chapeau, redressé sa plume et tiré ses manchettes, s'avance vers Roxane, et cérémonieusement.*

Peut-être siérait-il que je vous présentasse,

Puisqu'il en est ainsi, quelques de ces messieurs

Qui vont avoir l'honneur de mourir sous vos yeux.

Roxane s'incline et elle attend, debout au bras de Christian. Carbon présente :

Baron de Peyrescous de Colignac !

LE CADET, *saluant.*   Madame...

CARBON, *continuant.*

290   Baron de Casterac de Cahuzac. — Vidame

De Malgouyre Estressac Lesbas d'Escarabiot. —

Chevalier d'Antignac-Juzet. — Baron Hillot

De Blagnac-Saléchan de Castel-Crabioules...

ROXANE.

Mais combien avez-vous de noms, chacun ?

LE BARON HILLOT.   Des foules !

CARBON, *à Roxane.*

295   Ouvrez la main qui tient votre mouchoir.

ROXANE, *ouvre la main et le mouchoir tombe.*   Pourquoi ?

Toute la compagnie fait le mouvement de s'élancer pour le ramasser.

CARBON, *le ramassant vivement.*

Ma compagnie était sans drapeau ! Mais ma foi,

C'est le plus beau du camp qui flottera sur elle !

ROXANE, *souriant.*

Il est un peu petit.

CARBON, *attachant le mouchoir à la hampe de sa lance de capitaine.*
                    Mais il est en dentelle !

UN CADET, *aux autres.*

Je mourrais sans regret ayant vu ce minois,

300   Si j'avais seulement dans le ventre une noix !

CARBON, *qui l'a entendu, indigné.*

Fi ! parler de manger lorsqu'une exquise femme !...

ROXANE.

Mais l'air du camp est vif et, moi-même, m'affame :

Pâtés, chauds-froids[1], vins fins : — mon menu, le voilà !
Voulez-vous m'apporter tout cela !   *Consternation.*

UN CADET.   Tout cela !

UN AUTRE.

305   Où le prendrions-nous, grand Dieu ?

ROXANE, *tranquillement.*   Dans mon carrosse.

TOUS.

Hein ?...

ROXANE.   Mais il faut qu'on serve et découpe, et désosse !
Regardez mon cocher d'un peu plus près, messieurs.
Et vous reconnaîtrez un homme précieux :
Chaque sauce sera, si l'on veut, réchauffée !

LES CADETS, *se ruant vers le carrosse.*

310   C'est Ragueneau !   *Acclamations.*
                    Oh ! Oh !

ROXANE, *les suivant des yeux.*   Pauvres gens !

CYRANO, *lui baisant la main.*   Bonne fée !

RAGUENEAU, *debout sur le siège comme un charlatan en place publique.*
Messieurs !...   *Enthousiasme.*

LES CADETS.   Bravo ! Bravo !

RAGUENEAU.   Les Espagnols n'ont pas,
Quand passaient tant d'appas, vu passer le repas !
                    Applaudissements.

CYRANO, *bas à Christian.*
Hum ! hum ! Christian !

RAGUENEAU.   Distraits par la galanterie
Ils n'ont pas vu...   *Il tire de son siège un plat qu'il élève.*
          la galantine !...
          Applaudissements. La galantine passe de mains en mains.

CYRANO, *bas à Christian.*   Je t'en prie,
315   Un seul mot !

RAGUENEAU.   Et Vénus sut occuper leur œil
Pour que Diane, en secret, pût passer...*Il brandit un gigot.*
                    son chevreuil !
          Enthousiasme. Le gigot est saisi par vingt mains tendues.

CYRANO, *bas à Christian.*
Je voudrais te parler !

---

1. Préparation de gibier ou de volaille que l'on sert froide.

ROXANE, *aux cadets qui redescendent, les bras chargés de victuailles.*
Posez cela par terre !

Elle met le couvert sur l'herbe, aidée des deux laquais imperturbables qui étaient derrière le carrosse.

ROXANE, *à Christian, au moment où Cyrano allait l'entraîner à part.*
Vous, rendez-vous utile !

    Christian vient l'aider. Mouvement d'inquiétude de Cyrano.

RAGUENEAU.   Un paon truffé !

PREMIER CADET, *épanoui, qui descend en coupant une large tranche de jambon.*   Tonnerre !

320   Nous n'aurons pas couru notre dernier hasard
     Sans faire un gueuleton...

        Se reprenant vivement en voyant Roxane.
         pardon ! un balthazar[1] !

RAGUENEAU, *lançant les coussins du carrosse.*
Les coussins sont remplis d'ortolans !

        Tumulte. On éventre les coussins. Rires. Joie.

TROISIÈME CADET.   Ah ! viédaze[2] !

RAGUENEAU, *lançant des flacons de vin rouge.*
Des flacons de rubis !

        De vin blanc.
     Des flacons de topaze !

ROXANE, *jetant une nappe pliée à la figure de Cyrano.*
Défaites cette nappe ! Eh ! hop ! Soyez léger !

RAGUENEAU, *brandissant une lanterne arrachée.*
Chaque lanterne est un petit garde-manger !

CYRANO, *bas à Christian, pendant qu'ils arrangent la nappe ensemble.*
325   Il faut que je te parle avant que tu lui parles !

RAGUENEAU, *de plus en plus lyrique.*
Le manche de mon fouet est un saucisson d'Arles !

ROXANE, *versant du vin, servant.*
Puisqu'on nous fait tuer, morbleu ! nous nous moquons
Du reste de l'armée ! Oui ! tout pour les Gascons !
Et si de Guiche vient, personne ne l'invite !

        Allant de l'un à l'autre.
330   Là, vous avez le temps. — Ne mangez pas si vite ! —
     Buvez un peu. — Pourquoi pleurez-vous ?

---

1. Un festin digne de Balthazar : ce roi de Babylone s'était rendu célèbre par la richesse de ses festins — 2. Cette exclamation méridionale a deux emplois : 1°) Sorte d'injure : nigaud ! imbécile ! 2°) Exclamation : peste ! diantre ! parbleu !

PREMIER CADET.   C'est trop bon !

ROXANE.

      Chut ! — Rouge ou blanc ? — Du pain pour monsieur
                                      [de Carbon !
      — Un couteau ! — Votre assiette ! — Un peu de croûte ?
                                        [— Encore ?
      — Je vous sers ! — Du bourgogne ? — Une aile ?

CYRANO, *qui la suit, les bras chargés de plats, l'aidant à servir.*

                                        Je l'adore !

ROXANE, *allant vers Christian.*

335   Vous ?

CHRISTIAN.   Rien.

ROXANE.   Si ! ce biscuit, dans du muscat... deux doigts !

CHRISTIAN, *essayant de la retenir.*

      Oh ! dites-moi pourquoi vous vîntes ?

ROXANE.   Je me dois
      A ces malheureux... Chut ! Tout à l'heure !

LE BRET, *qui était remonté au fond, pour passer, au bout d'une lance,*
un pain à la sentinelle du talus.   De Guiche !

CYRANO.

      Vite, cachez flacon, plat, terrine, bourriche !
      Hop ! N'ayons l'air de rien !   *A Ragueneau.*
                              Toi, remonte d'un bond
340   Sur ton siège ! — Tout est caché ?...
     En un clin d'œil tout a été repoussé dans les tentes, ou caché sous les
vêtements, sous les manteaux, dans les feutres. — De Guiche entre
vivement, — et s'arrête, tout d'un coup, reniflant. — Silence.

- ## Scènes 5 et 6. Une femme aux avant-postes

    ### Scène 5

    1. Quel vers résume l'impression créée par cette arrivée ?

    2. Comprend-on dès cette scène les raisons de cette équipée de Roxane ?

    ### Scène 6

    1. Étudiez la composition de la scène.

    2. Quelles en sont les tonalités ? Comment illustrent-elles l'intention
de Rostand d'écrire une « comédie héroïque » ?

    3. Étudiez le début de l'effet de suspens créé par les problèmes propres
à Roxane, Christian et Cyrano.

SCÈNE VII. — **LES MÊMES, DE GUICHE**

DE GUICHE. Cela sent bon.

UN CADET, *chantonnant d'un air détaché.*
To lo lo !...

DE GUICHE, *s'arrêtant et le regardant.*
Qu'avez-vous, vous ?... Vous êtes tout rouge !

LE CADET.
Moi ? Mais rien. C'est le sang. On va se battre : il
[bouge !

UN AUTRE.
Poum... poum... poum...

DE GUICHE, *se retournant.* Qu'est cela ?

LE CADET, *légèrement gris.* Rien ! C'est une
[chanson !
Une petite...

DE GUICHE. Vous êtes gai, mon garçon !

LE CADET.
345   L'approche du danger !

DE GUICHE, *appelant Carbon de Castel-Jaloux, pour donner un ordre.*
Capitaine ! je...
Il s'arrête en le voyant.
Peste !
Vous avez bonne mine aussi !

CARBON, *cramoisi, et cachant une bouteille derrière son dos, avec un geste évasif.* Oh !...

DE GUICHE. Il me reste
Un canon que j'ai fait porter...
Il montre un endroit dans la coulisse.
là, dans ce coin,
Et vos hommes pourront s'en servir au besoin.

UN CADET, *se dandinant.*
Charmante attention !

UN AUTRE, *lui souriant gracieusement.*
Douce sollicitude !

DE GUICHE.
350   Ah çà ! mais ils sont fous !   *Sèchement.*
N'ayant pas l'habitude
Du canon, prenez garde au recul.

LE PREMIER CADET. Ah ! pfftt !

DE GUICHE, *allant à lui, furieux.*   Mais !...

LE CADET.
　　Le canon des Gascons ne recule jamais !

DE GUICHE, *le prenant par le bras et le secouant.*
　　Vous êtes gris ! De quoi ?

LE CADET, *superbe.*   De l'odeur de la poudre !

DE GUICHE, *haussant les épaules, le repousse et va vivement à Roxane.*
　　Vite, à quoi daignez-vous, madame, vous résoudre ?

ROXANE.
355　　Je reste !

DE GUICHE.　　Fuyez !

ROXANE.　　　　Non !

DE GUICHE.　　　　　　Puisqu'il en est ainsi,
　　Qu'on me donne un mousquet !

CARBON.   Comment ?

DE GUICHE.   Je reste aussi.

CYRANO.
　　Enfin, monsieur ! Voilà de la bravoure pure !

PREMIER CADET.
　　Seriez-vous un Gascon malgré votre guipure ?

ROXANE.
　　Quoi !...

DE GUICHE.　　Je ne quitte pas une femme en danger.

DEUXIÈME CADET, *au premier.*
360　　Dis donc ! Je crois qu'on peut lui donner à manger !
　　Toutes les victuailles reparaissent comme par enchantement.

DE GUICHE, *dont les yeux s'allument.*
　　Des vivres !

UN TROISIÈME CADET.
　　　　　　Il en sort de sous toutes les vestes !

DE GUICHE, *se maîtrisant, avec hauteur.*
　　Est-ce que vous croyez que je mange vos restes ?

CYRANO, *saluant.*
　　Vous faites des progrès !

DE GUICHE, *fièrement, et à qui échappe sur le dernier mot une légère pointe d'accent.*   Je vais me battre à jeun !

PREMIER CADET, *exultant de joie.*
　　A *jeung !* Il vient d'avoir l'accent !

DE GUICHE, *riant.*   Moi !

LE CADET.   C'en est un !
Ils se mettent tous à danser.

CARBON DE CASTEL-JALOUX, *qui a disparu depuis un moment derrière le talus, reparaissant sur la crête.*

 55   J'ai rangé mes piquiers[1], leur troupe est résolue.
Il montre une ligne de piques qui dépasse la crête.

DE GUICHE, *à Roxane, en s'inclinant.*

Acceptez-vous ma main pour passer leur revue ?
Elle la prend, ils remontent vers le talus. Tout le monde se découvre et les suit.

CHRISTIAN, *allant à Cyrano, vivement.*

Parle vite !
Au moment où Roxane paraît sur la crête, les lances disparaissent, abaissées pour le salut, un cri s'élève : elle s'incline.

LES PIQUIERS, *au dehors.*
                        Vivat !

CHRISTIAN.   Quel était ce secret ?...

CYRANO.

Dans le cas où Roxane...

CHRISTIAN.   Eh bien ?

CYRANO.   Te parlerait

Des lettres...

CHRISTIAN.   Oui, je sais !...

CYRANO.   Ne fais pas la sottise

 70   De t'étonner...

CHRISTIAN.   De quoi ?

CYRANO.   Il faut que je te dise !
Oh ! mon Dieu, c'est tout simple, et j'y pense aujourd'hui
En la voyant. Tu lui...

CHRISTIAN.   Parle vite !

CYRANO.   Tu lui...

As écrit plus souvent que tu ne crois.

CHRISTIAN.   Hein ?

CYRANO.   Dame !
Je m'en étais chargé : j'interprétais ta flamme !
 75   J'écrivais quelquefois sans te dire : j'écris !

---

1. Jusqu'en 1703, chaque unité d'infanterie comprenait un corps de bataille formé de piquiers et deux ailes composées de mousquetaires.

CHRISTIAN.
          Ah ?

CYRANO.   C'est tout simple !

CHRISTIAN.   Mais comment t'y es-tu pris,
          Depuis qu'on est bloqué, pour ?...

CYRANO.   Oh !... avant l'aurore
          Je pouvais traverser...

CHRISTIAN, *se croisant les bras.* Ah ! c'est tout simple encore ?
          Et qu'ai-je écrit de fois par semaine ? Deux ? Trois ?
380   Quatre ?

CYRANO.   Plus.

CHRISTIAN.   Tous les jours ?

CYRANO.   Oui, tous les jours.
                              [Deux fois.

CHRISTIAN, *violemment.*
          Et cela t'enivrait, et l'ivresse était telle
          Que tu bravais la mort...

CYRANO, *voyant Roxane qui revient.* Tais-toi ! Pas devant elle !
                    Il rentre vivement dans sa tente.

SCÈNE VIII. — **ROXANE, CHRISTIAN** ; *au fond, allées et venues de*
CADETS. CARBON *et* **DE GUICHE** *donnent des ordres.*

ROXANE, *courant à Christian.*
          Et maintenant, Christian !...

CHRISTIAN, *lui prenant les mains.*   Et maintenant, dis-moi
          Pourquoi, par ces chemins effroyables, pourquoi
385   A travers tous ces rangs de soudards et de reîtres,
          Tu m'as rejoint ici ?

ROXANE.   C'est à cause des lettres !

CHRISTIAN.
          Tu dis ?

ROXANE.   Tant pis pour vous si je cours ces dangers !
          Ce sont vos lettres qui m'ont grisée ! Ah ! songez
          Combien depuis un mois vous m'en avez écrites,
390   Et plus belles toujours !

CHRISTIAN.   Quoi ! pour quelques petites
          Lettres d'amour...

ROXANE.   Tais-toi ! Tu ne peux pas savoir !
Mon Dieu, je t'adorais, c'est vrai, depuis qu'un soir,
D'une voix que je t'ignorais, sous ma fenêtre,
Ton âme commença de se faire connaître :
395 Eh bien, tes lettres, c'est, vois-tu, depuis un mois,
Comme si tout le temps je l'entendais, ta voix
De ce soir-là, si tendre, et qui vous enveloppe !
Tant pis pour toi, j'accours. La sage Pénélope
Ne fût pas demeurée à broder sous son toit,
400 Si le seigneur Ulysse eût écrit comme toi,
Mais pour le joindre, elle eût, aussi folle qu'Hélène,
Envoyé promener ses pelotons de laine !

CHRISTIAN.
Mais...

ROXANE.   Je lisais, je relisais, je défaillais,
405 J'étais à toi. Chacun de ces petits feuillets
Était comme un pétale envolé de ton âme.
On sent à chaque mot de ces lettres de flamme
L'amour puissant, sincère...

CHRISTIAN.   Ah ! sincère et puissant ?
Cela se sent, Roxane ?

ROXANE.   Oh ! si cela se sent !

CHRISTIAN.
410 Et vous venez ?...

ROXANE.   Je viens — ô mon Christian, mon maî-
                                                    [tre !
Vous me relèveriez si je voulais me mettre
A vos genoux, c'est donc mon âme que j'y mets,
Et vous ne pourrez plus la relever jamais ! —
Je viens te demander pardon — et c'est bien l'heure
415 De demander pardon, puisqu'il se peut qu'on meure ! —
De t'avoir fait d'abord, dans ma frivolité,
L'insulte de t'aimer pour ta seule beauté !

CHRISTIAN, *avec épouvante.*
Ah ! Roxane !

ROXANE.   Et plus tard, mon ami, moins frivole,
— Oiseau qui saute avant tout à fait qu'il s'envole, —
420 Ta beauté m'arrêtant, ton âme m'entraînant,
Je t'aimais pour les deux ensemble !

CHRISTIAN.   Et maintenant ?

ROXANE.

> Eh bien ! toi-même enfin l'emportes sur toi-même,
> Et ce n'est plus que pour ton âme que je t'aime !

CHRISTIAN, *reculant.*

> Ah ! Roxane !

ROXANE.   Sois donc heureux. Car n'être aimé
425   Que pour ce dont on est un instant costumé,
> Doit mettre un cœur avide et noble à la torture ;
> Mais ta chère pensée efface ta figure,
> Et la beauté par quoi tout d'abord tu me plus,
> Maintenant j'y vois mieux... et je ne la vois plus !

CHRISTIAN.

430   Oh !

ROXANE.   Tu doutes encor d'une telle victoire ?

CHRISTIAN, *douloureusement.*

> Roxane !

ROXANE.   Je comprends, tu ne peux pas y croire,
> A cet amour ?...

CHRISTIAN.   Je ne veux pas de cet amour !
> Moi, je veux être aimé plus simplement pour...

ROXANE.   Pour
> Ce qu'en vous elles ont aimé jusqu'à cette heure ?
435   Laissez-vous donc aimer d'une façon meilleure !

CHRISTIAN.

> Non ! c'était mieux avant !

ROXANE.   Ah ! tu n'y entends rien !
> C'est maintenant que j'aime mieux, que j'aime bien !
> C'est ce qui te fait toi, tu m'entends, que j'adore ;
> Et moins brillant...

CHRISTIAN.   Tais-toi !

ROXANE.   Je t'aimerais encore !
440   Si toute ta beauté tout d'un coup s'envolait...

CHRISTIAN.

> Oh ! ne dis pas cela !

ROXANE.   Si ! je le dis !

CHRISTIAN.   Quoi ? laid ?

ROXANE.

> Laid ! je le jure !

CHRISTIAN.   Dieu !

ROXANE.   Et ta joie est profonde ?

CHRISTIAN, *d'une voix étouffée.*
    Oui

ROXANE.   Qu'as-tu ?

CHRISTIAN, *la repoussant doucement.*
                    Rien. Deux mots à dire : une seconde

ROXANE.
    Mais ?...

CHRISTIAN, *lui montrant un groupe de cadets, au fond.*
                    A ces pauvres gens mon amour t'enleva :
    Va leur sourire un peu puisqu'ils vont mourir... va !

ROXANE, *attendrie.*
    Cher Christian !

Elle remonte vers les Gascons qui s'empressent respectueusement autour d'elle.

SCÈNE IX. — CHRISTIAN, CYRANO ; au fond ROXANE, *causant avec* CARBON *et quelques* CADETS

CHRISTIAN, *appelant vers la tente de Cyrano.*
                    Cyrano ?

CYRANO, *reparaissant, armé pour la bataille.*
                    Qu'est-ce ? Te voilà blême !

CHRISTIAN.
    Elle ne m'aime plus !

CYRANO.   Comment ?

CHRISTIAN.   C'est toi qu'elle aime !

CYRANO.
    Non !

CHRISTIAN.   Elle n'aime plus que mon âme !

CYRANO.   Non !

CHRISTIAN.   Si !
    C'est donc bien toi qu'elle aime, — et tu l'aimes aussi !

CYRANO.
    Moi ?

CHRISTIAN.   Je le sais.

CYRANO.   C'est vrai.

CHRISTIAN.   Comme un fou.

CYRANO.   Davantage.

CHRISTIAN.
     Dis-le-lui !

CYRANO.   Non !

CHRISTIAN.   Pourquoi ?

CYRANO.   Regarde mon visage !

CHRISTIAN.
     Elle m'aimerait laid !

CYRANO.   Elle te l'a dit !

CHRISTIAN.   Là !

CYRANO.
     Ah ! je suis bien content qu'elle t'ait dit cela !
     Mais va, va, ne crois pas cette chose insensée !
455   Mon Dieu, je suis content qu'elle ait eu la pensée
     De la dire ; mais va, ne la prends pas au mot,
     Va, ne deviens pas laid : elle m'en voudrait trop !

CHRISTIAN.
     C'est ce que je veux voir !

CYRANO.   Non, non !

CHRISTIAN.   Qu'elle choisisse !
     Tu vas lui dire tout !

CYRANO.   Non, non ! Pas ce supplice.

CHRISTIAN.
460   Je tuerais ton bonheur parce que je suis beau ?
     C'est trop injuste !

CYRANO.   Et moi, je mettrais au tombeau
     Le tien parce que, grâce au hasard qui fait naître,
     J'ai le don d'exprimer... ce que tu sens peut-être ?

CHRISTIAN.
     Dis-lui tout !

CYRANO.   Il s'obstine à me tenter, c'est mal !

CHRISTIAN.
465   Je suis las de porter en moi-même un rival !

CYRANO.
     Christian !

CHRISTIAN.   Notre union, sans témoins, clandestine,
     Peut se rompre, si nous survivons !

CYRANO.   Il s'obstine !...

CHRISTIAN.

Oui, je veux être aimé moi-même, ou pas du tout !
Je vais voir ce qu'on fait, tiens ! Je vais jusqu'au bout
Du poste ; je reviens : parle, et qu'elle préfère
L'un de nous deux !

CYRANO.   Ce sera toi !

CHRISTIAN.   Mais... je l'espère !

Il appelle.

Roxane !

CYRANO.   Non ! Non !

ROXANE, *accourant.*   Quoi ?

CHRISTIAN.   Cyrano vous dira

Une chose importante...

Elle va vivement à Cyrano. Christian sort.

• Scènes 7, 8 et 9. Les découvertes de Christian

Scène 7

1. De quoi est faite la comédie dans cette scène ?

2. Dans quel sens évolue-t-elle ?

3. Comment s'achève le suspens lié au secret de Cyrano ?

4. Quelle est l'importance des dernières répliques de Christian ?

Scène 8

1. Relevez les vers qui vont provoquer la souffrance de Christian : marquez les étapes de sa désillusion. Quel vers résume le mieux la pensée de Roxane ?

2. Qu'est-ce qui a poussé Roxane à faire à Christian cet aveu ?

3. Il y a eu, sur le plan de la doctrine de l'amour, un lien entre la préciosité et le platonisme : on sait que Molière a raillé cette tendance de l'amour précieux dans *Les Femmes savantes* ; Rostand a donc su insérer cet élément (essentiel à l'intrigue de la pièce) dans un contexte historique : en quoi sommes-nous néanmoins au-delà de celui-ci ?

Scène 9

1. Distinguez les deux parties de cette scène.

2. Quelle est la phrase de Christian qui décide Cyrano ?

3. Quelle connaissance avons-nous ici de Christian ?

4. De quelles manières peut-on interpréter son départ « jusqu'au bout du poste » ? Quelle est votre interprétation personnelle ?

SCÈNE X. — **ROXANE, CYRANO,** *puis* **LE BRET, CARBON DE CASTEL-JALOUX, LES CADETS, RAGUENEAU, DE GUICHE,** *etc.*

ROXANE.   Importante ?

CYRANO, *éperdu.*   Il s'en va !... *A Roxane.*
            Rien !... Il attache, — oh ! Dieu ! vous devez le connaî-
                                                    [tre ! —
475   De l'importance à rien !

ROXANE, *vivement.*   Il a douté peut-être
            De ce que j'ai dit là ? J'ai vu qu'il a douté !

CYRANO, *lui prenant la main.*
            Mais avez-vous bien dit, d'ailleurs, la vérité ?

ROXANE.
            Oui, oui, je l'aimerais même...   *Elle hésite une seconde.*

CYRANO, *souriant tristement.*   Le mot vous gêne
            Devant moi ?

ROXANE.   Mais...

CYRANO.   Il ne me fera pas de peine !
480   — Même laid ?

ROXANE.   Même laid !   *Mousqueterie au dehors.*
                                    Ah ! tiens, on a tiré !

CYRANO, *ardemment.*
            Affreux ?

ROXANE.   Affreux !

CYRANO.   Défiguré ?

ROXANE.   Défiguré !

CYRANO.
            Grotesque[1] ?

ROXANE.   Rien ne peut me le rendre grotesque !

CYRANO.
            Vous l'aimeriez encore ?

ROXANE.   Et davantage presque !

CYRANO, *perdant la tête, à part.*
            Mon Dieu, c'est vrai, peut-être, et le bonheur est là.
                                                    A Roxane.
485   Je... Roxane... écoutez !...

LE BRET, *entrant rapidement, appelle à mi-voix.*
                                    Cyrano !

———————

1. Ici : laid et caricatural.

CYRANO, *se retournant.*   Hein ?

LE BRET.   Chut !
                                        Il lui dit un mot tout bas.

CYRANO, *laissant échapper la main de Roxane, avec un cri.* Ah !

ROXANE.
     Qu'avez-vous ?

CYRANO, *à lui-même, avec stupeur.*
                    C'est fini[1].   *Détonations nouvelles.*

ROXANE.   Quoi ? Qu'est-ce encore ? On
                                                      [tire ?
                                    Elle remonte pour regarder au-dehors.

CYRANO.
     C'est fini[1], jamais plus je ne pourrai le dire !

ROXANE, *voulant s'élancer.*
     Que se passe-t-il ?

CYRANO, *vivement, l'arrêtant.*
                         Rien !
     *Des cadets sont entrés, cachant quelque chose qu'ils portent, et ils
     forment un groupe empêchant Roxane d'approcher.*

ROXANE.   Ces hommes ?

CYRANO, *l'éloignant.*   Laissez-les !...

ROXANE.
     Mais qu'alliez-vous me dire avant ?

CYRANO.   Ce que j'allais
490 Vous dire ?... rien, oh ! rien, je le jure, Madame !
                                                Solennellement.
     Je jure que l'esprit de Christian, que son âme
     Étaient...   *Se reprenant avec terreur.*
          sont les plus grands...

ROXANE.   Étaient ? *Avec un grand cri.*
                                        Ah !...
                            Elle se précipite et écarte tout le monde.

CYRANO.   C'est fini !

ROXANE, *voyant Christian couché dans son manteau.*
     Christian !

LE BRET, *à Cyrano.* Le premier coup de feu de l'ennemi !
     Roxane se jette sur le corps de Christian. Nouveaux coups de feu.

---

1. Qu'est-ce qui est fini ?

Cliquetis. Rumeurs. Tambours.

CARBON DE CASTEL-JALOUX, *l'épée au poing.*
            C'est l'attaque ! Aux mousquets !
                        Suivi des cadets, il passe de l'autre côté du talus.

ROXANE.   Christian !

LA VOIX DE CARBON, *derrière le talus.*   Qu'on se
                                            [dépêche !

ROXANE.
495   Christian !

CARBON.   Alignez-vous !

ROXANE.   Christian !

CARBON.   Mesurez... mèche !
            Ragueneau est accouru, apportant de l'eau dans un casque.

CHRISTIAN, *d'une voix mourante.*
            Roxane !...

CYRANO, *vite et bas à l'oreille de Christian, pendant que Roxane affolée trempe dans l'eau, pour le panser, un morceau de linge arraché à sa poitrine.*   J'ai tout dit. C'est toi qu'elle aime encor !
                                    Christian ferme les yeux.

ROXANE.
            Quoi, mon amour ?

CARBON.   Baguette haute !

ROXANE, *à Cyrano.*   Il n'est pas mort ?...

CARBON.
            Ouvrez la charge avec les dents !

ROXANE.   Je sens sa joue
            Devenir froide, là, contre la mienne !

CARBON.   En joue !

ROXANE.
500   Une lettre sur lui !   *Elle l'ouvre.*
                        Pour moi !

CYRANO, *à part.*   Ma lettre !

CARBON.   Feu !
                        Mousqueterie. Cris. Bruit de bataille.

CYRANO, *voulant dégager sa main que tient Roxane agenouillée.*
            Mais, Roxane, on se bat !

ROXANE, *le retenant.*   Restez encore un peu.
            Il est mort. Vous étiez le seul à le connaître.
                                    Elle pleure doucement.

N'est-ce pas que c'était un être exquis, un être
Merveilleux ?

CYRANO, *debout, tête nue.*
Oui, Roxane.

ROXANE.   Un poète inouï,
Adorable ?

CYRANO.   Oui, Roxane.

ROXANE.   Un esprit sublime ?

CYRANO.   Oui,
Roxane !

ROXANE.   Un cœur profond, inconnu du profane,
Une âme magnifique et charmante ?

CYRANO, *fermement.*   Oui, Roxane !

ROXANE, *se jetant sur le corps de Christian.*
Il est mort !

CYRANO, *à part, tirant l'épée.*
                    Et je n'ai qu'à mourir aujourd'hui,
Puisque, sans le savoir, elle me pleure en lui !
                              Trompettes au loin.

DE GUICHE, *qui reparaît sur le talus, décoiffé, blessé au front, d'une voix tonnante.*
C'est le signal promis ! Des fanfares de cuivres !
Les Français vont rentrer au camp avec des vivres !
Tenez encore un peu !

ROXANE.   Sur sa lettre, du sang,
Des pleurs !

UNE VOIX, *au-dehors, criant.*
          Rendez-vous !

VOIX DES CADETS.   Non !

RAGUENEAU, *qui, grimpé sur son carrosse, regarde la bataille par-dessus le talus.*   Le péril va croissant !

CYRANO, *à de Guiche, lui montrant Roxane.*
Emportez-la ! Je vais charger !

ROXANE, *baisant la lettre, d'une voix mourante.*
                    Son sang ! ses larmes !...

RAGUENEAU, *sautant à bas du carrosse, pour courir vers elle.*
Elle s'évanouit !

DE GUICHE, *sur le talus, aux cadets, avec rage.*
          Tenez bon !

UNE VOIX, *au-dehors.*   Bas les armes !

VOIX DES CADETS.
          Non !

CYRANO, *à de Guiche.*
               Vous avez prouvé, Monsieur, votre valeur :
                                        Lui montrant Roxane.
          Fuyez en la sauvant !

DE GUICHE, *qui court à Roxane et l'enlève dans ses bras.*
                              Soit ! Mais on est vainqueur
          Si vous gagnez du temps !

CYRANO.   C'est bon !
     Criant vers Roxane que de Guiche, aidé de Ragueneau, emporte éva-
nouie.   Adieu, Roxane !
     Tumulte. Cris. Des cadets reparaissent blessés et viennent tomber en
scène. Cyrano se précipitant au combat est arrêté sur la crête par Carbon
de Castel-Jaloux, couvert de sang.

CARBON.
          Nous plions ! J'ai reçu deux coups de pertuisane !

     CYRANO, *criant aux Gascons.*
520   Hardi ! Reculès pas, drollos !   *A Carbon, qu'il soutient.*
                              N'ayez pas peur !
          J'ai deux morts à venger : Christian et mon bonheur[1] !
     Ils redescendent. Cyrano brandit la lance où est attaché le mouchoir
de Roxane.
          Flotte, petit drapeau[2] de dentelle à son chiffre !
                              Il la plante en terre ; il crie aux cadets.
          Toumbé dèssus ! Escrasas lous !   *Au fifre.*
                              Un air de fifre !
     Le fifre joue. Des blessés se relèvent. Des cadets, dégringolant le talus,
viennent se grouper autour de Cyrano et du petit drapeau. Le carrosse
se couvre et se remplit d'hommes, se hérisse d'arquebuses, se transforme
en redoute.

     UN CADET, *paraissant, à reculons, sur la crête, se battant toujours, crie :*
          Ils montent le talus !   *et tombe mort.*

CYRANO.   On va les saluer !
     Le talus se couronne en un instant d'une rangée terrible d'ennemis.
Les grands étendards des Impériaux se lèvent.

----

1. A rapprocher, notamment, du v. 484. — 2. Le terme de « drapeau » ne sera
régulièrement employé qu'à partir du règne de Louis XIV pour qualifier l'enseigne
de l'infanterie. Quant au culte du drapeau, il se développera surtout après la guerre
de 1870. La chanson : « Flotte, petit drapeau / Flotte toujours bien haut... », connut,
avant la guerre de 1914, un grand succès.

CYRANO.

525   Feu !   *Décharge générale.*

CRI, *dans les rangs ennemis.*

          Feu ! *Riposte meurtrière. Les cadets tombent de tous côtés.*

UN OFFICIER ESPAGNOL, *se découvrant.*

               Quels sont ces gens qui se font tous tuer ?

CYRANO, *récitant debout au milieu des balles.*

          Ce sont les cadets de Gascogne
          De Carbon de Castel-Jaloux ;
          Bretteurs et menteurs sans vergogne...
                    Il s'élance, suivi de quelques survivants.
          Ce sont les cadets...   *Le reste se perd dans la bataille.*

                         RIDEAU

• **Scène 10. « J'ai deux morts à venger : Christian et mon bonheur ! »**

1. Étudiez la composition de cette scène.

2. Qu'est-ce qui en fait le pathétique ?

3. Quel est l'intérêt de l'indication scénique du v. 484 (« perdant la tête ») ?

4. Quel est le sens de « c'est fini » au v. 486 ?

5. L'oraison funèbre de Christian prononcée par Roxane : quelle importance prend-elle dans la décision de Cyrano ?

6. Commentez le v. 509 : part de la « pointe » et part de la vérité ?

7. Qu'est-ce qui donne sa profondeur au v. 520 ?

8. L'issue de la scène.
   a) Comment Rostand l'a-t-il rendue nécessaire ?
   b) Comment lui a-t-il donné une certaine couleur XVIIᵉ siècle ?
   c) Comment l'a-t-il reliée au reste de l'acte ?
   d) Comment se rejoignent chez Cyrano l'amour, l'acceptation de la mort et l'héroïsme ?

9. Quel effet Rostand obtient-il par la reprise, à la fin de l'acte, du poème de présentation des « cadets de Gascogne » ?

• **Questions sur l'acte IV**

1. Étudiez la progression dramatique de cet acte.

2. Comment Rostand a-t-il lié l'action « historique » et le drame vécu par les trois protagonistes ?

3. La « générosité » : quelle part a-t-elle dans l'évolution de l'action ?

4. Quels sont les éléments qui nous font entrer véritablement, avec cet acte, dans la « comédie héroïque », et au-delà, peut-être ?

CINQUIÈME ACTE

LA GAZETTE DE CYRANO

Quinze ans après, en 1655. Le parc du couvent que les Dames de la Croix occupaient à Paris[1].

Superbes ombrages. A gauche, la maison ; vaste perron sur lequel ouvrent plusieurs portes. Un arbre énorme au milieu de la scène, isolé au milieu d'une petite place ovale. A droite, premier plan, parmi de grands buis, un banc de pierre demi-circulaire.

Tout le fond du théâtre est traversé par une allée de marronniers qui aboutit à droite, quatrième plan, à la porte d'une chapelle entrevue parmi les branches. A travers le double rideau d'arbres de cette allée, on aperçoit des fuites de pelouses, d'autres allées, des bosquets, les profondeurs du parc, le ciel.

La chapelle ouvre une porte latérale sur une colonnade enguirlandée de vigne rougie, qui vient se perdre à droite, au premier plan, derrière les buis.

C'est l'automne. Toute la frondaison est rousse au-dessus des pelouses fraîches. Taches sombres des buis et des ifs restés verts. Une plaque de feuilles jaunes sous chaque arbre. Les feuilles jonchent toute la scène, craquent sous les pas dans les allées, couvrent à demi le perron et les bancs.

Entre le banc de droite et l'arbre, un grand métier à broder devant lequel une petite chaise a été apportée. Paniers pleins d'écheveaux et de pelotons. Tapisserie commencée.

Au lever du rideau, des sœurs vont et viennent dans le parc ; quelques-unes sont assises sur le banc autour d'une religieuse plus âgée. Des feuilles tombent.

---

1. Situé rue de Charonne, le couvent fut fondé en 1637 (et sera démoli en 1906) ; la sœur de Cyrano de Bergerac, Catherine, y avait été admise quand elle avait quitté la maison de Chevreuse.

SCÈNE PREMIÈRE. — **MÈRE MARGUERITE, SŒUR MARTHE,**
SŒUR CLAIRE, LES SŒURS

SŒUR MARTHE, *à Mère Marguerite.*

  Sœur Claire a regardé deux fois comment allait
  Sa cornette, devant la glace.

MÈRE MARGUERITE, *à sœur Claire.* C'est très laid.

SŒUR CLAIRE.

  Mais sœur Marthe a repris un pruneau de la tarte,
  Ce matin : je l'ai vu.

MÈRE MARGUERITE, *à sœur Marthe.*

       C'est très vilain, sœur Marthe.

SŒUR CLAIRE.

5 Un tout petit regard !

SŒUR MARTHE.   Un tout petit pruneau !

MÈRE MARGUERITE, *sévèrement.*

  Je le dirai, ce soir, à monsieur Cyrano.

SŒUR CLAIRE, *épouvantée.*

  Non ! il va se moquer !

SŒUR MARTHE.   Il dira que les nonnes
  Sont très coquettes !

SŒUR CLAIRE.   Très gourmandes !

MÈRE MARGUERITE, *souriant.*   Et très bonnes.

SŒUR CLAIRE.

  N'est-ce pas, Mère Marguerite de Jésus,
10 Qu'il vient, le samedi, depuis dix ans !

MÈRE MARGUERITE.   Et plus !
  Depuis que sa cousine à nos béguins[1] de toile
  Mêla le deuil mondain de sa coiffe de voile,
  Qui chez nous vint s'abattre, il y a quatorze ans,
  Comme un grand oiseau noir parmi les oiseaux blancs !

SŒUR MARTHE.

15 Lui seul, depuis qu'elle a pris chambre dans ce cloître,
  Sait distraire un chagrin qui ne veut pas décroître.

TOUTES LES SŒURS.

  Il est si drôle ! — C'est amusant quand il vient !

---

1. Coiffe à capuchon, portée notamment par les béguines (femmes qui vivaient dans un couvent sans avoir prononcé de vœux perpétuels). Roxane est pensionnaire dans ce couvent. Le voile est un tissu fin et léger.

— Il nous taquine ! — Il est gentil ! — Nous l'aimons
                                                          [bien !
— Nous fabriquons pour lui des pâtes d'angélique !

SŒUR MARTHE.

20   Mais enfin, ce n'est pas un très bon catholique[1] !

SŒUR CLAIRE.

Nous le convertirons.

LES SŒURS.   Oui ! oui !

MÈRE MARGUERITE.   Je vous défends
De l'entreprendre encor sur ce point, mes enfants.
Ne le tourmentez pas : il viendrait moins peut-être !

SŒUR MARTHE.

Mais... Dieu !...

MÈRE MARGUERITE.   Rassurez-vous : Dieu doit bien le connaî-
                                                          [tre.

SŒUR MARTHE.

25   Mais chaque samedi, quand il vient d'un air fier,
Il me dit en entrant : « Ma sœur, j'ai fait gras, hier ! »

MÈRE MARGUERITE,

Ah ! il vous dit cela ?... Eh bien, la fois dernière
Il n'avait pas mangé depuis deux jours.

SŒUR MARTHE.   Ma Mère !

MÈRE MARGUERITE.

Il est pauvre.

SŒUR MARTHE.   Qui vous l'a dit ?

MÈRE MARGUERITE.   Monsieur Le Bret.

SŒUR MARTHE.

30   On ne le secourt pas ?

MÈRE MARGUERITE.   Non, il se fâcherait.

*Dans une allée du fond, on voit apparaître Roxane, vêtue de noir, avec
la coiffe des veuves et de longs voiles ; de Guiche, magnifique et vieillis-
sant, marche auprès d'elle. Ils vont à pas lents. Mère Marguerite se lève.*

Allons, il faut rentrer... Madame Madeleine,
Avec un visiteur, dans le parc se promène.

SŒUR MARTHE, *bas à sœur Claire.*

C'est le duc-maréchal de Gramont[2] ?

---

1. Cyrano de Bergerac fut un esprit libre et hardi. C'est la première fois qu'est
évoqué dans la pièce cet aspect de sa personnalité intellectuelle. Cf. Documents
pédagogiques, n° IV. — 2. Le comte de Guiche, nommé maréchal de France en
1641, duc et pair en 1663.

SŒUR CLAIRE, *regardant.*   Oui, je crois.

SŒUR MARTHE.
        Il n'était plus venu la voir depuis des mois !

LES SŒURS.
35   Il est très pris ! — La cour ! — Les camps !

SŒUR CLAIRE.   Les soins du
                                        [monde.

Elles sortent. De Guiche et Roxane descendent en silence et s'arrêtent près du métier. Un temps.

SCÈNE II. — **ROXANE, LE DUC DE GRAMMONT,** *ancien comte de Guiche, puis* **LE BRET** *et* **RAGUENEAU**

LE DUC.
        Et vous demeurerez ici, vainement blonde,
        Toujours en deuil ?

ROXANE.   Toujours.

LE DUC.   Aussi fidèle ?

ROXANE.   Aussi.

LE DUC, *après un temps.*
        Vous m'avez pardonné ?

ROXANE, *simplement, regardant la croix du couvent.*
                            Puisque je suis ici.
                                    Nouveau silence.

LE DUC.
        Vraiment c'était un être ?...

ROXANE.   Il fallait le connaître !

LE DUC.
40   Ah ! Il fallait ?... Je l'ai trop peu connu, peut-être !
        Et son dernier billet, sur votre cœur, toujours ?

ROXANE.
        Comme un doux scapulaire[1], il pend à ce velours.

LE DUC.
        Même mort vous l'aimez ?

ROXANE.   Quelquefois il me semble
        Qu'il n'est mort qu'à demi, que nos cœurs sont ensemble,
45   Et que son amour flotte, autour de moi, vivant[2] !

_____

1. Objet de dévotion composé de deux petits morceaux d'étoffe bénits, réunis par des rubans, qui s'attachent au cou. — 2. Quel est le double sens, pour le spectateur ?

LE DUC, *après un silence encore.*
>   Est-ce que Cyrano vient vous voir ?

ROXANE.   Oui, souvent.
>   Ce vieil ami, pour moi, remplace les gazettes.
>   Il vient ; c'est régulier ; sous cet arbre où vous êtes
>   On place son fauteuil, s'il fait beau ; je l'attends

50
>   En brodant ; l'heure sonne ; au dernier coup, j'entends
>   — Car je ne tourne plus même le front ! — sa canne
>   Descendre le perron ; il s'assied ; il ricane
>   De ma tapisserie éternelle ; il me fait
>   La chronique de la semaine, et...

>   *Le Bret paraît sur le perron.*
>   Tiens, Le Bret !
>   *Le Bret descend.*

55
>   Comment va notre ami ?

LE BRET.   Mal.

LE DUC.   Oh !

ROXANE, *au duc.*   Il exagère.

LE BRET.
>   Tout ce que j'ai prédit : l'abandon, la misère !
>   Ses épîtres lui font des ennemis nouveaux[1] !
>   Il attaque les faux nobles, les faux dévots,
>   Les faux braves, les plagiaires, — tout le monde !

ROXANE.

60
>   Mais son épée inspire une terreur profonde.
>   On ne viendra jamais à bout de lui.

LE DUC, *hochant la tête.*   Qui sait ?

LE BRET.
>   Ce que je crains, ce n'est pas les attaques, c'est
>   La solitude, la famine, c'est Décembre
>   Entrant à pas de loup dans son obscure chambre :

65
>   Voilà les spadassins qui plutôt le tueront !
>   Il serre chaque jour, d'un cran, son ceinturon.
>   Son pauvre nez a pris des tons de vieil ivoire.
>   Il n'a plus qu'un petit habit de serge noire.

LE DUC.
>   Ah ! celui-là n'est pas parvenu !... C'est égal,

---

1. Cf. les titres des *Lettres satiriques* de Cyrano de Bergerac : *A un comte de bas aloi, Contre un faux-brave, Contre un poltron, Apothéose d'un ecclésiastique bouffon,* etc.

70   Ne le plaignez pas trop...

LE BRET, *avec un sourire amer.*   Monsieur le maréchal !...

LE DUC.
            Ne le plaignez pas trop : il a vécu sans pactes,
            Libre dans sa pensée autant que dans ses actes.

LE BRET, *de même.*
            Monsieur le duc !...

LE DUC, *hautainement.*   Je sais, oui : j'ai tout ; il n'a rien...
            Mais je lui serrerais bien volontiers la main.

                                          Saluant Roxane.

75   Adieu.

ROXANE.   Je vous conduis.
            Le duc salue Le Bret et se dirige avec Roxane vers le perron.

LE DUC, *s'arrêtant, tandis qu'elle monte.*
                                    Oui, parfois, je l'envie.
            Voyez-vous, lorsqu'on a trop réussi sa vie,
            On sent, — n'ayant rien fait, mon Dieu, de vraiment
                                                        [mal ! —
            Mille petits dégoûts de soi, dont le total
            Ne fait pas un remords, mais une gêne obscure ;
80   Et les manteaux de duc traînent, dans leur fourrure,
            Pendant que des grandeurs on monte les degrés[1],
            Un bruit d'illusions sèches et de regrets,
            Comme, quand vous montez lentement vers ces portes,
            Votre robe de deuil traîne des feuilles mortes.

ROXANE, *ironique.*
85   Vous voilà bien rêveur ?

LE DUC.   Eh oui !
                              Au moment de sortir, brusquement.
                                    Monsieur Le Bret !
                                                  A Roxane.
            Vous permettez ? Un mot.   *Il va à Le Bret, et à mi-voix.*
                                          C'est vrai : nul n'oserait
            Attaquer votre ami ; mais beaucoup l'ont en haine ;
            Et quelqu'un me disait, hier, au jeu, chez la Reine :
            « Ce Cyrano pourrait mourir d'un accident. »

LE BRET.
90   Ah ?

_____

1. Les marches.

LE DUC.   Oui. Qu'il sorte peu. Qu'il soit prudent.

LE BRET, *levant les bras au ciel.*   Prudent !
    Il va venir. Je vais l'avertir. Oui, mais !...

ROXANE, *qui est restée sur le perron, à une sœur qui s'avance vers elle.*
                                Qu'est-ce ?

LA SŒUR.
    Ragueneau veut vous voir, Madame.

ROXANE.   Qu'on le laisse
    Entrer.   *Au duc et à Le Bret.*
            Il vient crier misère. Étant un jour
    Parti pour être auteur, il devint tour à tour
95 Chantre...

LE BRET.   Étuviste[1]...

ROXANE.   Acteur...

LE BRET.   Bedeau...

ROXANE.   Perruquier...

LE BRET.   Maître
    De théorbe...

ROXANE.   Aujourd'hui que pourrait-il bien être ?

RAGUENEAU, *entrant précipitamment.*
    Ah ! Madame !   *Il aperçoit Le Bret.*
            Monsieur !

ROXANE, *souriant.*   Racontez vos malheurs
    A Le Bret. Je reviens.

RAGUENEAU.   Mais, Madame...
    Roxane sort sans l'écouter, avec le duc. Il redescend vers Le Bret.

SCÈNE III. — LE BRET, RAGUENEAU

RAGUENEAU.   D'ailleurs,
    Puisque vous êtes là, j'aime mieux qu'elle ignore !
100 — J'allais voir votre ami tantôt. J'étais encore
    A vingt pas de chez lui... quand je le vois de loin,
    Qui sort. Je veux le joindre. Il va tourner le coin
    De la rue... et je cours... lorsque d'une fenêtre
    Sous laquelle il passait — est-ce un hasard ? peut-être !
105 Un laquais laisse choir une pièce de bois.

---

1. Garçon de bains.

LE BRET.

    Les lâches !... Cyrano !

RAGUENEAU.   J'arrive et je le vois...

LE BRET.

    C'est affreux !

RAGUENEAU.   Notre ami, monsieur, notre poète,

    Je le vois, là, par terre, un grand trou dans la tête !

LE BRET.

    Il est mort ?

RAGUENEAU.   Non ! mais... Dieu ! je l'ai porté chez lui,

    Dans sa chambre... Ah ! sa chambre ! il faut voir ce

                                    [réduit !

- **Scènes 1, 2, 3. Quinze ans après : misère de la grandeur, grandeur de la misère.**

Scène 1

1. Que s'est-il passé depuis la fin de l'acte IV ?

2. Comment Rostand crée-t-il ici un climat radicalement différent de celui des scènes précédentes : décor, choix des personnages, dialogues, tonalité générale ?

3. Quel intérêt présentent les vers 25 et 26 ?

Scène 2

Le duc de Gramont est l'ex-comte de Guiche :

   a) Quel est l'intérêt de son dialogue avec Roxane ? A votre avis — et d'après ses paroles —, soupçonne-t-il ou non la vérité ?

   b) Quelle est l'importance des vers 75 à 84 pour notre connaissance du personnage ? et pour la « morale » de la pièce ?

   c) A quel poète nous fait songer Rostand dans ces vers ?

   d) Comment est préparée l'entrée de Cyrano ?

Scène 3

1. Comment cette scène — ainsi que la précédente — nous fait-elle vibrer au sort d'un « poète maudit » ?

2. Pourquoi sera-t-il important que Roxane ne connaisse pas l'accident — ou l'attentat — avant l'arrivée de Cyrano ?

3. Qu'est-ce qui fait l'intérêt du vers 118 ?

4. Comment Le Bret et Ragueneau tissent-ils ici la légende de Cyrano ?

LE BRET.

Il souffre ?

RAGUENEAU.   Non, monsieur, il est sans connaissance.

LE BRET.

Un médecin ?

RAGUENEAU.   Il en vint un par complaisance.

LE BRET.

Mon pauvre Cyrano ! Ne disons pas cela
Tout d'un coup à Roxane ! Et ce docteur ?

RAGUENEAU.   Il a

115 Parlé, — je ne sais plus — de fièvre, de méninges !
Ah ! si vous le voyiez la tête dans les linges !
Courons vite ! Il n'y a personne à son chevet !
C'est qu'il pourrait mourir, monsieur, s'il se levait !

LE BRET, *l'entraînant vers la droite.*

Passons par là ! Viens, c'est plus court ! Par la chapelle !

ROXANE, *paraissant sur le perron et voyant Le Bret s'éloigner par la
colonnade qui mène à la petite porte de la chapelle.*

120 Monsieur Le Bret !

Le Bret et Ragueneau se sauvent sans répondre.

Le Bret s'en va quand on l'appelle ?
C'est quelque histoire encor de ce bon Ragueneau !

Elle descend le perron.

SCÈNE IV. — **ROXANE** *seule, puis* **DEUX SŒURS,** *un instant.*

ROXANE.

Ah ! que ce dernier jour de septembre est donc beau !
Ma tristesse sourit. Elle qu'Avril offusque,
Se laisse décider par l'automne, moins brusque.

*Elle s'assied à son métier. Des sœurs sortent de la maison et
apportent un grand fauteuil sous l'arbre.*

125 Ah ! voici le fauteuil classique où vient s'asseoir
Mon vieil ami !

SŒUR MARTHE.   Mais c'est le meilleur du parloir !

ROXANE.

Merci, ma sœur.   *Les sœurs s'éloignent.*

Il va venir.

Elle s'installe. On entend sonner l'heure.

Là... l'heure sonne.

— Mes écheveaux ! — L'heure a sonné ? Ceci m'étonne !
Serait-il en retard pour la première fois ?

130   La sœur tourière doit — mon dé ?... là, je le vois ! —
L'exhorter à la pénitence.   *Un temps.*
                     Elle l'exhorte !
— Il ne peut plus tarder. — Tiens ! une feuille morte !
    Elle repousse du doigt la feuille tombée sur son métier.
D'ailleurs, rien ne pourrait... — Mes ciseaux ?... dans
                          [mon sac ! —
L'empêcher de venir !

UNE SŒUR, *paraissant sur le perron.*
                Monsieur de Bergerac.

SCÈNE V. — **ROXANE, CYRANO** *et,* un moment, **SŒUR MARTHE**

ROXANE, *sans se retourner.*
135   Qu'est-ce que je disais ?...
   *Et elle brode. Cyrano, très pâle, le feutre enfoncé sur les yeux, paraît.
La sœur qui l'a introduit rentre. Il se met à descendre le perron lentement,
avec un effort visible pour se tenir debout, et en s'appuyant sur sa canne.
Roxane travaille à sa tapisserie.*   Ah ! ces teintes fanées...
Comment les rassortir ?
               A Cyrano, sur un ton d'amicale gronderie.
                 Depuis quatorze années,
Pour la première fois, en retard !

CYRANO, *qui est parvenu au fauteuil et s'est assis, d'une voix gaie
contrastant[1] avec son visage.*   Oui, c'est fou !
J'enrage. Je fus mis en retard, vertuchou !

ROXANE.
Par ?...

CYRANO.   Par une visite assez inopportune.

ROXANE, *distraite, travaillant.*
40   Ah ! oui ! quelque fâcheux ?

CYRANO.   Cousine, c'était une
Fâcheuse.

ROXANE.   Vous l'avez renvoyée ?

CYRANO.   Oui, j'ai dit :
Excusez-moi, mais c'est aujourd'hui samedi,
Jour où je dois me rendre en certaine demeure ;
Rien ne m'y fait manquer : repassez dans une heure[2] !

---

1. Quelle est l'importance de ce contraste pour la compréhension de la scène ? —
2. Quelle coloration prennent ici les jeux de mots ?

ROXANE, *légèrement.*

145   Eh bien ! cette personne attendra pour vous voir :
Je ne vous laisse pas partir avant ce soir.

CYRANO, *avec douceur.*

           Peut-être un peu plus tôt faudra-t-il que je parte.

*Il ferme les yeux et se tait un instant. Sœur Marthe traverse
le parc de la chapelle au perron. Roxane l'aperçoit, lui fait un petit signe
de tête.*

ROXANE, *à Cyrano.*

           Vous ne taquinez pas sœur Marthe ?

CYRANO, *vivement, ouvrant les yeux.*   Si !

Avec une grosse voix comique.

                      Sœur Marthe !

       Approchez !   *La sœur glisse vers lui.*

           Ha ! ha ! ha ! Beaux yeux toujours baissés !

SŒUR MARTHE, *levant les yeux en souriant.*

150   Mais...   *Elle voit sa figure et fait un geste d'étonnement.*

           Oh !

CYRANO, *bas, lui montrant Roxane.*

               Chut ! Ce n'est rien !

D'une voix fanfaronne. Haut.

               Hier, j'ai fait gras.

SŒUR MARTHE.   Je sais.

A part.

       C'est pour cela qu'il est si pâle !

Vite et bas.

                Au réfectoire

Vous viendrez tout à l'heure, et je vous ferai boire
Un grand bol de bouillon... Vous viendrez ?

CYRANO.   Oui, oui, oui.

SŒUR MARTHE.

       Ah ! vous êtes un peu raisonnable, aujourd'hui !

ROXANE, *qui les entend chuchoter.*

155   Elle essaie de vous convertir !

SŒUR MARTHE.   Je m'en garde !

CYRANO.

       Tiens, c'est vrai ! Vous toujours si saintement bavarde,
Vous ne me prêchez pas ? C'est étonnant, ceci !

Avec une fureur bouffonne.

Sabre de bois ! Je veux vous étonner aussi !
Tenez, je vous permets...

Il a l'air de chercher une bonne taquinerie, et de la trouver.

Ah ! la chose est nouvelle ?...

60 De... de prier pour moi, ce soir, à la chapelle[1].

ROXANE.

Oh ! oh !

CYRANO, *riant.*   Sœur Marthe est dans la stupéfaction !

SŒUR MARTHE, *doucement.*

Je n'ai pas attendu votre permission.   *Elle rentre.*

CYRANO, *revenant à Roxane penchée sur son métier.*

Du diable si je peux jamais, tapisserie,
Voir ta fin[2] !

ROXANE.   J'attendais cette plaisanterie.
          A ce moment un peu de brise fait tomber les feuilles.

CYRANO.

65 Les feuilles !

ROXANE, *levant la tête, et regardant au loin, dans les allées.*
               Elles sont d'un blond vénitien.

Regardez-les tomber.

CYRANO.   Comme elles tombent bien !
Dans ce trajet si court de la branche à la terre,
Comme elles savent mettre une beauté dernière,
Et malgré leur terreur de pourrir sur le sol,
70 Veulent que cette chute ait la grâce d'un vol[3] !

ROXANE.

Mélancolique, vous ?

CYRANO, *se reprenant.*   Mais pas du tout, Roxane !

ROXANE.

Allons, laissez tomber les feuilles de platane...
Et racontez un peu ce qu'il y a de neuf.
Ma gazette ?

CYRANO.   Voici !

ROXANE.   Ah !

CYRANO, *de plus en plus pâle et luttant contre la douleur.*
               Samedi, dix-neuf :
75 Ayant mangé huit fois du raisiné de Cette,
Le Roi fut pris de fièvre ; à deux coups de lancette

---

1. Quelles nuances de la pensée de Cyrano nous sont suggérées ici ? — 2. Quel est le double sens de cette exclamation ? — 3. Pourquoi cette remarque est-elle particulièrement bien placée dans la bouche de Cyrano ?

Son mal fut condamné pour lèse-majesté,
Et cet auguste pouls n'a plus fébricité[1] !
Au grand bal, chez la reine, on a brûlé, dimanche,
180   Sept cent soixante-trois flambeaux de cire blanche ;
Nos troupes ont battu, dit-on, Jean[2] l'Autrichien ;
On a pendu quatre sorciers ; le petit chien
De madame d'Athis a dû prendre un clystère...

ROXANE.

Monsieur de Bergerac, voulez-vous bien vous taire !

CYRANO.

185   Lundi... rien. Lygdamire[3] a changé d'amant.

ROXANE.   Oh !

CYRANO, *dont le visage s'altère de plus en plus.*

Mardi, toute la cour est à Fontainebleau.
Mercredi, la Montglat[4] dit au comte de Fiesque[5] :
« Non ! » Jeudi : Mancini[6], reine de France, — ou
[presque !
Le vingt-cinq, la Montglat à de Fiesque dit : « Oui. »
190   Et samedi, vingt-six...

                          Il ferme les yeux. Sa tête tombe. Silence.

ROXANE, *surprise de ne plus rien entendre, se retourne, le regarde, et
se levant effrayée.*   Il est évanoui !

                          Elle court vers lui en criant.

Cyrano !

CYRANO, *rouvrant les yeux, d'une voix vague.*
                Qu'est-ce ?... Quoi ?...

*Il voit Roxane penchée sur lui et, vivement, assurant son chapeau sur
sa tête et reculant avec effroi dans son fauteuil.*

                                      Non ! non ! je vous assure.

Ce n'est rien. Laissez-moi !

ROXANE.   Pourtant...

CYRANO.   C'est ma blessure

D'Arras... qui... quelquefois... vous savez...

---

1. Rostand rend vie à ce verbe à partir du participe présent « fébricitant » (qui a la
fièvre). — 2. Don Juan d'Autriche (1629-1679) : vice-roi des Pays-Bas ; il sera
vaincu par Turenne à la bataille des Dunes, en 1658. — 3. Surnom précieux de la
duchesse de Longueville, sœur de Condé. — 4. Pour qui Bussy-Rabutin écrivit
l'*Histoire amoureuse des Gaules*. — 5. Membre d'une grande famille génoise ins-
tallée en France. Il s'intéressa au théâtre ; Rotrou lui dédia sa comédie *Diane*. —
6. Nièce de Mazarin. En 1659, Louis XIV ayant voulu l'épouser, Mazarin l'éloigna
de la Cour.

ROXANE.   Pauvre ami !

CYRANO.

    Mais ce n'est rien. Cela va finir.   *Il sourit avec effort.*
                                         C'est fini[1].

ROXANE, *debout près de lui.*
195   Chacun de nous a sa blessure : j'ai la mienne.
    Toujours vive, elle est là, cette blessure ancienne,
               Elle met la main sur sa poitrine.
    Elle est là, sous la lettre au papier jaunissant
    Où l'on peut voir encor des larmes et du sang !
              Le crépuscule commence à venir.

CYRANO.

    Sa lettre !... N'aviez-vous pas dit qu'un jour, peut-être,
200   Vous me la feriez lire ?

ROXANE.   Ah ! vous voulez ?... Sa lettre ?

CYRANO.

    Oui... Je veux... Aujourd'hui...

ROXANE, *lui donnant le sachet pendu à son cou.*
                    Tenez !

CYRANO, *le prenant.*   Je peux ouvrir ?

ROXANE.

    Ouvrez... lisez !...
       Elle revient à son métier, le replie, range ses laines.

CYRANO, *lisant.*   « Roxane, adieu, je vais mourir !... »

ROXANE, *s'arrêtant, étonnée.*
    Tout haut[2] ?

CYRANO, *lisant.*   « C'est pour ce soir, je crois, ma bien-aimée !
    J'ai l'âme lourde encor d'amour inexprimée,
205   Et je meurs ! Jamais plus, jamais mes yeux grisés,
    Mes regards dont c'était... »

ROXANE.   Comme vous la lisez,
    Sa lettre !

CYRANO, *continuant....* « dont c'était les frémissantes fêtes,
    Ne baiseront au vol les gestes que vous faites ;
    J'en revois un petit qui vous est familier
210   Pour toucher votre front, et je voudrais crier... »

---

1. Encore un mot à double sens. Rapprochez de IV, 10, v. 486. — 2. Pourquoi cette remarque ? Et pourquoi Cyrano lit-il « tout haut » ?

ROXANE, *troublée.*

Comme vous la lisez, cette[1] lettre !

> *La nuit vient insensiblement.*

CYRANO. « Et je crie :

Adieu !... »

ROXANE. Vous la lisez...

CYRANO. « Ma chère, ma chérie,

Mon trésor... »

ROXANE, *rêveuse.* D'une voix...

CYRANO. « Mon amour !... »

ROXANE. D'une voix...

> *Elle tressaille.*

Mais... que je n'entends pas pour la première fois !

> *Elle s'approche tout doucement, sans qu'il s'en aperçoive,*
> *passe derrière le fauteuil, se penche sans bruit, regarde la lettre. —*
> *L'ombre augmente.*

CYRANO.

215 « Mon cœur ne vous quitta jamais une seconde,

Et je suis et serai jusque dans l'autre monde

Celui qui vous aima sans mesure, celui... »

ROXANE, *lui posant la main sur l'épaule.*

Comment pouvez-vous lire à présent ? Il fait nuit.

> *Il tressaille, se retourne, la voit là tout près, fait un geste*
> *d'effroi[2], baisse la tête. Un long silence. Puis, dans l'ombre complètement*
> *venue, elle dit avec lenteur, joignant les mains :*

Et pendant quatorze ans, il a joué ce rôle

220 D'être le vieil ami qui vient pour être drôle !

CYRANO.

Roxane !

ROXANE. C'était vous.

CYRANO. Non, non, Roxane, non !

ROXANE.

J'aurais dû deviner quand il disait mon nom[3] !

CYRANO.

Non ! ce n'était pas moi !

ROXANE. C'était vous !

---

1. Qu'indique le changement de déterminant par rapport au v. 207 ? — 2. Un geste d'effroi : quel est l'intérêt de cette indication scénique ? — 3. Sur quel ton peut-on imaginer qu'est dit ce vers ?

CYRANO.   Je vous jure...

ROXANE.
    J'aperçois toute la généreuse imposture[1] :
225 Les lettres, c'était vous...

CYRANO.   Non !

ROXANE.   Les mots chers et fous,
    C'était vous...

CYRANO.   Non !

ROXANE.   La voix dans la nuit, c'était vous !

• **Scènes 4 et 5 : « Comme vous la lisez, cette lettre ! »**

Scène 4

1. Quels thèmes s'entrecroisent dans les paroles de Roxane ?

2. Dans quelle mesure peut-on parler ici d'un « monologue intérieur » ?

3. Faites le portrait de Roxane — quinze ans après — d'après les scènes 2, 3 et 4.

Scène 5

1. Étudiez le mouvement de la scène en précisant les rapports scéniques entre les personnages. Quelle est l'importance de l'indication scénique du vers 190 ?

2. Par quelles étapes — à partir du vers 139 — Cyrano avertit-il progressivement Roxane de sa mort prochaine ?
    a) Jusqu'au vers 198.
    b) Après.

3. Quelle impression cette chronique fait-elle sur le spectateur ?

4. Pourquoi (v. 202) Cyrano tient-il à lire la lettre de Christian ?

5. Quelle est (avant le vers 205) la réplique importante de Roxane ?

6. a) En quoi cette lecture était-elle, pour Cyrano, l'unique solution entre la parole et le silence ?
    b) Qu'est-ce qui lui donne son caractère pathétique ?

7. Étudiez, du v. 219 au v. 229, la progression de la découverte de la vérité chez Roxane.

8. Au v. 235, Roxane parle du « sublime silence » de Cyrano : pourquoi cette épithète ?

9. Essayez de distinguer les éléments qui s'additionnent pour créer un sommet du pathétique : le passé, le présent, l'irréparable...

---

1. La généreuse imposture : un sous-titre possible de la pièce ?

CYRANO.
         Je vous jure que non !

ROXANE.   L'âme, c'était la vôtre !

CYRANO.
         Je ne vous aimais pas.

ROXANE.   Vous m'aimiez !

CYRANO, *se débattant.*   C'était l'autre !

ROXANE.
         Vous m'aimiez !

CYRANO, *d'une voix qui faiblit.*
                    Non !

ROXANE.   Déjà vous le dites plus bas !

CYRANO.
230   Non, non, mon cher amour, je ne vous aimais pas !

ROXANE.
         Ah ! que de choses qui sont mortes... qui sont nées[1] !
         Pourquoi vous être tu pendant quatorze années,
         Puisque sur cette lettre où lui n'était pour rien,
         Ces pleurs étaient de vous ?

CYRANO, *lui tendant la lettre.*   Ce sang était le sien[2].

ROXANE.
235   Alors pourquoi laisser ce sublime silence
         Se briser aujourd'hui ?

CYRANO.   Pourquoi[3] ?...
                    Le Bret et Ragueneau entrent en courant.

SCÈNE VI. — LES MÊMES, LE BRET ET RAGUENEAU

LE BRET.   Quelle imprudence !
         Ah ! j'en étais bien sûr ! il est là !

CYRANO, *souriant et se redressant.*   Tiens, parbleu !

LE BRET.
         Il s'est tué, Madame, en se levant !

ROXANE.   Grand Dieu !
         Mais tout à l'heure alors... cette faiblesse ?... cette ?...

---

1. Quelle est l'importance de la fin de ce vers ? — 2. Que veut dire Cyrano ? —
3. Pourquoi ?

CYRANO.

240   C'est vrai ! je n'avais pas terminé ma gazette :
            ... Et samedi, vingt-six, une heure avant dîné,
            Monsieur de Bergerac est mort assassiné.

Il se découvre ; on voit sa tête entourée de linges.

ROXANE.

            Que dit-il ? — Cyrano ! — Sa tête enveloppée !...
            Ah ! que vous a-t-on fait ? Pourquoi ?

CYRANO.   « D'un coup d'épée,

245   Frappé par un héros, tomber la pointe au cœur[1] ! »...
            Oui, je disais cela !... Le destin est railleur !...
            Et voilà que je suis tué dans une embûche,
            Par derrière, par un laquais, d'un coup de bûche !
            C'est très bien. J'aurai tout manqué, même ma mort.

RAGUENEAU.

250   Ah ! Monsieur !...

CYRANO.   Ragueneau, ne pleure pas si fort !...

Il lui tend la main.

            Qu'est-ce que tu deviens, maintenant, mon confrère ?

RAGUENEAU, *à travers ses larmes.*

            Je suis moucheur de... de... chandelles, chez Molière.

CYRANO.

            Molière !

RAGUENEAU.   Mais je veux le quitter, dès demain ;
            Oui, je suis indigné !... Hier, on jouait *Scapin*[2],
255   Et j'ai vu qu'il vous a pris une scène !

LE BRET.   Entière !

RAGUENEAU.

            Oui, Monsieur, le fameux : « Que diable allait-il faire ?... »

LE BRET, *furieux.*

            Molière te l'a pris !

CYRANO.   Chut ! chut ! Il a bien fait !...

A Ragueneau.

            La scène, n'est-ce pas, produit beaucoup d'effet ?

---

1. Cf. IV, 3, v. 70 : « Tomber la pointe au cœur en même temps qu'aux lèvres. »
— 2. Cf. *Les Fourberies de Scapin*, II, 7. La comédie de Molière est de 1671. Cf.
Documents pédagogiques, n° IV. C'est sans preuves qu'on a parfois soutenu que
Molière aurait eu le premier l'idée de la scène et de la réplique, dont il aurait fait
part à Cyrano. De toute manière, la propriété littéraire n'aura une existence légale
qu'à la fin du XVIIIe siècle.

RAGUENEAU, *sanglotant.*

   Ah ! Monsieur, on riait ! on riait !

CYRANO.   Oui, ma vie
260   Ce fut d'être celui qui souffle, — et qu'on oublie !
                                          A Roxane.
   Vous souvient-il du soir où Christian vous parla
   Sous le balcon ? Eh bien ! toute ma vie est là :
   Pendant que je restais en bas, dans l'ombre noire,
   D'autres montaient cueillir le baiser de la gloire !
265   C'est justice, et j'approuve au seuil de mon tombeau :
   Molière a du génie et Christian était beau !
      *A ce moment, la cloche de la chapelle ayant tinté, on voit
   passer au fond, dans l'allée, les religieuses se rendant à l'office.*
   Qu'elles aillent prier puisque leur cloche sonne !

ROXANE, *se relevant pour appeler.*

   Ma sœur ! ma sœur !

CYRANO, *la retenant.*   Non ! non ! n'allez chercher per-
                                          [sonne :
   Quand vous reviendriez, je ne serais plus là.
      Les religieuses sont entrées dans la chapelle, on entend l'orgue.
270   Il me manquait un peu d'harmonie... En voilà.

ROXANE.

   Je vous aime, vivez !

CYRANO.   Non ! car c'est dans le conte
   Que lorsqu'on dit : Je t'aime ! au prince plein de honte[1],
   Il sent sa laideur fondre à ces mots de soleil...
   Mais tu t'apercevrais que je reste pareil.

ROXANE.

275   J'ai fait votre malheur ! moi ! moi !

CYRANO.   Vous ?... au con-
                                          [traire !
   J'ignorais la douceur féminine. Ma mère
   Ne m'a pas trouvé beau[2]. Je n'ai pas eu de sœur[3].

---

1. Dans le conte *La Belle et la Bête*, de Mme Leprince de Beaumont (1711-1780), on voit la Belle finir par aimer la Bête pour sa bonté. Cf. le film de Jean Cocteau, avec Jean Marais. — 2. Rostand se souvient probablement de quelques vers du poème de Verlaine, *Chanson de Gaspard Hauser,* dans *Sagesse* (III, 4) ; le héros du poème était mort mystérieusement dans un guet-apens : « (...) / A vingt ans un trouble nouveau / Sous le nom d'amoureuses flammes / M'a fait trouver belles les femmes : / Elles ne m'ont pas trouvé beau. / (...) / J'ai voulu mourir à la guerre : / La mort n'a pas voulu de moi... / (...) / Priez pour le pauvre Gaspard ! » — 3. Qu'est-ce qui fait l'intérêt de ces notations ?

Plus tard, j'ai redouté l'amante à l'œil moqueur.
Je vous dois d'avoir eu, tout au moins, une amie.
280   Grâce à vous une robe a passé dans ma vie.

LE BRET, *lui montrant le clair de lune qui descend à travers les branches.*
        Ton autre amie est là, qui vient te voir !

CYRANO, *souriant à la lune.*   Je vois.

ROXANE.
        Je n'aimais qu'un seul être et je le perds deux fois !

CYRANO.
        Le Bret, je vais monter dans la lune opaline,
        Sans qu'il faille inventer, aujourd'hui, de machine.

ROXANE.
285   Que dites-vous ?

CYRANO.   Mais oui, c'est là, je vous le dis,
        Que l'on va m'envoyer faire mon paradis.
        Plus d'une âme que j'aime y doit être exilée,
        Et je retrouverai Socrate et Galilée[1] !

LE BRET, *se révoltant.*
        Non ! non ! C'est trop stupide à la fin, et c'est trop
290   Injuste ! Un tel poète ! Un cœur si grand, si haut !
        Mourir ainsi !... Mourir !...

CYRANO.   Voilà Le Bret qui grogne !

LE BRET, *fondant en larmes.*
        Mon cher ami...

CYRANO, *se soulevant, l'œil égaré.*
                    Ce sont les cadets de Gascogne...
        La masse élémentaire[2]... Eh oui !... voilà le *hic*...

LE BRET.
        Sa science... dans son délire !

CYRANO.   Copernic
295   A dit...

ROXANE.   Oh !

CYRANO.   Mais aussi que diable allait-il faire,
        Mais que diable allait-il faire en cette galère ?...

                    Philosophe, physicien,
                    Rimeur, bretteur, musicien,

1. Que symbolisent ces deux noms, qui reviennent d'ailleurs fréquemment dans les *États et Empires du Soleil* ? — 2. C'est ce que Newton appellera l'attraction. —

> Et voyageur aérien,
> Grand riposteur du tac au tac,
> Amant aussi — pas pour son bien ! —
> Ci-gît Hercule-Savinien
> De Cyrano de Bergerac
> Qui fut tout, et qui ne fut rien.

305   ... Mais je m'en vais, pardon, je ne peux faire atten-
> [dre :
> Vous voyez, le rayon de lune vient me prendre !

Il est retombé assis, les pleurs de Roxane le rappellent à la réalité, il la regarde, et caressant ses voiles :

> Je ne veux pas que vous pleuriez moins ce charmant,
> Ce bon, ce beau Christian ; mais je veux seulement
> Que lorsque le grand froid aura pris mes vertèbres,
310 > Vous donniez un sens double à ces voiles funèbres,
> Et que son deuil sur vous devienne un peu mon deuil.

ROXANE.
> Je vous jure !...

CYRANO *est secoué d'un grand frisson et se lève brusquement.*
>   Pas là ! non ! pas dans ce fauteuil !
>   *On veut s'élancer vers lui.*
> Ne me soutenez pas ! Personne !   *Il va s'adosser à l'arbre.*
>   Rien que l'arbre !
>   *Silence.*
> Elle vient. Je me sens déjà botté de marbre.
315 > Ganté de plomb !   *Il se raidit.*
>   Oh ! mais !... puisqu'elle est en chemin,
> Je l'attendrai debout,   *Il tire l'épée.*
>   et l'épée à la main !

LE BRET.
> Cyrano !

ROXANE, *défaillante.*
>   Cyrano !   *Tous reculent épouvantés.*

CYRANO.
>   Je crois qu'elle regarde...
> Qu'elle ose regarder mon nez, cette Camarde
>   *Il lève son épée.*
> Que dites-vous ?... C'est inutile ?... Je le sais !
320 > Mais on ne se bat pas dans l'espoir du succès !
> Non ! non, c'est bien plus beau lorsque c'est inutile[1] !

---

1. Un des vers les plus célèbres de la pièce.

Je l'attendrai debout...

CYRANO (Jacques Toja). Représentation de la Comédie-Française
au Palais des Congrès, 1976. (Ph. © Agence Bernand - Photeb.)

Qu'est-ce que c'est que tous ceux-là ? — Vous êtes
[mille ?

Ah ! je vous reconnais, tous mes vieux ennemis !
Le Mensonge ?   *Il frappe de son épée le vide.*
                Tiens, tiens ! — Ha ! ha ! les Compromis,
325   Les Préjugés, les Lâchetés !...   *Il frappe.*
                    Que je pactise ?
Jamais, jamais ! — Ah ! te voilà, toi, la Sottise !
Je sais bien qu'à la fin vous me mettrez à bas ;
N'importe : je me bats ! je me bats ! je me bats !
        Il fait des moulinets immenses et s'arrête haletant.

• Scène 6. Mort et transfiguration

1. Étudiez la composition de la scène.

2. a) Comment se tisse, dans la première partie de la scène, la légende de Cyrano ?

   b) Étudiez l'effet produit par sa sérénité.

3. a) Quelle est l'importance de l'allusion au conte de *La Belle et la Bête* ? et des vers 276 à 280 ?

   b) Comment le dialogue nous permet-il de faire de nouvelles découvertes sur la psychologie de Cyrano ?

4. Étude des vers 292 à 304.

   a) Appréciez la manière dont Rostand a équilibré les phrases apparemment incohérentes avec les vers de l'épitaphe. Quelles remarques faites-vous sur la versification ?

   b) Dans son épitaphe, Cyrano se montre-t-il très nostalgique sur lui-même ? Pourquoi, à votre avis, évite-t-il, à ce moment de la scène, l'attendrissement ?

5. Comment Cyrano devient-il, du vers 319 à la fin, un défenseur de certaines valeurs ? Lesquelles ? De quelle tradition intellectuelle se réclame-t-il ? Comment sa légende s'épanouit-elle en rejoignant les grands traits de la figure du vrai Cyrano ?

6. Si l'on considère les « complexes » d'enfance qu'il avoue à Roxane, Cyrano est un peu un frère des « poètes maudits » tels que Verlaine, Laforgue ou Tristan Corbière... Mais il fait figure également, ici, de sage et de héros. Étudiez la manière dont Rostand a achevé son portrait.

7. Comparez cette scène à la précédente : en quoi est-elle plus proche du tragique que du pathétique ?

8. a) Comment le mot de la fin apporte-t-il une nuance d'optimisme au sein du tragique ?

   b) Le rapport entre ce « mot » et la situation résume-t-il bien la tonalité de la pièce ? Comment ?

330

Oui, vous m'arrachez tout, le laurier[1] et la rose[1] !
Arrachez ! Il y a malgré vous quelque chose
Que j'emporte, et ce soir, quand j'entrerai chez Dieu[2],
Mon salut balaiera largement le seuil bleu,
Quelque chose que sans un pli, sans une tache,
J'emporte malgré vous,   *Il s'élance l'épée haute.*
                    et c'est...

L'épée s'échappe de ses mains, il chancelle, tombe dans les bras de Le Bret et de Ragueneau.

ROXANE, *se penchant sur lui et lui baisant le front.*
                                C'est ?...

CYRANO, *rouvre les yeux, la reconnaît et dit en souriant.*
                                Mon panache[3].

                    RIDEAU

• Questions sur l'acte V

1. Le décor et la tonalité. En songeant à la formule d'Amiel, « un paysage est un état d'âme », étudiez ce qui, dans cet acte, donne à l'évocation de l'automne un caractère particulier.

2. Cet acte est-il pour vous une « recherche du temps perdu » ou une découverte du « temps retrouvé » ?

3. a) « Mort et Transfiguration » : ce poème symphonique de Richard Strauss, qui a pour thème le couronnement, par la mort, de la quête de l'Idéal, fut exécuté pour la première fois en 1890. Son *Don Quichotte* sera donné en 1898, et *Vie d'un héros* en 1899... : étudiez comment s'opèrent, dans cet acte, l'agrandissement du personnage de Cyrano et son approfondissement.

    b) Pouvez-vous, à partir de cette réflexion, retrouver les deux axes sur lesquels est construit son rôle ?

4. A quelle vérité humaine touchons-nous, à la fin de la pièce, à travers le destin de Cyrano ?

---

1. La couronne de laurier ornait le front des poètes — et des généraux vainqueurs. La rose est un symbole de l'amour. (Cf. *Le Roman de la Rose*, « les roses de la vie », etc.) — 2. Rostand fait de Cyrano un déiste : ce que furent de nombreux penseurs « libertins », avant Voltaire. Relevez la nuance qui émane de la préposition. — 3. Cf. IV, 4, v. 153. Cyrano n'a pas oublié le récit de de Guiche. Rostand reviendra sur les idées morales symbolisées par le « panache » dans son *Discours de réception* à l'*Académie française* (cf. Documents pédagogiques, n° VII). Le thème du panache blanc d'Henri IV était devenu rapidement célèbre, témoin ces vers de Voltaire dans *La Henriade* (VIII) : « Ne perdez point de vue, au fort de la tempête / Ce panache éclatant qui flotte sur ma tête ; / Vous le verrez toujours au chemin de l'honneur. » Le sens figuré est plus récent ; la popularité de son emploi doit beaucoup à Rostand.

ÉTUDE LITTÉRAIRE

L'INSPIRATION DE ROSTAND

L'idéalisme

« J'écrivis *Cyrano de Bergerac* par goût, avec amour, avec plaisir, et aussi, je l'affirme, dans l'idée de lutter contre les tendances du temps, tendances, au vrai, qui m'agaçaient, me révoltaient. » (Extrait d'un entretien de Rostand publié dans *Les Annales* du 9 mars 1913.)

Quelles étaient ces « tendances du temps » auxquelles Rostand fait ici allusion ? On peut songer d'abord au climat intellectuel et moral « fin de siècle » : énervement des âmes, agitation politique, tension entre les idées nouvelles (scientisme, naturalisme) et le confort intellectuel d'une bourgeoisie qui connaît déjà sa « Belle Époque ».

Sur le plan littéraire, on évoque cette « fin de partie » qui oppose les Naturalistes aux Symbolistes — un peu comme se combattent la part du Réel et celle du Rêve —, cependant que Gide, Claudel, Proust et Valéry préparent dans un long clair-obscur les œuvres qui illustreront bientôt une de nos plus grandes périodes créatrices.

Au théâtre, l'époque est médiocre : si l'on a autant parlé, dans les dernières années du siècle, du renouveau de la mise en scène (avec Antoine et Lugné-Poe) et si l'on fit tant de bruit autour des grandes pièces d'auteurs étrangers données à Paris (celles d'Ibsen, Strindberg, G. Hauptmann ou Tolstoï), c'est bien parce que nous n'avons plus alors de très grands auteurs dramatiques reconnus. Que reste-t-il, d'ailleurs, du théâtre réaliste de cette décennie ? Le seul chef-d'œuvre de Mirbeau, *Les affaires sont les affaires*, sera créé en 1901 ; c'est en 1876 qu'Henry Becque avait donné *Les Corbeaux* et en 1885 *La Parisienne* ; et l'on ne joue plus les pièces de François de Curel, d'Hervieu, de Brieux (ni, non plus, le théâtre de Georges de Porto-Riche ou de Maurice Donnay). Les auteurs comiques, eux, paraissent avoir mieux résisté : Georges Feydeau et Courteline n'ont pas cessé de faire rire et l'on apprécie encore l'humour de Tristan Bernard, voire l'ironie de Jules Renard. Mais le bilan reste maigre.

Au même moment, en Europe, on revenait au théâtre poétique : Maurice Maeterlinck avait fait jouer à Paris, en 1893, *Pelléas et Mélisande* ; en Italie, D'Annunzio exaltait la passion dans ses pièces et dans sa poésie ; en Autriche, enfin, Hofmannsthal donnait ses premiers drames lyriques : il allait bientôt composer des tragédies d'inspiration classique, avant de collaborer avec Richard Strauss.

En France, Paul Claudel devra attendre 1912 pour connaître un premier succès avec *L'Annonce faite à Marie*. Dans un tout autre registre, la représentation d'*Ubu roi*, d'Alfred Jarry, en 1896, avait produit surtout un effet de surprise (souvent, même, chez ses partisans) ; cette même année, la création de *Lorenzaccio*[1], après plus de soixante ans de purgatoire, avait révélé que le théâtre romantique avait encore un public : mais pourrait-on faire mieux que cette pièce qui fut jugée trop négative dans sa morale, trop rhétorique et trop peu dramatique ? Pourrait-il naître encore un drame romantique adapté au goût du temps ? C'est un peu ce défi que Rostand cherchera à relever en écrivant *Cyrano de Bergerac*.

En 1897, il a vingt-neuf ans ; s'il n'a pas encore affirmé sa maîtrise, il a connu déjà, à la scène, des succès d'estime prometteurs, notamment, en 1893, avec *Les Romanesques*, en 1895 avec *La Princesse lointaine* et, en cette année 1897, avec *La Samaritaine*, la plus poétique de ses œuvres d'alors. Il a le soutien d'une très grande comédienne, Sarah Bernhardt, et Constant Coquelin l'a encouragé à écrire une pièce où il aurait un rôle à sa taille.

Durant toute sa carrière, Rostand devait défendre une même cause : celle de l'Idéal, de la Poésie, de l'Amour ; ces mots avaient encore leur majuscule. Dès son premier recueil de poèmes[2], il chantait ses rêves : et on le voit adresser sa dédicace aux artistes ratés (une obsession, chez lui) :

> « A vous que hante la chimère
> Du définitif, du parfait
> Et qui, pour vouloir trop bien faire
> Finalement n'avez rien fait. »

Le dernier poème n'était pas moins édifiant : il présentait une rencontre entre le jeune auteur et une apparition de Don Quichotte, qui rêve de passer en France, où s'épanouit Sancho Pança : comme il voudrait y transporter son armure, Rostand lui promet son aide :

> « Et depuis lors, dans l'ombre où passe un vent morisque,
> Intéressé par l'œuvre, égayé par le risque,
>   Je suis toujours sur le sentier ;

---

1. Avec Sarah Bernhardt dans le rôle de Lorenzo. — 2. *Les Musardises*, 1890.

> Je cueille des bouquets, je marche, je m'arrête
> Et je chante... Et je dis que je suis un poète :
>   Mais je suis un contrebandier. »

Dans les quatre actes en vers de *La Princesse lointaine*, l'idéalisme du poète s'incarne dans la figure de la Femme rêvée : au terme d'une traversée qui l'a profondément épuisé, le troubadour Jaufré Rudel la rencontre enfin ; il peut la contempler et lui parler avant de mourir.

... Trois ans après *Cyrano*, *L'Aiglon* célébrera le rêve qui voudrait trouver — mais sans succès — sa consécration dans l'action.

Dans *Chantecler*, enfin, Rostand chantera la noblesse d'un nouvel échec : celui de l'idéaliste qui avait cru que, par son chant, il faisait naître le jour.

Si l'on concentre ces différents traits sur une seule figure, on retrouve l'intuition qui l'a guidé dans l'élaboration de *Cyrano de Bergerac*.

Le thème du « malheureux poète »

On connaît l'importance, dans la littérature du XIXe siècle, du thème du poète, idéaliste, amoureux, pauvre et rejeté par la société — thème illustré notamment par Vigny, par Baudelaire, par Murger[1] et par combien d'écrivains romantiques !

Des poètes comme Verlaine prendront le relais : témoin, entre autres textes, le poème intitulé *Les Vaincus* (publié dans *Le Parnasse contemporain* de 1869) qui commence par ce vers : « La Vie est triomphante et l'Idéal est mort » et qui s'achevait, dans sa première version, sur un appel qu'on n'attendrait pas sous cette plume :

> « Au combat ! Au combat ! Car notre sang qui bout
> A besoin de fumer sur la pointe des glaives. »

C'est Verlaine qui, en publiant *Les Poètes maudits*, fera sortir de l'ombre, en 1883, Tristan Corbière, Rimbaud et Mallarmé. Huysmans lui fera écho l'année suivante avec *A rebours*. Et c'est un peu comme la fin de la malédiction, puisque le Symbolisme, en considérant le monde comme une projection de l'esprit, rend toute sa valeur à la solitude : avec Mallarmé ou Villiers de L'Isle-Adam, le poète se voue à la pure vie de l'esprit et, à sa manière,

---

1. *Scènes de la vie de bohème*. L'œuvre fut représentée au théâtre en 1849 avant que le roman ne fût publié en 1851. L'opéra de Puccini qui en sera tiré fut joué à Turin en 1896, à Paris en 1898.

nie le monde : « Je dis : une fleur ! et (...) musicalement se lève, idée même et suave, l'absente de tout bouquet. » (Mallarmé, *Variations sur un sujet,* 1895.)

Rostand, lui, ne s'aventure pas sur les terres du Symbolisme ; seule lui convient la conscience des heures claires, ce qui explique le goût qu'il porte à l'œuvre de Théodore de Banville, ce poète parnassien assez oublié qu'avait apprécié Baudelaire. En 1873, Banville écrivait dans le *Commentaire* de ses *Odes* ces lignes qui durent plaire à Rostand : « La France étant surtout et avant tout une nation de chevaliers, de poètes et d'artistes, celui-là est le plus patriote qui exalte le plus ardemment la poésie élevée et les sentiments héroïques. »

Quelques années auparavant, il avait représenté dans sa comédie *Gringoire* l'aventure du « malheureux poète » qu'on avait vu, dans *Notre-Dame de Paris,* hanter la cour des Miracles : cette fois, condamné à mort par Louis XI pour une impertinente *Ballade des pendus,* il se voit offrir sa grâce à condition de se faire aimer de la jeune Loyse, riche et belle ; mais il n'ose tout d'abord que cette timide réponse : « Avec le visage que voilà ! Je me sens laid et pauvre, et quand j'ai voulu bégayer des paroles d'amour, elles ont été accueillies si durement que je me suis jugé à tout jamais. »

Ce rôle a-t-il fait rêver Rostand ? La piste, en tout cas, pouvait le conduire à rendre vie à Cyrano de Bergerac ; c'était un des bons souvenirs qu'il avait gardés du cours de René Doumic, lorsqu'il était élève à Stanislas, et il avait dévoré, à l'époque, *Les Grotesques,* de Théophile Gautier — galerie de portraits des écrivains de l'époque pré-classique : dans le chapitre qui lui était consacré, l'évocation du nez de Cyrano s'y étalait dès la première page.

LE PERSONNAGE DE CYRANO ET LA CONCEPTION DE L'ŒUVRE

Le « vrai » Cyrano

Il n'était pas gascon : Savinien, fils d'Abel de Cyrano, était né en 1619 ; son père tenait en fief les terres de Bergerac et de Mauvières, situées dans le pays de Chevreuse, mais n'avait aucun titre de noblesse. Sa sœur, Catherine, entrera en religion et sera prieure du couvent de N.-D. de la Croix, près de Chevreuse. Après avoir été élevé à la campagne chez le curé de Mauvières, en compagnie de Le Bret, « son plus inviolable ami », il avait achevé ses classes à Paris, au Collège de Beauvais ; le principal était un certain Jean Granger, qui fut professeur de rhétorique, puis d'éloquence latine : Cyrano fera plus tard de lui le protagoniste de sa comédie burlesque *Le Pédant joué*, qui ne sera probablement pas représentée.

A dix-huit ans environ, Cyrano ajoute à son nom celui de la terre de Bergerac[1] ; il sortait du collège et il semble avoir mené alors une vie assez dissolue, à laquelle Le Bret l'arracha en le faisant entrer avec lui à la compagnie des gardes du capitaine Carbon de Castel-Jaloux : ainsi commence sa première carrière. Il se fait rapidement une réputation de duelliste redoutable : Le Bret nous dit, dans la *Préface* de son édition des œuvres de son ami, que « les duels le rendirent en si peu de jours si fameux que les Gascons, qui composaient presque seuls cette compagnie, le considéraient comme le démon de la bravoure ». Il dut être, à ce moment-là, poète à ses heures.

Mais il est surtout soldat, et il est envoyé avec la compagnie de Carbon aux frontières de la Champagne ; il participe à la défense de la place de Mouzon, assiégée par les Croates, et il est blessé au cours d'une sortie. En 1640, on le retrouve au siège d'Arras, officier chez les gens d'armes du prince de Conti ; la ville était tenue par les Espagnols, que soutenaient d'importants renforts : Cyrano, grièvement blessé d'un coup d'épée à la gorge, fut évacué avant la reddition de la place, qui survint le 9 août 1640.

Rentré à Paris, « il quitta Mars pour Minerve » : ayant pris pension au Collège de Lisieux, il suit les cours de Gassendi, qui, en mars 1641, s'installe dans la capitale pour enseigner la philosophie et les mathématiques au jeune Chapelle ; ce dernier était entouré de quelques amis comme La Mothe Le Vayer, Bernier, Hesnault, Molière : comme eux Cyrano s'imprégna de la philosophie épicurienne de ce maître, adversaire de Descartes et tenu pour son égal.

Puis, pour lutter contre la pauvreté, Cyrano écrit : il compose, probablement entre 1642 et 1646, *Le Pédant joué* ; il rédige des *Lettres* (descriptives, satiriques, amoureuses) où il fait preuve de verve, voire d'agressivité, dans un style qui le situe au confluent du burlesque et de la préciosité. C'est probablement vers 1647 qu'il écrit sa tragédie en vers *La Mort d'Agrippine*, qui sera jouée en 1653. Mais surtout il entreprend alors la rédaction de l'*Histoire comique des États et Empires de la Lune*, qui ne sera éditée — par les soins de Le Bret — qu'en 1657. Et il commence vers 1650

---

1. Que son père avait vendue en 1636 avec celle de Mauvières, afin de s'installer à Paris.

La terre me fut importune,
Je pris mon essort vers les Cieux,
J'y vis le Soleil et la Lune,
Et maintenant j'y vois les Dieux.

Portrait de Savinien de Cyrano de Bergerac (1619-1655)
figurant au frontispice de ses œuvres, 1761.
(Bibliothèque Nationale, Paris. Ph. © Bibl. Nat. - Arch. Photeb.)

la rédaction de l'*Histoire comique de la République du Soleil*[1] qui sera éditée en 1662 sans qu'il ait pu l'achever ; il s'y montrait admirateur de Descartes : c'était le signe de cette liberté d'esprit qui fut toujours sa qualité prédominante.

Cyrano mourra en 1655 : sa carrière d'écrivain ne dura donc qu'une quinzaine d'années. Ce fut celle d'un écrivain amateur, qui refusa longtemps les protecteurs, jusqu'à ce qu'il dût accepter, vers 1653, d'entrer au service du duc d'Arpajon ; celle, aussi, d'un écrivain peu publié (certaines de ses œuvres circulaient en manuscrits). Il appartenait au courant libertin et la hardiesse de ses idées philosophiques[2] est la raison de cette demi-obscurité.

Pendant la Fronde, il s'agite sans suivre une ligne continue : ainsi, en 1649, il est l'auteur de mazarinades, alors qu'en 1651 il attaque des Frondeurs tels que Scarron, d'Assouci, Chapelle ; or ces deux derniers avaient été ses amis...

Un an avant sa mort, l'édition de ses *OEuvres diverses* lui apportera une certaine notoriété d'écrivain burlesque. Mais, en 1653, la représentation de *La Mort d'Agrippine* avait fait scandale : ses adversaires avaient mis au compte de la pensée intime de l'auteur les phrases par lesquelles Séjan, le conseiller de Tibère, niait l'immortalité de l'âme[3] ; et ils avaient affecté d'ignorer le latinisme contenu dans le mot « hostie » (*hostia*, en latin, signifie « la victime ») dans le vers : « Frappons, voilà l'hostie, et l'occasion presse. »

La pièce avait donc été interdite et Cyrano avait reçu des menaces. On ne saura peut-être jamais s'il fut victime d'un guet-apens ou d'un simple accident : toujours est-il qu'ayant été frappé à la tête par une bûche, il vit sa santé décliner et se trouva abandonné par son protecteur, cependant que ses ennemis multipliaient les calomnies. Grâce à ses amis, il trouva asile chez un conseiller du roi, Tanneguy Regnault des Bois Clairs. Il semble que de pieuses personnes cherchèrent à le convertir : parmi elles, sa cousine Madeleine Robineau, baronne de Neuvillette, veuve de Christophe de Champagne, mort au siège d'Arras. Le Bret, qui fait tout, dans sa *Préface*, pour défendre la mémoire de son ami, nous dit qu'« enfin le libertinage lui parut un monstre » : mais nous ne savons rien de certain sur les derniers sentiments de Cyrano.

---

1. C'est la somme de ces deux œuvres qui constitue *L'Autre Monde*. — 2. Cf. Documents pédagogiques, n° IV.
   — 3. « Étais-je malheureux lorsque je n'étais pas ?
    Une heure après la mort, notre âme évanouie
    Sera ce qu'elle était une heure avant la vie. »
    (Séjan vient d'apprendre qu'il est condamné à mort.)

Son état s'étant brusquement aggravé, il avait été transporté à Sannois, chez un cousin : c'est chez lui qu'il mourut le 28 juillet 1655. Il fut inhumé dans le couvent des Filles de la Croix, à la demande de la mère Marguerite de Jésus, qui désirait sans doute signifier par là que Cyrano n'était pas mort dans l'impénitence.

Cyrano personnage dramatique

Pour faire de cette figure multiple un personnage dramatique, Rostand avait devant lui un assez long chemin.

Cyrano héros d'un drame historique

Héritier de la tradition romantique, Rostand connaissait la recette qui consiste à faire évoluer une intrigue amoureuse dans une société agitée où l'histoire (comme dit Victor Hugo dans sa préface de *La Légende des siècles*) « est écoutée aux portes de la légende ».

De fait — et malgré les critiques d'Émile Magne[1] —, la pièce « tient » sur le plan historique. D'abord, elle respecte les dates importantes de la vie de Cyrano et des événements : celle du siège d'Arras est exacte aussi bien que celle de la mort de Cyrano. La date de la représentation de *La Clorise*, elle, est vraisemblable, et cela suffit. La seule erreur choquante est l'évocation, à l'acte V, de la représentation des *Fourberies de Scapin* : la pièce ne fut créée qu'en 1671, et, en 1655, Molière n'était pas même encore rentré à Paris.

On a chicané aussi Rostand sur sa manière d'anticiper sur le vrai moment de la vogue de la Préciosité. Il est vrai, a-t-on dit, que la date de 1640 se situe au moment du plein éclat de l'Hôtel de Rambouillet, mais ce n'est guère avant 1654 que cette mode se déploie. D'autres rappellent que le goût classique a finalement[2] tiré profit de ce courant : les Précieuses ont affiné le sens esthétique et le langage... Mais, à l'époque de Rostand, on s'en tenait aux critiques de Molière.

Passionné d'histoire depuis ses jeunes années, Rostand a beaucoup lu : les œuvres de Cyrano dans l'édition du Bibliophile Jacob, qui ressuscitait la *Préface* de Le Bret ; le *Dictionnaire des Précieuses* de Somaize (quelque peu récusé aujourd'hui) ; un

---

1. *Les erreurs de documentation dans Cyrano de Bergerac*, 1898. — 2. Cf. Adam. *Histoire de la littérature française au XVIIe s.*, tome II, pp. 20 et suivantes.

Recueil des vertus et des écrits de la baronne de Neuvillette, Le Théâtre français de Chappuzeau, etc.

Pour l'acte IV, ce sont notamment les *Mémoires du Maréchal de Gramont* et *Les Sièges d'Arras*, d'Achmet d'Héricourt, qu'il mettra à contribution.

D'après Jacques Truchet[1], il n'aurait négligé que la thèse que Brun avait consacrée à Cyrano en 1893. Rostand a pris son sujet au sérieux et ses faux pas sont volontaires ; l'important était, à ses yeux, la création d'un espace culturel et d'un climat moral propices à l'épanouissement de la pièce.

On sent, par ailleurs, qu'il a souvent recréé de l'intérieur l'atmosphère du XVIIᵉ siècle : il sympathise avec le public de l'Hôtel de Bourgogne peut-être en s'inspirant — *mutatis mutandis* — des salles de son époque, où le théâtre reçoit encore des publics populaires. La Préciosité lui rappelle les chapelles littéraires et les salons symbolistes ; et les écrivains faméliques n'ont jamais manqué. Même la mode des duels fait rage à la fin du XIXᵉ siècle : « Vers 1900, il ne se passait pratiquement pas de semaine sans que la presse rapportât quelque duel », observe Eugen Weber[2].

On n'oubliera pas, enfin, qu'il règne depuis 1871, dans les milieux littéraires, un climat fait de doutes sur la force morale de l'Homme en général et du Français en particulier : c'est le thème de la « Décadence », de l'esprit « fin de siècle ». En 1897, Maurice Barrès entreprend, avec *Les Déracinés*, sa trilogie du *Roman de l'énergie nationale*. Rostand ne prendra pas le même parti que lui dans l'affaire Dreyfus[3], mais il n'était pas insensible à ce problème. *Cyrano de Bergerac* fera discrètement écho à cette inquiétude, et ce n'est pas un hasard si Édouard Herriot a pu écrire, en 1948, que *Cyrano* avait été « un moment de notre conscience nationale » : avant les orages de l'année 1898, l'histoire pouvait encore être écoutée aux portes du présent.

Cyrano au centre d'une comédie héroïque

Les carrières d'écrivain-soldat sont assez fréquentes au XVIIᵉ siècle, car la plume ne nourrit guère son homme : citons les exemples de Descartes et de La Calprenède : ils ne sont pas devenus pour autant des héros de théâtre.

Le cas de Cyrano est différent, car il flottait autour de lui une légende qu'avait véhiculée son ami Le Bret dans sa *Préface* : Cyrano passa très vite au-delà de son milieu pour un brave, le

---

1. *Cyrano de Bergerac,* édition de l'Imprimerie nationale, 1983. — 2. *Fin de siècle,* Fayard, 1986. — 3. Qui ne prendra toute son ampleur qu'à partir de janvier 1898.

combat de la porte de Nesle marquant l'apogée de sa renommée ;
on pouvait donc faire de lui un héros de pièce « de cape et
d'épée » : c'était le nom des pièces espagnoles qui connurent le
succès, chez nous, sous Louis XIII et qui inspireront nos dramaturges à l'époque romantique. Rostand connaissait bien,
notamment, le théâtre de Victor Hugo.

Il doit beaucoup, également, à deux œuvres de la même époque :
Les Grotesques, de Th. Gautier, et *Les Trois Mousquetaires*.
Non seulement elles avaient pu servir de déclic à sa création,
mais encore elles l'ont inspiré dans le détail.

On trouve par exemple dans le chapitre des *Grotesques* consacré
à Cyrano :

— l'esquisse d'un portrait physique :

« Il ne manquait pas de ces fendeurs de naseaux, la moustache
en croc, le manteau sur le coin de l'épaule, le feutre sur les yeux,
fendus comme des compas, armés d'une rapière aussi longue
qu'un jour sans pain, qui se battaient avec ceux qui marchaient
dans leur ombre... » ;

— l'esquisse d'un portrait moral :

« Cyrano était vaillant, spirituel et passionné » ;

— une suggestion sur les hasards de l'héroïsme :

« Quelqu'un vous regarde, vite un duel ; quelqu'un ne vous
regarde pas, encore un duel » : c'est déjà le climat des deux
premiers actes ;

— une évocation de l'élégance morale :

« Et tout cela sans forfanterie, avec un laisser-aller et une
nonchalance admirables (...). Quel courage dépensé à rien ! » :
c'est le climat qui verra naître la *Ballade de l'Hôtel de Bourgogne*.

Quant au roman d'Alexandre Dumas, Rostand avait pu y trouver, dès la seconde page, la comparaison entre d'Artagnan et
« Don Quichotte à dix-huit ans » ; retenons aussi le thème de la
pauvreté des Gascons et celui de l'opposition entre la figure de
d'Artagnan et celle de Bonacieux, qui préfigurait le contraste,
souligné par Rostand, entre Cyrano et Ragueneau ; sans parler
du climat d'hostilité à Richelieu, qui annonce l'accueil réservé
par les Cadets à de Guiche ; sans oublier, enfin, que l'intrigue
du roman s'achève presque dans un couvent (celui de Béthune).
Et Rostand aurait pu remplacer la devise des quatre amis, « Tous
pour un, un pour tous », par « Deux pour un, un pour deux »...

Mais il fallait, pour que le personnage répondît au projet initial,
que ce bretteur fût un idéaliste : Rostand fera donc de lui un
héros du désintéressement. Il avait pu lire, dans le chapitre des
Grotesques qui concernait Georges de Scudéry, ces lignes sug-
gestives : « Et le poète ? Regardez-le comme il marche d'un air
fier. Il est à jeun, et cependant il passe devant les rôtisseries de

la mine la plus indifférente du monde. » On sait comme le thème
de la faim traverse la pièce de Rostand et comme Cyrano saura
montrer qu'il sait « supporter et s'abstenir ». De là à faire de
l'oubli de soi un principe d'éthique personnelle, il n'y avait qu'un
pas : l'abnégation sera une valeur fondamentale de son héros.

Mais pour que cette valeur retentisse assez profondément dans
la vie sentimentale de Cyrano, il fallait une raison plus profonde
que la simple préférence accordée par Roxane à Christian ; c'est
ici qu'apparaît l'utilisation la plus ingénieuse du « complexe » du
nez dont est affligé Cyrano : cette obsession devient, chez Rostand, source d'une timidité presque inexpugnable. Le brave, dès
lors, devient un être double, qui rejoint ses frères disgraciés des
œuvres romantiques, Ruy Blas, ou l'Homme qui rit, ou Quasi-
modo...

Restait l'invention fort originale du personnage de Christian et
de sa complicité avec son rival sans espoir. Rostand joua-t-il un
jour, dans sa vie de lycéen, un rôle analogue à celui de Cyrano
aux côtés d'un camarade plus heureux dans ses amours ? Il l'a
dit... On notera qu'il avait esquissé ce thème dans *La Princesse
lointaine* : on y voit Mélissinde, saluée par l'ami (et représentant)
de Jaufré Rudel (ce dernier, malade, n'a pas encore abordé au
rivage), s'éprendre tout d'abord de cet envoyé. Le thème du
quiproquo a donc intéressé Rostand : on sait quel sort lui avait
réservé Marivaux !

Il ne restait qu'à opposer Cyrano à un puissant du jour, qui
sera de Guiche, neveu par alliance de Richelieu. Pour triompher
de lui à la fin du troisième acte, l'ami de Christian joue un rôle
dont il est en grande partie la victime : malgré l'amertume qu'il
en ressent — ou en raison de cette amertume —, la pièce reste
bien, jusqu'à la fin de cet acte, une « comédie héroïque »[1]. Rostand, après tout, connaissait bien Molière et pouvait s'inspirer de
sa gaieté :

> « ... Cette mâle gaîté, si triste et si profonde
> Que, lorsqu'on vient d'en rire, on devrait en pleurer[2] ! »

---

1. Sur le genre de la « comédie héroïque » : à l'âge classique, un auteur dramatique
n'aurait pas rangé dans la catégorie des « comédies héroïques » une pièce où meurent
deux personnages importants et sympathiques ; témoin cette précision de Corneille,
que nous extrayons de la lettre-dédicace placée en tête de sa comédie héroïque *Don
Sanche d'Aragon* : « *Don Sanche* est une véritable comédie, quoique tous les acteurs
soient rois ou grands d'Espagne, *puisqu'on n'y voit naître aucun péril par qui nous
puissions être portés à la pitié ou à la crainte.* » Cyrano, quelle que soit sa bravoure,
court des périls dès la fin du premier acte : la pièce, au XVIIᵉ siècle, n'aurait donc
pu être une comédie ; mais, vu le ton des trois premiers actes, Rostand ne pouvait
parler ni de tragédie (genre d'ailleurs suranné à son époque) ni de drame... —
2. Musset, *Une soirée perdue* (1840).

De la comédie héroïque à la tragédie — et au-delà

Dans les deux derniers actes, Rostand représente deux grands moments de la vie de son modèle : au quatrième acte, Cyrano est soldat comme il le fut en 1640 ; quinze années plus tard, au cinquième acte, il est devenu le penseur qui va mourir. Ainsi est évoquée en raccourci la seconde carrière de Cyrano : elle sert de support à une évolution du rôle vers le pathétique, puisque la mort tragique de Christian déclenche le renoncement immédiat de son ami. Cyrano approfondit ainsi l'abnégation dont il avait fait preuve au second acte.

Mais cet approfondissement est peu de chose si on le compare au renoncement de quinze années qui lui fait suite, et auquel nous sommes confrontés au cours des scènes 5 et 6 du dernier acte, scènes où plane le pathétique de l'irréparable.

Ce renoncement, pourtant, n'est pas une abdication : les paroles de Cyrano qui suivent le vers 285 nous le font percevoir (« Tel qu'en lui-même enfin l'éternité le change ») animé d'une vertu triomphante, puisque la lutte n'a d'autre récompense que la lutte elle-même. Cyrano dépasse ici le tragique. Est-ce en songeant à cette fin que Rostand a prêté à son héros le second prénom d'Hercule ? On peut le penser : il n'ignorait pas que le héros grec était un demi-dieu et qu'il était voué, comme tel, à l'immortalité.

Cyrano personnage symbolique

Dès les premières scènes, Cyrano impose son personnage de légende : il est celui dont on parle, à qui l'on s'oppose ou que l'on admire ; il maîtrise, d'ailleurs, l'art de la provocation, et ses nonchalances sont ses plus beaux artifices. Duelliste et poète tout à la fois — l'art de la pointe —, il tisse autour de lui, tel un manteau protecteur, son personnage de virtuose : il devra finalement ôter son dernier masque pour apparaître aux yeux de Roxane tel qu'en lui-même.

A sa manière, il fait donc songer à ces rôles de pierrots lunaires qui parcourent l'œuvre de Banville, de Verlaine ou de Laforgue[1] : et ce n'est pas un hasard si Rostand fait passer des comédiens italiens sur le parterre de l'Hôtel de Bourgogne ; le premier acte a des allures de prologue et ces acteurs donnent le ton comme les personnages en surimpression de nos modernes « génériques ».

---

1. Cf. les pierrots de *L'Imitation de Notre-Dame la Lune* selon *Jules Laforgue* (1885).

On ne peut oublier que l'image du pitre a hanté Mallarmé, de même que celle du saltimbanque traverse l'œuvre de Baudelaire, puis des Parnassiens : écrire, c'est un peu s'exposer, et poser, peut-être[1]. Depuis le romantisme, le poète a fait souvent son « portrait d'artiste en saltimbanque » ; et les peintres n'ignoreront pas ce thème : le clown va surgir bientôt sous le pinceau de Rouault, et les Arlequins sous celui de Picasso[2].

La mort du clown, ou du pierrot, c'est donc aussi la fin du poète ; on pourrait rappeler ici quelques vers de *Pierrot*, sonnet de Verlaine, dans *Jadis et naguère* :

« Ce n'est plus le rêveur lunaire du vieil air
Qui riait aux aïeux dans les dessus de portes :
Sa gaieté, comme sa chandelle, hélas ! est morte
Et son spectre aujourd'hui nous hante, mince et clair.

(...) Ses yeux sont deux grands trous où rampe du phosphore
Et la farine rend plus effroyable encore
Sa face exsangue au nez pointu de moribond. »

On songe également au tableau de Gérôme, *La Sortie du bal masqué ou le Duel de Pierrot :* Pierrot gît affalé dans les bras de ses témoins ; au loin s'en vont ses adversaires : pour lui le jeu a pris fin — et sa légende commence... Cyrano, quant à lui, rêve dans ses derniers vers qu'il va partir « faire son paradis » dans la lune (V, sc. 6, v. 286) : tel est, dans sa bouche comme sous sa plume, le nom de « l'Autre Monde », celui de Socrate et de Galilée. Mais le royaume des penseurs est-il de notre monde[3] ?

LES AUTRES PERSONNAGES ET LA COMÉDIE

Les trois seconds rôles

Notre héros trouve-t-il en face de lui, selon le vœu qu'il exprime dans la scène 7 du premier acte, des « géants » à sa mesure ? La réponse est apparemment négative, Rostand ayant recréé l'en-

---

1. On sait que Leconte de Lisle, lui, refusera de jouer ce rôle. Cf. son sonnet *Les Montreurs* (1862), où il dit, s'adressant à la foule :« Je ne livrerai pas ma vie à tes huées,/ Je ne danserai pas sur ton tréteau banal. » — 2. Pour ne pas parler des musiciens. Schönberg composera son *Pierrot lunaire* en 1912, d'après des poèmes d'Albert Giraud, publiés en 1884. Et les personnages de la comédie italienne inspireront Stravinski dans *Petrouchka* et Richard Strauss dans *Ariane à Naxos*. — 3. De la première comédie de Rostand, *Pierrot qui rit et Pierrot qui pleure,* on peut retenir ce vers, par lequel il décrivait Pierrot qui pleure, et qui annonçait assez bien Cyrano au dernier acte : « Cet Hamlet dans un corps de Pierrot fourvoyé. »

tourage de Cyrano à peu près tel qu'il l'avait trouvé dans les
témoignages de l'époque, notamment dans celui de Le Bret. Mais
il a fait des trois seconds rôles des personnages en marche.

Christian a pour modèle un certain Christophe de Champagne,
baron de Neuvillette : on voit son personnage prendre une certaine consistance au cours des scènes qui précèdent sa mort.

La cousine de Cyrano, Madeleine Robineau, épouse du baron
de Neuvillette, avait mené une vie édifiante après la mort de son
mari au siège d'Arras. Rostand fait d'elle une Précieuse dans les
trois premiers actes en s'appuyant sur la biographie d'une Marie
Robineau, femme très mondaine, fort spirituelle, et surnommée
Roxane. Préparée par les scènes du IVe acte, la transformation de
son personnage au dernier acte est tout à fait Grand Siècle.

Quant à de Guiche, qui sera maréchal de France en 1641 et
qui deviendra le duc de Gramont, Rostand, après l'avoir un peu
maltraité dans les trois premiers actes, consent à le grandir à
partir du quatrième, et surtout dans le dernier.

Ces trois personnages prennent donc chacun leur part d'un
progrès moral plus ou moins profond, qui est un des ressorts de
la pièce. Mais cela ne les empêche pas d'être aussi, chacun à sa
manière et plus ou moins durablement, des dupes.

Une intrigue de comédie : le IIIe acte

La combinaison qui permet à Christian de séduire Roxane,
aussi bien que la ruse grâce à laquelle cette dernière se joue du
comte de Guiche sont autant d'éléments d'une intrigue de comédie ; sans parler de l'invention presque surréaliste dont usera
Cyrano pour retarder l'importun : c'est un peu comme du Marivaux repensé par Beaumarchais — et relevé par la verve de
Rostand... Du Molière aussi : les propos de Roxane font songer
parfois à des répliques des *Précieuses ridicules* ou des *Femmes
savantes*.

La tonalité moliéresque, d'ailleurs, est assurée par les rôles
secondaires, ceux de Ragueneau, Lise, la duègne, le capucin. Et
de nombreux thèmes se prêtent à la comédie : les propos du
parterre, les mouvements de foule, les jeux de la faiblesse et de
la bravoure, le thème de la faim, le thème du pâtissier-poète, de
la duègne, du festin aux avant-postes... C'est un peu la part que
Rostand fait au burlesque, un burlesque vu à deux siècles et demi
de distance, épuré par la tradition classique.

On pourra donc s'intéresser à la manière dont il a su coudre
ensemble ces deux registres, l'héroïque et le comique. On notera
à ce propos que, dans son essai de jeunesse, *Deux romanciers de*

Provence, Honoré d'Urfé et Émile Zola, Rostand avait insisté sur la complémentarité des deux faces de l'esprit français, raffinement et réalisme : c'est cette intuition qu'il a mise en œuvre, en l'élargissant, dans *Cyrano*[1].

LES JEUX DU VERBE ET DE L'HUMOUR

Rostand avait conclu cet essai en soulignant que, par-delà les différences dans l'inspiration, le langage rapproche bien souvent le romancier précieux et le réaliste. De même, en vertu d'une sorte de retour à son modèle, l'esprit que Rostand prête à Cyrano est burlesque par une certaine tendance à la démesure, mais il a des aspects précieux par sa recherche et son raffinement : ce qui provoque une tension permanente vers l'équilibre, bien digne de l'héritier du funambulesque Banville.

Mais Rostand a ajouté à la formule une certaine dose d'aisance hugolienne en nourrissant sa poésie d'images, en la soutenant par la verve, en l'allégeant par la variété des rythmes, enfin en faisant briller les rimes de tous leurs feux : c'était son hommage à Banville.

Il le dépasse grâce au souffle théâtral de ses alexandrins : leur souplesse est constamment moulée sur les exigences du dialogue (avec effets de parallélisme ou d'opposition), de la tirade (toujours ordonnée selon une savante progression), de l'action, enfin, qui rythme littéralement le vers : la *Ballade de l'Hôtel de Bourgogne* est un éminent cas particulier de cette liaison de l'action et du verbe.

Il fait mieux que Banville, également, dans l'usage de la rime : par sa richesse même, ou par la simple recherche dont elle

---

1. On peut mettre au nombre des défis qu'a relevés Rostand, lorsqu'il conçut *Cyrano*, ces lignes de Zola, extraites de la *Préface* de son drame *Thérèse Raquin* (1875) : « Le drame meurt de sa belle mort, il meurt d'extravagance, de mensonges et de platitudes. Si la comédie reste debout dans cet effondrement de notre scène, c'est qu'elle tient davantage à la vie réelle, c'est qu'elle est vraie souvent. Je défie les derniers des romantiques de mettre à la scène un drame à panaches ; la ferraille du Moyen Age, les portes secrètes, les vins empoisonnés, et le reste feraient hausser les épaules. Le mélodrame, ce fils bourgeois du drame romantique, est encore plus mort que lui dans les tendresses du peuple ; ses sensibleries fausses, ses complications d'enfants volés et de papiers retrouvés, ses gasconnades impudentes l'ont fait prendre en mépris à la longue, à ce point qu'on se tient les côtes lorsqu'il tente de ressusciter. Les grandes œuvres de 1830 resteront comme des œuvres de combat, des dates littéraires, des efforts superbes, qui ont jeté bas le vieil échafaudage classique. Mais, maintenant que tout est par terre, les capes et les épées sont inutiles ; il est temps de faire des œuvres de vérité. »

témoigne, elle contribue à créer un effet d'humour qui permet au vers de s'alléger à mesure qu'il s'accomplit, comme si l'alexandrin s'amusait de lui-même avant de reprendre vie au vers suivant ; à la « franchise » morale de Cyrano répond, au niveau du langage, cet effet de « jeu » qui donne à la pièce son étincelle.

Il serait superficiel, d'ailleurs, de refermer cet effet sur lui-même : tout en allégeant le vers, cet humour permet au héros d'éviter d'être dupe de ses pires vantardises, voire de sa propre comédie. Et lorsque Cyrano abandonne cette marge de distance et d'esprit (dans la scène du balcon, par exemple, ou dans la dernière scène), Rostand tire un puissant effet de ce retour à un Réel qui, n'étant plus protégé contre l'émotion, donne l'impression de quitter le monde de la théâtralité — à moins que ce soit celle-ci qui se fonde en lui...

LA MISE EN SCÈNE ET L'ACTION

Certains critiques ont estimé que la qualité de la mise en scène était une des clés de l'explication du succès insolent de *Cyrano* : Rostand n'avait-il pas fait preuve d'exigences minutieuses en ce domaine ?

Il est tentant, certes, de ne considérer la pièce que comme un prétexte à une succession de tableaux historiques ou de portraits vivants, qui étaient à la mode en cette fin du XIXᵉ siècle : la vidéo d'aujourd'hui pourrait s'y complaire à de nombreux arrêts sur image, de même que le cinémascope de naguère aurait pu filmer quelques belles compositions ; plusieurs films, d'ailleurs, témoigneront de l'attrait exercé par *Cyrano* sur les metteurs en scène. Et l'on ne peut que saluer ce sens du fini, ce souci de la perfection picturale qui animaient Rostand ; mais peut-on soutenir qu'il doit à ce genre d'effet sa réussite dans le troisième acte ou son triomphe dans le cinquième ? La réponse est évidemment « non » lorsqu'on réfléchit à l'accueil que le public a réservé à la pièce pendant près d'un siècle[1].

On ne saurait nier, en revanche, que Rostand a su tirer de sûrs effets des rapports qu'il tisse, dans maintes scènes, entre les protagonistes et le groupe qui les entoure : on est frappé, par exemple, au premier acte, par la progression du rôle de Cyrano de l'ombre à la lumière, puis par la manière dont il occupe le

---

1. Le public de théâtre en tout cas : le cinéma semble refroidir, en quelque sorte, le rôle de Cyrano.

devant de la scène, enfin par la lente formation du cortège qui se
mettra en marche derrière lui. Aux deuxième et quatrième actes,
on remarque l'importance du tableau formé par les Cadets : si on
les voit, au deuxième acte, jouer le rôle d'un véritable chœur
antique, ils deviennent, au quatrième acte, rassemblés autour du
jeune fifre, les personnages d'un véritable « proverbe » en action
— avant d'apporter l'écho de leur présence à la déploration de la
mort de Christian, puis celui de leur héroïsme aux strophes du
poème des *Cadets de Gascogne*.

Face à ces trois temps forts, le troisième et le cinquième acte
offrent une détente à la sensibilité : cette alternance est une grande
réussite.

Faudrait-il alors, pour complimenter Rostand, appliquer ironi-
quement à sa pièce le vers célèbre de Musset[1] :

« Vive le mélodrame où Margot a pleuré » ?

Ce serait oublier que François Mauriac a avoué lui aussi ses
larmes.

Ce serait mésestimer les qualités du verbe, qui ne sont pas
minces.

Ce serait faire bon marché, aussi, des qualités de l'action proprement dite et de la solidité de sa construction : au-delà de
certains reproches assez gratuits[2], on pourra étudier comment
chaque acte est tendu comme un ressort qui fait monter l'émotion
vers l'admiration, pour la faire ensuite se recueillir, avant qu'un
coup de cymbales ne relance la tension épique jusqu'au « mot de
la fin »...

Cette pièce est le fruit du travail d'un écrivain à la fois intuitif
et précis, aussi exigeant dans son choix des détails que dans sa
composition d'ensemble. On ne peut qu'admirer, finalement, le
sens de la synthèse qui anime Rostand dans tous les comparti-
ments de sa création : c'est cet équilibre qui donne sa pleine
qualité à cette « comédie héroïque ». Fondée sur un quiproquo
désespérément risqué, centrée sur un personnage qui commence
comme un matamore et qui joue parfois les cabotins, elle suscite
pourtant l'émotion : c'est probablement que ce comédien de
Cyrano devient peu à peu comme une figure du destin humain,
qui est à la fois victoire et défaite de l'éphémère ; c'est aussi que,
héritier de toute la tradition française, il affirme la générosité
comme une volonté de transcender le tragique et la mort, une
volonté qui est peut-être un autre nom du panache.

---

1. Musset, *Après une lecture* (1842). — 2. Certains critiques ont regretté, par
exemple, que le cinquième acte ne soit pas assez lié au reste de l'action ; d'autres
déplorent que Christian soit mort si tôt...

LE SUCCÈS DE CYRANO DE BERGERAC

REPRÉSENTATIONS[1]

A Paris

1897 28 décembre : création de *Cyrano* au Théâtre de la Porte Saint-Martin. Constant Coquelin (Cyrano), Maria Legault (Roxane), Volny (Christian), Desjardins (de Guiche). En deux saisons, 400 représentations. Jusqu'à sa mort, en janvier 1909, Coquelin tiendra le rôle, dans cette même salle (en 1900, 1902, 1903, 1907, 1908), ou à la Gaîté, de 1904 à 1907.

1913 Mars : reprise à la Porte Saint-Martin avec Le Bargy (Cyrano). Le 3 mai : millième.

D'autres reprises suivront en 1915, 1919, 1928, 1929 et 1936. Deux comédiens se feront remarquer à cette époque dans le rôle de Cyrano : Victor Francen, en 1925, et Pierre Fresnay, en 1928. Pour la première fois, Cyrano est joué par un jeune : Fresnay a trente ans. Il se montre excellent.

1938 19 décembre : la pièce entre à la Comédie-Française (elle sera jouée 415 fois jusqu'en 1953). Mise en scène de Pierre Dux. André Brunot (Cyrano), Marie Bell (Roxane), Maurice Escande (de Guiche), Jean Martinelli (Christian). Décors de Christian Bérard.

1954 Au Théâtre des Nations, version italienne. Mise en scène de Raymond Rouleau. Cyrano : Gino Cervi.

1956 Reprise au Théâtre Sarah-Bernhardt. Mise en scène de R. Rouleau, Pierre Dux (Cyrano), Françoise Christophe (Roxane). 260 représentations.

1964 8 février : reprise à la Comédie-Française. Mise en scène de Jacques Charon. Cyrano : Jean Piat, puis P.-E. Deiber. Roxane : Geneviève Casile. 418 représentations de 1964 à 1972.

1976 Au Palais des Congrès, 20 représentations exceptionnelles de la Comédie-Française. Mise en scène de

---

1. On trouvera de plus amples précisions dans l'édition de Jacques Truchet.

J. Charon, revue par J.-P. Roussillon. Trois Cyrano
(Alain Pralon, Jacques Destoop, Jacques Toja) et deux
Roxane (Claire Vernet et Ludmilla Mikael).

1981   Avril : au T. N. de Chaillot, *Cirano di Bergerac* en
italien. Mise en scène de M. Scaparro.

1983   30 septembre : au Théâtre Mogador. Mise en scène de
Jérôme Savary. Cyrano : Jacques Weber, Roxane : Ch.
de Turckheim. Après le 30 juin 1984, Denis Manuel,
Jean Dalric, Pierre Santini succèdent à Jacques Wéber.
Immense succès.

1985   Février : au Théâtre de l'Hexagone, à l'Agora d'Évry.
Mise en scène de J.-Cl. Drouot (qui jouait Cyrano).

1990   Fév. : au Carré Marigny. Mise en scène de R. Hossein,
avec Jean-Paul Belmondo (Cyrano), Béatrice Agenin
(Roxane), A. Novel (Christian), P. Vernier (de Guiche).

Les tournées

Dès **1898**, les tournées commencèrent en province : on estime qu'en
1913 elles avaient donné jusqu'à deux mille représentations. *Cyrano*
a été joué régulièrement en tournée jusqu'en 1976.

A l'étranger

Cyrano sera représenté dès **1898** à Saint-Pétersbourg et aux
États-Unis. Sarah Bernhardt et Coquelin jouèrent la pièce à Londres
en **1900** : depuis, elle a été jouée partout, et traduite en de
nombreuses langues; une des traductions les plus célèbres est, en
allemand, celle de Ludwig Fulda, qui y travailla avec Rostand.
Parmi les grandes mises en scène récentes, signalons celle de la Royal
Shakespeare Company, de Londres, qui a, en **1984,** brillamment
joué *Cyrano* en tournée aux États-Unis.

De **1985** à **1989**, au Théâtre national du Peuple de Shangai. Très
grand succès.

ADAPTATIONS

Théâtre lyrique

1913   27 février, au Métropolitan de New York, opéra de
Walter Damrosch, sur un livret de W.J. Henderson.

1936   29 mai. A l'Opéra-Comique, comédie lyrique en cinq
actes. Adaptation de Henri Cain, musique de Franco
Alfano. Cyrano : José Luccioni. Plus court que le texte

de la pièce d'origine, le livre respecte, sauf dans certains duos, les alexandrins de Rostand.

1965/1973 A Broadway, deux comédies musicales.

1980 Opéra de Paul Danblon (festival de Liège).

En **1959**, un *Ballet de Cyrano,* avec Roland Petit et Zizi Jeanmaire, à l'Alhambra, puis au Théâtre des Champs-Élysées.

Cinéma

1909 *Cirano di Bergerac*, film muet italien d'E. Pasquali.

1923 Film muet italien d'Augusto Genina.

1945 Film de Fernand Rivers. Cyrano : Claude Dauphin.

1950 Film de Michael Gordon. Cyrano : José Ferrer. Son rôle lui valut un Oscar. Il sera de nouveau Cyrano dans *D'Artagnan et Cyrano,* d'Abel Gance (1963).

A la télévision, en **1960**, un film de Claude Barma, avec Daniel Sorano (Cyrano), Françoise Christophe (Roxane), Michel Le Royer (Christian).

1987 *Roxanne,* film de Fred Schepisi avec Steve Martin, Daryl Hannah, Shelley Duval : seconde transposition américaine – fort infidèle – de *Cyrano* à l'écran.

1990 Film de Jean-Paul Rappeneau; adaptation (habile) de J.-Cl. Carrière; Gérard Depardieu est un brillant Cyrano; Jacques Wéber (de Guiche); Vincent Perez (Christian); Anne Brochet (Roxane). Un très grand film.

Enregistrements

1955 Trois disques Pathé-Marconi (Jean-Paul Coquelin et Jeanne Boitel).

1962 Trois disques Véga (D. Sorano et Françoise Christophe). Même distribution que dans le film de Cl. Barma, mais Hubert Noël remplace M. Le Royer.

Pour mémoire : en 1900, un document filmé par Clément Maurice, avec Constant Coquelin. Le même Coquelin a enregistré sur cylindre *la Ballade de l'Hôtel de Bourgogne* ; une regravure date de 1946.

DOCUMENTS

I. Le Théâtre de l'Hôtel de Bourgogne

1. La troupe du Théâtre de l'Hôtel de Bourgogne

En situant les premières scènes de *Cyrano* dans le décor de la salle du Théâtre de l'Hôtel de Bourgogne, Rostand place sa pièce dans une sorte de halo légendaire, puisque les comédiens français abandonneront cette scène avant la fin du XVIIᵉ siècle. Rappelons les grands traits de cette période de l'histoire de notre théâtre.

En 1548, les Confrères de la Passion avaient construit sur l'emplacement de l'ancienne résidence des ducs de Bourgogne[1] une salle de théâtre qu'ils louaient à des troupes.

En 1629, en exécution d'un arrêté royal, les « Comédiens du Roi » s'y étaient installés. En 1634, une troupe concurrente, celle de Mondory et de Le Noir, avait ouvert une salle au Jeu de Paume du Marais : il y avait désormais deux troupes permanentes à Paris. Chacune a ses gloires : le Marais a Mondory, Floridor, et, jusqu'en 1642, Beauchasteau. A l'Hôtel de Bourgogne règnent longtemps des maîtres de la farce, Gaultier-Garguille, Gros-Guillaume et Turlupin : à leur disparition, le comédien Bellerose impose son goût pour un répertoire plus relevé, pour la tragédie notamment. Il tenait les rôles sentimentaux et s'illustra dans les pastorales. En 1643, après la mort de Gros-Guillaume, il devint probablement le chef de la troupe.

Montfleury jouait les rôles de roi. Son embonpoint était célèbre et lui avait valu les sarcasmes de Cyrano (*Lettre à un gros homme*). Molière ne l'épargne pas non plus dans *L'Impromptu de Versailles* : « Il faut un roi qui soit gros et gras comme quatre, un roi qui soit entripaillé comme il faut, un roi d'une vaste circonférence et qui puisse remplir un trône de la belle manière. » Jodelet (Julien Bedeau, dit ; v. 1590-1660) joua au Marais et à l'Hôtel de Bourgogne ; Molière le prendra dans sa troupe en 1659. Il tenait l'emploi du valet poltron et plus ou moins stupide. Son plus grand succès fut sa création du rôle de Jodelet dans

---

1. Il n'en reste que la tour dite « de Jean sans Peur », située 20, rue Étienne-Marcel.

Jodelet ou le Maître valet, de Scarron (1643) : il garda le nom de son rôle. Il était donc tout désigné pour tenir le rôle du faux vicomte de Jodelet dans *Les Précieuses ridicules*. Outre sa voix nasillarde et son visage enfariné, il devait sa réputation à ses « sottises » et à ses bons mots. Il symbolisa donc rapidement toute une époque : témoin les vers par lesquels La Fontaine, en août 1661, après la création des *Fâcheux*, de Molière, salua la victoire du classicisme :

> « Nous avons changé de méthode,
> Jodelet n'est plus à la mode,
> Et maintenant il ne faut pas
> Quitter la nature d'un pas. »
>
> *(Lettre à M. de Maucroix.)*

L'Épy était le frère de Jodelet et, comme lui, un spécialiste de la farce. La Beaupré joua surtout dans la troupe du Marais, mais passa quelques années à l'Hôtel de Bourgogne.

2. L'évolution des troupes parisiennes et la fin de la troupe du Théâtre de l'Hôtel de Bourgogne

Au fil des ans, les deux salles concurrentes modernisent leurs installations, et d'autres s'ouvrent : celle du Palais-Cardinal, qui sera délaissée après la mort de Richelieu ; la grande salle du Louvre, où se donneront les grandes fêtes de la Cour ; la salle du Petit-Bourbon, où joueront les Italiens à partir de 1653 et Molière à partir de 1658. En 1660, ce dernier doit émigrer, ainsi que les Italiens, au Palais-Royal (l'ancien Palais-Cardinal) : à cette date, il y a donc quatre troupes à Paris, réparties dans trois salles[1].

En 1673, Molière meurt : le roi attribue à Lulli la salle du Palais-Royal ; il ordonne également la fusion de la troupe du Marais avec l'ex-troupe de Molière : la nouvelle compagnie s'installe rue Mazarine, au Théâtre Guénégaud, qu'elle partage avec les Italiens...

Survint, le 27 juillet 1680, la mort du chef de la troupe de l'Hôtel de Bourgogne, La Thorillière : la troupe reçut l'ordre de fusionner à son tour avec celle du Théâtre Guénégaud. C'était la fin de la troupe de l'Hôtel de Bourgogne.

Quant aux Italiens, ils durent cesser alors de partager le Théâtre Guénégaud avec l'ex-troupe de Molière, car celle-ci, renforcée par ce nouvel apport de comédiens, allait jouer tous les soirs. Les

---

1. Puisque les représentations des comédiens italiens alternaient, dans la même salle, avec celles de la troupe de Molière.

Italiens s'installèrent donc à l'Hôtel de Bourgogne : et puisque, pour leur part, ils représentaient la comédie italienne, on donna à la compagnie qui rassemblait les trois troupes françaises le nom de Comédie-Française[1].

II. La farce italienne, le drame espagnol et la pastorale

1. La farce italienne

La « commedia dell'arte », la comédie d'invention scénique (par opposition à la « commedia sostenuta », la comédie soutenue, qui, elle, était récitée), avait pris son essor en Italie au XVIᵉ siècle. Les personnages émanaient de la vie quotidienne et les mêmes types revenaient régulièrement ; les comédiens improvisaient plus ou moins d'après un canevas qui leur donnait des indications schématiques : tout en respectant la tradition de leur personnage, ils inventaient des répliques, ajoutaient des variantes et agrémentaient les dialogues de tours, pirouettes et autres « lazzi », ou intermèdes bouffons.

Dès le milieu du XVIᵉ siècle, des troupes italiennes viennent en France ; entre 1580 et 1625, elles jouent régulièrement, soit devant la Cour, soit devant les publics ordinaires ; elles contribueront au maintien et au renouvellement du genre de la farce. Molière les appréciait vivement ; au Théâtre du Petit-Bourbon, où il s'installa en 1658, il alternera sur la scène avec une troupe de comédiens italiens, et il leur empruntera certains types de valets, Scapin, Sganarelle, Mascarille. Lesage, en 1709, adoptera Frontin dans *Turcaret*. Marivaux, lui, fera des comédiens italiens ses acteurs favoris.

Louis XIV bannit les comédiens italiens en 1697 ; ils reviendront en 1716, et s'intégreront, en 1762, à la troupe de l'Opéra-Comique. En Italie, la « commedia dell'arte » restera très vivante jusqu'à la fin du XVIIIᵉ siècle. Carlo Gozzi lui donnera un second souffle — contre Goldoni, qui avait développé la comédie régulière.

Les personnages représentent des types permanents, qui restaient la spécialité d'un même comédien durant toute sa carrière ; ces types étaient soulignés par un masque, qui différait selon les personnages. Parmi les principaux rôles, citons :
— les valets (les « zanni »), tels qu'Arlecchino, avec ses variantes

---

1. Elle donnera sa première représentation, au Théâtre Guénégaud, le 25 août 1680.

Trivelin et Truffaldin ; Pedrolino, ancêtre de Pierrot ; Pulcinella, masque noir, nez crochu, habillé de blanc ;

— les vieillards, tels que Cassandre, sot et crédule, Pantalone (modèle de Géronte et Gorgibus), riche vieillard amoureux, au nez busqué ; il est souvent aidé par le Dottore (le Docteur), demi-masque et joues barbouillées ;

— les fanfarons, nez énorme et longues moustaches : Fracassa, Rodomont et d'autres ;

— Scaramouche, tout de noir habillé, mélange de Matamore et d'Arlequin ;

— les amoureux, tels que Léandre. Isabelle est l'amoureuse classique, du prénom de celle qui tenait le rôle dans la troupe des Gelosi. Quant à Colombine, elle est courtisée soit par les vieux (Cassandre ou Pantalone), soit par Pierrot ou Arlequin.

Nombre de ces personnages revivront, au XVIIIe siècle, sur les toiles de peintres tels que Watteau ; au XIXe siècle, ils traversent notre poésie en incarnant le rêve d'une vie élégante et facile : chez Hugo *(La Fête chez Thérèse)*, dans la poésie et le théâtre de Banville, dans les *Fêtes galantes* de Verlaine... Ils continueront, au XXe siècle, d'inspirer peintres, musiciens, gens de théâtre et de cinéma.

2. Le drame espagnol

Lope de Vega (1562-1635), Guillén de Castro (1567-1631), Alarcón (env. 1580-1639), Tirso de Molina (1571-1658), Calderón enfin (1600-1681), sont les grands auteurs de ce théâtre qui fut le premier d'Europe, et qui sera à la mode en France entre 1640 et 1660. Ils inspireront nos dramaturges, Scarron, Thomas Corneille, Pierre Corneille et Molière. Les spectateurs appréciaient tout un espagnolisme plus ou moins conventionnel, fait de violence, d'amour et d'honneur. Avec cela, un mélange de pathétique et de comique, des déguisements, des valets que l'on prend pour leur maître, des personnages bouffons, beaucoup d'action : c'est un peu le drame romantique avant la lettre.

3. La pastorale

Imitée des Italiens et des Espagnols, la pastorale était apparue en France à la fin du XVIe siècle ; elle trouva un second élan en 1607, à la suite de la publication de *L'Astrée*. Les personnages sont surtout des bergers et des bergères, et le sujet est l'amour. Déguisements, reconnaissances, calomnies et fausses lettres assurent le développement de l'intrigue ; le grand nombre des incidents, les analyses psychologiques, les morceaux lyriques révèlent l'influence du roman. Racan et Mairet sont les deux plus grands auteurs ; avec la *Silvanire*, de Mairet (1625), la pastorale devient régulière, mais le genre va rapidement décliner.

III. La Préciosité : idéalisme, amour et langage

Considérée dans son sens large, la Préciosité a réuni deux courants : l'un exprimait une conception idéaliste de la pensée et de l'amour ; il a sa source chez Platon, dont les œuvres avaient été traduites et commentées, au XVe siècle, par l'humaniste italien Marsile Ficin ; l'autre, littéraire et poétique, avait eu en Pétrarque, au XIVe siècle, son premier grand représentant. Le goût porté à la Préciosité a donc été lié au développement de l'humanisme.

En France, au début du XVIIe siècle, c'est *L'Astrée* qui relance ce goût et qui lui donne son code : le roman d'Honoré d'Urfé est comme un manuel du parfait amour, spiritualisé et intellec-tualisé. Comme tel, l'amour ne peut se réaliser qu'avec le temps ; comme tel, également, il est objet d'analyses et de distinctions infinies. La Préciosité développe donc le goût de la psychologie et de ses nuances : on subtilise sur l'amour, l'estime, la beauté, la fidélité, etc.

L'amour précieux sera figuré par la Carte du Tendre ; née, en 1653, des conversations du salon de Mlle de Scudéry, elle avait paru dans le premier volume de sa *Clélie* (1654). Elle indique les trois voies qui mènent à l'amour : la plus rapide suit la rivière Inclination alors que, pour arriver aux rivières de Reconnaissance et d'Estime, les chemins passent par des villages où l'on s'arrête.

Comme l'a vu Molière, le mariage devient un problème : la Préciosité est un des avatars du féminisme.

Comme tous les cercles fermés, les salons précieux se plurent à développer un langage particulier : Molière l'a caricaturé dans *Les Précieuses ridicules* et dans *Les Femmes savantes*. On rejette les termes réalistes, le parler populaire, les « mots barbares ». On multiplie les adverbes en « ment », les superlatifs. Certains excès, peu à peu, s'atténueront ; mais la tendance à l'abstraction de notre langue s'en trouva renforcée.

La Préciosité tend à considérer l'art comme un jeu mondain : elle cultive donc les règles du jeu et se passionne, par exemple, pour les poèmes à forme fixe tels que l'épigramme, le rondeau, le sonnet.

Le style figuré triomphe. R. Bray, dans l'ouvrage qu'il a consacré à la Préciosité, dénombre cinq catégories de figures : elles sont ingénieuses, ou inattendues, ou excessives, ou compliquées, ou abstraites. On constatera, en étudiant celles de Rostand, que les figures « ingénieuses » sont fréquentes chez lui ; les figures inattendues (la pointe[1] !), voire excessives, étaient courantes dans les *Lettres* de Cyrano : elles témoignent de son goût baroque.

La Préciosité imprègne, en fait, toute la littérature de la première moitié du XVIIᵉ siècle : les jeux de la poésie et de la galanterie sont des jeux précieux ; avec la Préciosité se développe le goût de l'analyse psychologique, mais, également, celui de la pure perfection formelle ; elle tend à privilégier les artifices, qui sont marques d'esprit. Elle est donc une sorte de seconde enfance de l'art — une composante essentielle du préclassicisme.

IV. La philosophie de Cyrano de Bergerac

Rostand attend le cinquième acte pour évoquer Cyrano philosophe, et cela dans la mesure où l'originalité de la pensée exigeait indépendance et courage. Or il ne faudrait pas prendre l'*Histoire des États et Empires de la Lune* pour un ouvrage de science-fiction : ou plutôt, cet aspect de l'ouvrage ne fait qu'enrober les hardiesses de la pensée, masquées de surcroît par certains excès de verve : ainsi que beaucoup de ses confrères en « libertinage », Cyrano de Bergerac estimait que mieux valait passer pour extravagant que pour hérétique.

Comme nombre d'entre eux, il rejette le spiritualisme ; et il attribue les miracles à l'imagination humaine : c'est peut-être cette critique de l'imagination qui le conduira à défendre Descartes dans les *États et Empires du Soleil* ; il se sépare, sur ce point, de Gassendi, qui avait été son maître.

Comme nombre de « libertins », également, il rejette le système de Ptolémée, qui plaçait la Terre au centre de l'Univers : il adopte celui de Copernic.

Il défend l'atomisme, dont la tradition remonte à Épicure, et que Lucrèce avait célébré dans son *De natura rerum* : l'Univers est le résultat de combinaisons d'atomes ; les essais ayant été infinis, il était inévitable que des combinaisons viables vissent le jour ; Diderot s'inscrira dans cette tradition.

---

1. La pointe : jeu de mots consistant à prendre un terme dans deux acceptions différentes.

Le monde est infini, à la fois infiniment grand et infiniment petit : avant d'être défendue par Pascal (qui en tire d'autres conclusions), cette idée qui annonce la pensée moderne avait été brillamment exposée par Giordano Bruno — qui fut brûlé vif à Rome en 1600 — dans *De l'infini de l'univers et des mondes*.

Cyrano considère d'ailleurs le monde comme un tout organique, où la matière se dirige sans cesse vers des formes de plus en plus complexes ; avec toutes sortes de variantes, cette conception sera, au XVIIIe siècle, celle de Diderot, avant d'être partagée, au XIXe siècle, par un « panthéiste » comme Victor Hugo et, au XXe siècle, par un philosophe chrétien tel que Teilhard de Chardin (*Le Phénomène humain*, 1955)...

Quant à savoir de quelle manière Cyrano croit en Dieu, et s'il reste croyant, c'est une question délicate : on peut penser qu'il fut partagé entre le déisme et le scepticisme ; il annonce Voltaire, mais surtout Diderot, pour qui le scepticisme est « le premier pas » vers la vérité. On pourrait dire un peu de lui ce que Goethe a dit de ce dernier : « Avec lui, c'est un monde qui commence. »

Pour donner une idée concrète de l'ingéniosité de cette pensée toujours en éveil, voici un passage qui annonce l'invention du « walkman », ou « baladeur » :

(On a fait cadeau au voyageur d'une boîte d'un genre nouveau...)

« A l'ouverture de la boîte, je trouvai dedans un je ne sais quoi de métal presque semblable à nos horloges, plein de je ne sais quelques petits ressorts et de machines imperceptibles. C'est un Livre à la vérité, mais c'est un Livre miraculeux qui n'a ni feuillets ni caractères ; enfin c'est un Livre où, pour apprendre, les yeux sont inutiles ; on n'a besoin que des oreilles. Quand quelqu'un donc souhaite lire, il bande avec grande quantité de toutes sortes de petits nerfs cette machine, puis il tourne l'aiguille sur le chapitre qu'il désire écouter : et au même temps il en sort, comme de la bouche d'un homme ou d'un instrument de musique, tous les sons distincts et différents qui servent, entre les grands lunaires, à l'expression du langage.

(...) Je ne m'étonne plus de voir que les jeunes hommes de ce pays-là possédaient plus de connaissance, à seize et dix-huit ans, que les barbes grises du nôtre ; car sachant lire aussitôt que parler, ils ne sont jamais sans lecture... » *(Les États et Empires de la Lune.)*

V. Cyrano et ses « Voyages dans la Lune » : ses différentes tentatives

1. Cf. acte III, vers 474-478 :

« J'avais attaché autour de moi quantité de fioles pleines de rosée, sur lesquelles le Soleil dardait ses rayons si violemment que la chaleur qui les attirait (...) m'éleva si haut qu'enfin je me trouvai au-dessus de la moyenne région. » *(Mais il s'élève si rapidement qu'il doit casser ses fioles et redescendre.)*

2. Cf. vers 479-482 :

« Je construisis la machine que je vais vous décrire. Ce fut une grande boîte fort légère et qui fermait fort juste. (...) Cette boîte était trouée par en bas ; et par-dessus la voûte qui l'était aussi, je posai un vaisseau de cristal troué de même, fait en globe... Le vase était construit exprès à plusieurs angles, et en forme d'ico-saèdre, afin que, chaque facette étant convexe et concave, ma boule produisît l'effet d'un miroir ardent. »

3. Cf. vers 483-486 :

« Dès que la flamme eut dévoré un rang de fusées (qu'on avait disposées six à six), par le moyen d'une amorce qui bordait chaque demi-douzaine, un autre étage s'embrasait, puis un autre ; en sorte que le salpêtre prenant feu éloignait le péril en le crois-sant... »

4. Cf. vers 487-488 :

(C'est la méthode employée jadis par le prophète Enoc.) « Un jour que la flamme divine était acharnée à consumer une victime qu'il offrait à l'Éternel, de la vapeur qui s'exhalait il remplit deux grands vases qu'il boucha hermétiquement, et se les attacha sous les aisselles. La fumée, aussitôt, qui tendait à s'élever droit à Dieu (...) poussa les vases en haut, et de la sorte ils enlevèrent avec eux ce saint homme. » *(C'est Élie qui raconte le voyage.)*

5. Cf. vers 489-490 :

« Je pris de la moelle de bœuf, dont je m'oignis tout le corps ; (...) la Lune, pendant ce quartier, ayant accoutumé de sucer la moelle des animaux, elle buvait celle dont je m'étais enduit avec d'autant plus de force que son globe était plus proche de moi. »

6. Cf. vers 491-496 :

(Méthode employée jadis par Élie...) « Je pris de l'aimant environ deux pieds en carré, que je mis dans un fourneau ; puis, lorsqu'il fut bien purgé, précipité et dissous, j'en tirai l'attractif calciné, et le réduisis à la grosseur d'une balle médiocre.

Ensuite de ces préparations, je fis construire un chariot de fer fort léger (...). Je ruai[1] fort haut en l'air cette boule d'aimant... Ainsi donc, à mesure que j'arrivais où l'aimant m'avait attiré, je rejetais aussitôt ma boule en l'air au-dessus de moi. »

Ces différents textes, sauf le deuxième (qui est tiré des *États du Soleil*), sont extraits des *États de la Lune*. Le procédé n° 7 est de l'invention de Rostand.

VI. Que diable allait-il faire dans cette galère ?

Extraits du *Pédant joué*

A l'acte II de cette comédie de Cyrano, Granger, le Pédant[2], veut éloigner de Paris son fils Charlot et l'envoyer à Venise : Charlot refuse de partir... A la scène 4, Corbinelli, valet de Charlot, annonce au Pédant que son fils vient d'être enlevé par une galère turque... sur la Seine.

GRANGER. — Que diable aller faire aussi dans la galère d'un Turc ? D'un Turc ! *Perge*[3].
CORBINELLI. — (...) Je me suis promptement jeté dans un esquif pour vous avertir des funestes particularités de cette rencontre.
GRANGER. — Que diable aller faire dans la galère d'un Turc ?
PAQUIER[4]. — Qui n'a peut-être pas été à confesse depuis dix ans. (...)
GRANGER (à Corbinelli). — Va-t-en leur dire, de ma part, que je suis tout prêt de leur répondre, par-devant notaire, que le premier des leurs qui me tombera entre les mains, je le leur renverrai pour rien... Ah ! que diable, que diable aller faire en cette galère ? (...)
... Dans la galère d'un Turc... Bien ! va-t-en !... Mais, misérable, dis-moi, que diable allais-tu faire dans cette galère ?... Va prendre dans mes armoires ce pourpoint découpé que quitta feu mon père l'année du grand hiver.
CORBINELLI. — A quoi bon ces fariboles ? Vous n'y êtes pas. Il faut tout au moins cent pistoles pour sa rançon.
GRANGER. — S'en aller dans la galère d'un Turc ! Hé, quoi faire,

---

1. Je ruai : je jetai. — 2. Il est « principal » de collège. — 3. En latin : « continue ». — 4. Paquier est le « bras droit » de Granger.

de par tous les diables, dans cette galère ? O galère, galère, tu
mets bien ma bourse aux galères[1].

Cyrano de Bergerac, *Le Pédant joué* (II, 4).

VII. Rostand et le « panache »

« Qu'est-ce que le panache ? il ne suffit pas, pour en avoir,
d'être un héros. Le panache n'est pas la grandeur, mais quelque
chose qui s'ajoute à la grandeur, et qui bouge au-dessus d'elle.
C'est quelque chose de voltigeant, d'excessif, — et d'un peu frisé.
Si je ne craignais d'avoir l'air bien pressé de travailler au Dictionnaire, je proposerais cette définition : le panache, c'est l'esprit
de la bravoure. Oui, c'est le courage dominant à ce point la
situation — qu'il en trouve le mot. Toutes les répliques du *Cid*
ont du panache, beaucoup de traits du grand Corneille sont
d'énormes mots d'esprit. Le vent d'Espagne nous apporta cette
plume ; mais elle a pris dans l'air de France une légèreté de
meilleur goût. Plaisanter en face du danger, c'est la suprême
politesse, un délicat refus de se prendre au tragique ; le panache
est alors la pudeur de l'héroïsme, comme un sourire par lequel
on s'excuse d'être sublime. Certes, les héros sans panache sont
plus désintéressés que les autres, car le panache, c'est souvent,
dans un sacrifice qu'on fait, une consolation d'attitude qu'on se
donne. Un peu frivole peut-être, un peu théâtral sans doute, le
panache n'est qu'une grâce ; mais cette grâce est si difficile à
conserver jusque devant la mort, cette grâce suppose tant de force
(l'esprit qui voltige n'est-il pas la plus belle victoire sur la carcasse
qui tremble ?) que, tout de même, c'est une grâce... que je nous
souhaite. » (E. Rostand, *Discours de réception à l'Académie française*, 1903.)

---

1. Molière a pu imiter Cyrano d'autant plus aisément que la pièce n'avait
probablement jamais été jouée à son époque : en revanche, elle avait été éditée à
plusieurs reprises.

RÉFLEXIONS ET JUGEMENTS

Tous les témoins ont évoqué avec lyrisme la première de Cyrano. Émile Faguet, dans un article des Annales *du 23 janvier 1910, rappelle cette soirée en ces termes :*

« *Cyrano de Bergerac*, le premier soir, fut un triomphe comme on n'en avait jamais vu au théâtre, de mémoire d'homme. A certains quarts d'heure, on applaudissait littéralement à chaque vers. Les trois premiers actes furent une ovation perpétuelle, le quatrième calma à peine le public, absolument emporté ; le cinquième, si touchant et d'une si grande et large beauté triste, quoique trop long, rejeta et maintint le public dans l'admiration et dans l'attendrissement. Ce fut une soirée magnifique. »

Même succès, en général, dans la critique...

Jules Renard, auteur dramatique — et sévère d'ordinaire pour ses confrères —, est enthousiaste : témoin cet extrait de son Journal :

« 28 déc. On ne savait plus. On barbotait. L'invasion du socialisme au théâtre déroutait les plus indifférents. (...) Rostand, d'un seul effort, a remis debout l'art isolé, souverain et magnifique. On va pouvoir encore parler d'amour, se dévouer individuellement, pleurer sans raison et s'enthousiasmer pour le seul plaisir d'être lyrique.

(...) Ainsi, il y a un chef-d'œuvre de plus au monde.

(...) L'amitié de Rostand me console d'être né tard et de n'avoir pas vécu dans l'entourage familier de Victor Hugo. »

Mais il reste lucide :

« 3 janvier. Chez Muhlfeld[1].

"Il n'y a qu'un poète, c'est Rostand !" dit Madame Muhlfeld.

Je suis obligé de protester, parce que le voilà plus grand que Victor Hugo et qu'on tire de son triomphe des conséquences absurdes. *Cyrano*, un magnifique anachronisme, et pas plus. Rostand n'aura aucune influence sur la poésie, excepté sur les poètes médiocres qui voudront avoir son succès. *Cyrano* n'inquiète même pas les vrais poètes : c'est par des *Samaritaine*

---

1. Critique et romancier.

que Rostand les mettra dans sa poche. » (J. Renard, *Journal*, édition 10/18, tome 2.)

Chez Francisque Sarcey et Jules Lemaître — qui font autorité à l'époque auprès du grand public —, l'éloge est dénué de restrictions :

> « C'est une œuvre de charmante poésie, mais c'est surtout et avant tout une œuvre de théâtre. La pièce abonde en morceaux de bravoure, en motifs spirituellement traités en tirades brillantes : mais tout y est en scène : nous avons mis la main sur un auteur dramatique, sur un homme qui a le don.
>
> (...) Quel bonheur ! quel bonheur ! Nous allons donc enfin être débarrassés et des brouillards scandinaves et des études psychologiques trop minutieuses et des brutalités voulues du drame réaliste. Voilà le joyeux soleil de la vieille Gaule qui, après une longue nuit, remonte à l'horizon. Cela fait plaisir ; cela rafraîchit le sang. » (Francisque Sarcey, *Le Temps,* 3 janvier 1898.)

> « La pièce de M. Rostand n'est pas seulement délicieuse : elle a eu l'esprit de venir à propos. Je vois à l'énormité de son succès deux causes, dont l'une (la plus forte) est son excellence, et dont l'autre est sans doute une lassitude du public et comme un rassasiement, après tant d'études psychologiques, tant d'historiettes d'adultères parisiens, tant de pièces féministes, socialistes, scandinaves : toutes œuvres dont je ne pense *a priori* aucun mal, et parmi lesquelles il y en a peut-être qui contiennent autant de substance morale et intellectuelle que ce radieux *Cyrano* ; mais moins délectables à coup sûr, et dont on nous avait un peu accablés dans ces derniers temps. Joignez que *Cyrano* a bénéficié même de nos discordes civiles. Qu'un journaliste éloquent ait pu écrire que Cyrano de Bergerac "éclatait comme une fanfare de pantalons rouges" et qu'il en ait auguré le réveil du nationalisme en France, cela montre bien que des sentiments ou des instincts assez étrangers à l'art sont venus seconder la réussite de cette exquise comédie romanesque, et que, lorsqu'un succès de cette ampleur se déclare, tout contribue à l'enfler encore.
>
> Je me hâte d'ajouter que l'opportunité du moment eût médiocrement servi la pièce de M. Edmond Rostand si elle n'était, prise en soi, d'un rare et surprenant mérite. Mais ce mérite, enfin, quelle en est

l'espèce ? Est-il vrai que cette comédie "ouvre un siècle", ou, plus modestement, qu'elle "commence quelque chose" — comme *Le Cid*, comme *Andromaque*, comme *L'École des femmes*, comme *La Surprise de l'amour*, comme *Le Mariage de Figaro*, comme *Hernani*, comme *La Dame aux camélias* ?

Je serais plutôt tenté de croire que le mérite de cette ravissante comédie, c'est, sans rien "ouvrir" du tout (au moins à ce qu'il me semble), de prolonger, d'unir et de fondre en elle sans effort, et certes avec éclat, et même avec originalité, trois siècles de fantaisie comique et de grâce morale — et d'une grâce et d'une fantaisie qui sont de « chez nous ». (Jules Lemaître, *La Revue des Deux Mondes,* 1ᵉʳ février 1898.)

Ces trois jugements reflètent assez bien les impressions du grand public. Mais on relève quelques appréciations sévères.

A.-F. Hérold[1] s'en prend surtout à « l'art de mal écrire » de l'auteur :

« Il semble que M. Rostand ait compulsé de copieux vocabulaires et en ait extrait un recueil de mots vagues et inharmoniques ; ces mots, il les place au hasard, et le plus souvent là où ils sont impropres... D'ailleurs il ne dédaigne pas les incorrections. Ses images, enfin, sont étranges : il est bien rare qu'elles ne soient fausses, ou, tout au moins, arbitraires, comme en ces deux vers :

Et pareille en tout point à la fraise espagnole
La haine est un carcan, mais c'est une auréole.

M. Rostand versifie aussi mal qu'il écrit. Parce que de nobles poètes ont libéré l'alexandrin des règles anciennes, et démontré, par de belles œuvres, que son harmonie ne dépend pas de la place rigoureuse des césures, M. Rostand s'imagine que, pour faire des vers, il suffit de mettre une rime toutes les douze syllabes. Le résultat de ce système est que, le plus souvent, les personnages ne s'expriment qu'en une prose lourde et peu claire. Du reste, M. Rostand prouve toute la pauvreté de son génie de versificateur quand il se risque à écrire des poèmes à forme fixe, ballade ou triolets.

Enfin, de même qu'il adore les sensibleries banales, M. Rostand se plaît aux plaisanteries médiocres et

---

1. Poète proche du Symbolisme, A.-F. Hérold a également traduit pour la scène Euripide, Eschyle et des textes sanscrits.

faciles ; et, doué de tant de qualités, il a, en écrivant *Cyrano de Bergerac*, écrit un chef-d'œuvre de vulgarité. » (André-Ferdinand Hérold, *Le Mercure de France*, février 1898.)

En 1903, l'auteur des Soliloques du Pauvre[1], *le poète Jehan Rictus, publie un pamphlet,* Un bluff littéraire, *le cas Edmond Rostand. Il attaque, lui aussi, la langue et le style de l'écrivain (« Rostand s'est composé, en guise de français, un exquis charabia ») ; mais il critique surtout le caractère inactuel de la pièce :*

> « Comment ! A la veille d'un drame prodigieux qui va bouleverser le globe et qui aura pour protagonistes la Misère prolétarienne et ses succédanés révoltés contre la Servitude de l'Argent, on s'amuse encore à des blagues comme Rostand en compose ? »

L'œuvre d'art peut-elle se permettre de n'être pas engagée dans les problèmes de son époque ?

Le public, pour sa part, a toujours approuvé, en applaudissant la pièce, la place faite à l'imaginaire, à l'invention poétique, et même à l'artifice. En 1920, Ernest Raynaud, dans La Mêlée symboliste, *expliquait ainsi les raisons de cette faveur :*

> « Lorsque [*Cyrano*] parut, la double révolution du *Théâtre d'art* et du *Théâtre libre* avait donné ses fruits et ne se perpétuait plus, aux mains des plagiaires et des imitateurs, qu'en excès fastidieux. Le public était las des nuages symbolistes, du genre « rosse », des brutalités et des platitudes naturalistes. Pas de milieu entre le théâtre sans idéal et le théâtre sans joie. Ajoutez à cela le mépris des conventions, des ficelles du métier, qui poussait certains auteurs à ne donner que de vulgaires canevas de pièces, sans intrigue et sans caractère ; de véritables charges d'atelier, et le jeu nouveau des acteurs qui, sous couleur de vérité, dans le jour baissé de la rampe, tournaient le dos à la salle, pour causer bas, entre eux, de leurs petites affaires comme si leur seule préoccupation eût été de n'en laisser rien venir aux spectateurs, et vous comprendrez la courbature d'ennui que ces derniers en recevaient.
>
> Les choses en étaient là, quand tout à coup, au milieu des brouillards, éclate *Cyrano de Bergerac*, une pièce saine, alerte, vivante, colorée, où les acteurs s'agitaient en pleine lumière et déclamaient, à l'adresse

---

1. Qui avaient paru en 1897, l'année de *Cyrano*.

> du public, d'un gosier vigoureux, des vers que tout
> le monde pouvait entendre, sans bâiller ou sans rou-
> gir ; des vers d'un français clair et vibrant. On s'y
> sentait chaud au cœur et à l'âme. Ce fut un enchan-
> tement. La pièce alla aux nues. »

Albert Thibaudet, dans son Histoire de la littérature française
de 1789 à nos jours *(1936), accorde davantage au style de Rostand :*

> « Ce sont peut-être des défauts, mais *Cyrano* a fait
> au burlesque et au précieux le sort magnifique que
> la *Physiologie du goût* fait à la gourmandise. Le
> burlesque et le précieux ont été pris dans un mou-
> vement de rythme et de rimes, dans un élan physique,
> dans une allure dramatique, qui ont ajouté non évi-
> demment à la pensée du théâtre, mais à sa joie, à sa
> santé, à sa tradition historique. Que maintenant il n'y
> ait pas plus d'humanité dans *Cyrano* que dans *Les
> Burgraves* et dans le *Chapeau de paille d'Italie*, d'ac-
> cord. Ces pièces savent s'en passer, voilà tout. »

*On pose le problème, pourtant, des artifices de Rostand : Léon
Daudet, après l'entrée de la pièce à la Comédie-Française, les
condamne violemment :*

> « Amitié, amour, supercherie même, tout est, dans
> cette pièce fameuse et médiocre, au niveau de la
> fabrication. » (*L'Action française*, 23 décembre 1938.)

Mais Pierre Brisson, plus nuancé, écrit dans Le Figaro *du 25
décembre que la pièce* « est un mariage d'amour entre le cœur et
l'artifice ».

*Gabriel Marcel, critique dramatique et philosophe, va plus
loin :*

> « Comment se fait-il qu'une œuvre dont on peut
> vraiment dire qu'elle est le comble de l'artificiel ait
> résisté aussi victorieusement à l'épreuve du temps ?
> Je pense que c'est d'abord par une maîtrise du langage
> qu'on ne saurait contester sans mauvaise foi. Mais il
> y a certainement autre chose : il y a le fait que cet
> artifice recouvre malgré tout une sincérité.
>
> Edmond Rostand a cru à son personnage. Il y a
> incarné des aspirations qui étaient réellement en lui.
> En d'autres termes, artifice ici ne veut pas dire tru-
> quage. » (*Les Nouvelles littéraires*, 27 février 1964.)

*Certains vont plus profond : on a retrouvé ces lignes dans une
lettre d'Henri Bergson adressée à Edmond Rostand (Henri*

Cabaud, La Gazette des lettres, *24 janvier 1948) :*

> « Ce que j'admire le plus dans votre œuvre, cher
> grand poète, ce n'est pas seulement ce qu'on y aper-
> çoit d'abord, une richesse d'imagination et une puis-
> sance d'expression comme nous n'en avons pas eu
> d'exemple depuis Hugo : c'est aussi un certain idéal
> de vie — à la fois héroïque et résigné — qui est
> répandu sur l'ensemble ou qui s'en dégage comme
> un parfum. »

*Et François Mauriac, en 1964 (il est âgé alors de soixante-dix-
neuf ans), écrit dans* Le Figaro littéraire *du 27 février :*

> « J'aurais eu honte d'être vu par nos cadets à *Cyrano
> de Bergerac,* un soir qui n'était pas un soir de gala
> et où j'étais sans excuse de me trouver, puisque je
> n'y pouvais être que pour mon plaisir et que ce plaisir
> avait été jusqu'aux larmes... »

*Mais à quoi renvoie cette émotion, en profondeur ? Suffit-il de
dire, une fois de plus avec Pierre Marcabru (*Le Figaro, *27
septembre 1976) :*

> « Cyrano c'est la France, une certaine image de la
> France, un certain mouvement de son cœur » ?

*Il faudrait définir ce qu'on entend par là, et méditer sur nos
traditions morales et littéraires, de Corneille à Victor Hugo.*

*On peut réfléchir aussi à Cyrano vu comme une projection de
Rostand lui-même ; l'idée est soutenue par René Lalou (*Histoire
de la littérature française contemporaine*) :*

> « On a reproché à Rostand d'avoir, entre autres
> solécismes, détourné de son sens vrai le Cyrano his-
> torique pour en faire le type symbolique du « pana-
> chard » français. Il semble plutôt avoir retrouvé, à
> deux siècles et demi de distance, un personnage assez
> apte à éprouver ses propres émotions. Il lui a donc
> confié ses ambitions, ses déceptions, ses amertumes
> — voilées de la bonne humeur que ses propres succès
> l'invitaient à prêter à un autre ; enfin, dans quelques
> scènes pénétrantes, d'une musique assourdie, il a
> donné à son héros cette mélancolie qu'il devait con-
> naître en ses heures de lucidité... »

*Plus profondément, on peut songer au thème du portrait de
l'Artiste en clown héroïque...*

*Et comment ne pas souligner l'importance de la vertu de
désintéressement, qui est à la base du rôle de Cyrano et qui fait
l'unité morale des quatre premiers actes — avant de devenir, au
cinquième, une face de son échec ?...*

Quant à ce thème de l'échec, il ne peut qu'émouvoir quiconque réfléchit aux réalités et aux apparences de l'existence : à ce titre il a souvent tenté la méditation des philosophes ; de L'Échec[1], *de Jean Lacroix, nous extrayons ces lignes, tirées de l'épigraphe de l'ouvrage :*

> « Heureux celui qui se sent un raté ! Le sentiment de notre propre échec est le commencement de l'unique succès possible... Où donc est le succès des satisfaits ? Ce sont eux les grands ratés, et de là vient leur obsession du succès. » (*Gloire incertaine,* roman espagnol de Jean Sales, pp. 267-268.)

Deux jugements pour conclure : le premier, de Paul Vernois, achève le brillant article que nous citons dans notre bibliographie :

> « Plus que le dernier romantique, peut-être faut-il voir en Rostand un Parnassien attardé, architecte qui demandait — non sans imprudence — à l'œuvre scénique d'exister en soi, sans références et sans secours, par l'éclat de ses vers et la perfection de sa technique. Dramaturge obsédé par les sortilèges du spectacle, ne proposait-il pas une esthétique voisine de ce que l'on pourrait considérer comme le « théâtre pur », évasion du quotidien plutôt que miroir de la vie ? »

Nous tirons le second d'un article que Colette Godard, critique dramatique, a consacré à la reprise de Cyrano *au Théâtre Mogador, dans la mise en scène de Jérôme Savary :*

> « Avide de perfection, cherchant en tout à se dépasser, Cyrano voit ridicule, indigne d'aimer sa belle cousine Roxane. Il vit mal son nez. Plus qu'une difformité, ce nez est une souffrance qui le bloque. "C'est son complexe, dit J. Savary : tout le monde a un nez quelque part."
>
> Donc ce Cyrano n'est plus un Zorro qui fait rire, c'est un homme vulnérable et secret (...). Le spectacle épouse la naïveté roublarde de la pièce, son habileté, son efficacité. Et y découvre, en plus des qualités d'émotion, une mélancolie inhabituelle (...). On ne pense pas au côté vaudevillesque de la situation, on est touché. Et quand, au dernier acte, dans le jardin du couvent où Roxane s'est retirée, Cyrano blessé vient mourir à ses pieds au milieu des feuilles mortes et lui avoue enfin son amour, on peut carrément tirer son mouchoir. » (*Le Monde,* 15 octobre 1983.)

---

1. P.U.F., 1964.

EXERCICES ÉCRITS
OU ORAUX

Rédactions

- Êtes-vous pour ou contre le « panache » ?

- Ragueneau écrit à un ami : « Nous venons de perdre Monsieur de Bergerac et j'ai beaucoup de peine... » Continuez.

- Quelle est votre scène préférée dans *Cyrano de Bergerac* ? Vous exposerez vos raisons en essayant de prévoir les objections possibles.

Essais ou exposés

N.B. Les différents jugements cités précédemment peuvent donner matière à des énoncés de sujets.

- Dans la Préface de *Ruy Blas*, Victor Hugo écrit : « Trois espèces de spectateurs composent ce qu'on est convenu d'appeler le public : premièrement les femmes ; deuxièmement les penseurs ; troisièmement la foule proprement dite. Ce que la foule demande presque exclusivement à l'œuvre dramatique, c'est de l'action ; ce que les femmes y veulent avant tout, c'est de la passion ; ce qu'y cherchent plus spécialement les penseurs, ce sont des caractères. »
A votre avis, ces trois catégories de spectateurs peuvent-elles être satisfaites après avoir lu, ou vu, ou étudié *Cyrano de Bergerac* ? Justifiez votre réponse.

- Dans la même *Préface*, on lit ces lignes : « Corneille et Molière existeraient indépendamment l'un de l'autre si Shakespeare n'était entre eux, donnant à Corneille la main gauche, à Molière la main droite. De cette façon, les deux électricités opposées de la comédie et de la tragédie se rencontrent et l'étincelle qui en jaillit, c'est le drame. »
De quelle manière, selon vous, pourrait-on remplacer le nom de Shakespeare par celui de Rostand pour donner une idée du genre dramatique auquel appartient *Cyrano de Bergerac* ?

- Quelles réflexions fait naître en vous le personnage de Cyrano ?

- Préciosité et Burlesque dans *Cyrano de Bergerac*.

5

- L'amour et les modes sentimentales et littéraires dans *Cyrano de Bergerac*.

- Du jeu de mots à l'humour : l'esprit de Cyrano.

- Le vers de Rostand dans *Cyrano de Bergerac*.

- Cyrano comédien.

- « *Cyrano*, un magnifique anachronisme, et pas plus », écrit Jules Renard dans son *Journal*, le 3 janvier 1898. Quel est votre avis ?[1]

- Classicisme, romantisme et modernité dans *Cyrano de Bergerac*.

---

1. A ce propos, on pourra réfléchir sur les lignes suivantes, extraites de la conclusion de l'ouvrage de Paul Bénichou cité dans notre bibliographie :
« Après 1848, ce qui n'était jusque-là qu'angoisse ou inquiétude se changera en une longue et écrasante désolation : les écrivains établissent alors l'esprit dans le dégoût du réel et des hommes — et dans une contemplation amère de l'inaccessible. Au moins tous ceux qui comptent adoptent alors cette attitude ; aucun ne souscrit à ce désaveu de l'Idéal qui triomphe autour d'eux ; ils le dénoncent tous comme le suprême avilissement ; et ils se constituent, face à la société, en clergé bafoué et distant ».